社会性质组织犯罪的刑法治理

◎ 宋行健 著

一流建设学科法学（湖南师范大学）建设项目

哲学社会科学理论研究基地（检察理论研究领域）研究成果

◈ 湖南师范大学出版社

·长沙·

图书在版编目（CIP）数据

黑社会性质组织犯罪的刑法治理／宋行健著. --长沙：湖南师范大学出版社，2025.2. --ISBN 978 - 7 - 5648 - 5793 - 6

Ⅰ. D924.115

中国国家版本馆 CIP 数据核字第 2025KQ5993 号

黑社会性质组织犯罪的刑法治理

Heishehui Xingzhi Zuzhi Fanzui de Xingfa Zhili

宋行健　著

◇出　版　人：吴真文
◇责任编辑：赵婧男
◇责任校对：张晓芳
◇出版发行：湖南师范大学出版社
　　　　　　地址/长沙市岳麓区　邮编/410081
　　　　　　电话/0731 - 88873071　88873070
　　　　　　网址/https：//press. hunnu. edu. cn
◇经销：新华书店
◇印刷：长沙雅佳印刷有限公司
◇开本：710 mm × 1000 mm　1/16
◇印张：16
◇字数：280 千字
◇版次：2025 年 2 月第 1 版
◇印次：2025 年 2 月第 1 次印刷
◇书号：ISBN 978 - 7 - 5648 - 5793 - 6
◇定价：56.00 元

序

2024 年最高人民法院工作报告指出，"常态化开展扫黑除恶斗争，坚持'是黑恶犯罪一个不放过、不是黑恶犯罪一个不凑数'，审结涉黑恶犯罪案件 1855 件 11191 人，同比增长 5.1%"①。2024 年 9 月，根据党中央的统一部署，中央政法委牵头对各省区市开展扫黑除恶常态化中央督导，这充分展示了党中央有黑必扫、除恶务尽的决心。②

随着 2022 年 5 月 1 日《中华人民共和国反有组织犯罪法》开始施行，有关黑社会性质组织犯罪的刑法治理也成为学界研讨的热点，主要争议体现在两个方面：其一，黑社会性质组织四项法定特征的认定。它们所包含的诸多要素，需要在司法适用的过程中进一步明确含义，解决与之相关的疑难问题，并通过对变迁历程的回顾，从时代延续性的角度理解这些要素；其二，黑社会性质组织成员的认定，以及在此基础之上的各类成员的刑事责任。对于组织者、领导者、积极参加者、一般参加者的划分，是分类探讨他们承担刑事责任相关问题的前提

---

① 张军：《最高人民法院工作报告》，载《人民日报》2024 年 3 月 16 日第 4 版。
② 《发现问题 解决问题 传导压力 落实责任 推进扫黑除恶常态化走深走实》，载《人民日报》2024 年 9 月 17 日第 2 版。

条件，而组织者、领导者承担刑事责任的范围与程度，
又与黑社会性质组织所犯罪行、其他组织成员的刑事责
任之间具有密切的联系。

本书采用文献分析、案例分析等研究方法，对组织、
领导、参加黑社会性质组织罪的适用问题进行较为全面
的论述。研究这些热点问题，有利于解决司法实践中的
争议，进一步明确扫黑除恶过程中的刑事司法适用边界，
实现对黑社会性质组织的从严从实惩治。本书分为六章，
第一章研究组织特征，应从"犯罪组织""成员人数较
多""稳定性""紧密性"来把握组织特征。如果利用合
法设立的经济实体掩饰组织结构，则需要考察规章制度
与业务流程、用于维系组织结构的激励手段、员工"入
职"之后的表现、该组织所控制多个公司之间的关联。
黑社会性质组织与封建宗族势力的区别，主要体现为成
员构成、宗族成员之间是否形成了紧密联系的纽带、宗
族势力对成员的管理方式。第二章研究经济特征，应从
"攫取利益手段的多样性""经济实力""用于支持组织活
动"来把握经济特征。应严格区分组织财产、成员个人
财产，以组织成员的经济来源作为切入点，重点考察其
是否以违法犯罪作为谋生手段，是否未通过正当的职业
获得合法收入。在认定"以黑养商"的过程中，"黑"与
"商"之间应具备实质的相互支持性。第三章研究行为特
征，应从"手段的认定""违法犯罪活动的有组织性"
"违法犯罪活动的次数与危害"来把握。软暴力手段受到
发挥影响的方式、造成的实际结果这两方面的限制，应
考察是否有组织地实施，体现长期性、多样性的特征，
与犯罪行为相关联，并产生了明显的实害后果。黑社会
性质组织实施了多次、多种犯罪活动，应避免将同一性
质的行为评价为不同的罪名。第四章研究危害性特征，

应从"通过违法犯罪活动或利用包庇、纵容""一定区域或者行业""非法控制或者重大影响"来把握。在区分谋求非法控制与业务竞争时，应考察违法犯罪行为是否仅涉及较为特定、单一的被害人，涉案公司存续时间、整体实力、实施犯罪的次数，以及对方所采取的应对措施。第五章研究组织成员的认定问题。对于组织者、领导者，应根据他们在具体犯罪中、在该组织形成与发展过程中发挥的作用考察。对于组织成员，不以参加入会仪式、具备正式的称谓为必要。第六章研究组织成员的刑事责任问题。组织者、领导者的刑事责任范围按照司法解释可分为四类，承担刑事责任的范围与程度是两个相互关联的问题，应以概括性的故意限定担责范围。对于其他组织成员的刑事责任，除了由组织成员具体实施，而且反映了组织意志，能够归属于组织所犯罪行的犯罪，成员还可能基于自身意志擅自实施犯罪，其中的一些犯罪不能归于组织所犯罪行，司法实践中需要对这两种犯罪作出区分。

本书能够顺利出版，要感谢授业恩师、中国政法大学刑事司法学院刑法学教授阮齐林在本书撰写过程中的关心与指导。感谢北京德和衡（长沙）律师事务所主任段启俊律师从刑事辩护角度对本书提出的宝贵建议，以及在我执业过程中给予的一系列指导与帮助，他常鼓励我要将理论与实践相结合，研究司法实践中亟待解决的新问题。感谢湖南师范大学刑法所所长赵冠男副教授对我的鼓励与支持，他以饱满的工作热情、认真的学习态度、低调的处事风格，为刑法所的青年教师树立了最好的榜样。感谢我的爱人张芳芷律师在本书撰写过程中提供的智力支持，她以丰富的办案经验、缜密的逻辑思维、出众的表达能力，帮助我开阔了研究视野，明晰了研究方向，让我深入了解了黑社会性质组织犯罪的刑法治理所涉及的诸多疑难问题。感谢我的父母、岳父岳母在本书撰写过程中提供的帮助。感谢湖南师范大学出版社社长吴真文教授、赵婧男编辑、孙雪姣编辑对本书出版相关事宜的鼎力支持。感谢中国政法大学刑事司法学院的曲新久教授、罗翔教授、王平教授对本书提出的宝贵建议。

黑社会性质组织犯罪的刑法治理是我国司法实践中的一个重要问题，很有理论研究的价值。笔者之所以不揣浅陋，提出一些不太成熟的见解和建议，是希望引起法律界同行对这一问题的重视，投入更多的研究力量，以推动我国黑社会性质组织犯罪的刑法治理方式的进一步完善。鉴于笔者的学识水平有限，本书不足之处尚请各位读者批评指正。

是为序。

宋行健

2025 年于长沙

目 录

绪 论 ……………………………………………………………（1）

　一、研究背景与意义 ………………………………………（1）

　二、研究现状 ………………………………………………（3）

　三、研究的创新点 …………………………………………（30）

　四、研究思路与方法 ………………………………………（31）

第一章　黑社会性质组织的组织特征及其认定 ……………（33）

　一、组织特征认定标准的变迁历程 ………………………（33）

　二、组织特征所包含的要素 ………………………………（36）

　三、组织特征认定中的关键性问题 ………………………（45）

　四、组织特征所发挥的区分功能 …………………………（64）

第二章　黑社会性质组织的经济特征及其认定 ……………（70）

　一、经济特征认定标准的变迁历程 ………………………（70）

　二、经济特征所包含的要素 ………………………………（72）

　三、经济特征认定中的关键性问题 ………………………（78）

第三章　黑社会性质组织的行为特征及其认定 ……………（89）

　一、行为特征认定标准的变迁历程 ………………………（89）

　二、行为特征所包含的要素 ………………………………（92）

　三、行为特征认定中的关键性问题 ………………………（100）

第四章　黑社会性质组织的危害性特征及其认定 ……………… （118）

一、危害性特征认定标准的变迁历程 ……………… （118）

二、危害性特征所包含的要素 ……………… （120）

三、危害性特征认定中的关键性问题 ……………… （134）

四、黑社会性质组织四项特征之间的关系 ……………… （146）

第五章　黑社会性质组织成员的认定 ……………… （155）

一、组织成员认定标准的变迁历程 ……………… （155）

二、组织者、领导者的认定 ……………… （159）

三、其他组织成员的认定 ……………… （165）

第六章　黑社会性质组织成员的刑事责任 ……………… （178）

一、成员承担刑事责任的前提与依据 ……………… （178）

二、组织者、领导者的刑事责任 ……………… （185）

三、其他组织成员的刑事责任 ……………… （215）

结　语 ……………… （230）

参考文献 ……………… （236）

后记 ……………… （245）

绪　论

一、研究背景与意义

（一）研究背景

2021 年 5 月，中共中央办公厅、国务院办公厅印发了《关于常态化开展扫黑除恶斗争巩固专项斗争成果的意见》，提出要继续保持对黑恶势力违法犯罪从严惩治的状态，严格执行法律法规及相关司法解释、规范性文件等，确保扫黑除恶斗争始终在法治轨道上运行。自中共中央、国务院于 2018 年 1 月发出《关于开展扫黑除恶专项斗争的通知》以来，我国对黑社会性质组织的惩治力度不断加大，乡村治理、金融放贷、工程建设等领域的涉黑问题是整治的重点，积累的问题得到了一定程度的解决，扫黑除恶过程中"惩腐打伞"的成果得到了巩固。

从黑社会性质组织的特征来看，随着其逐渐发展成熟，所造成的社会危害性也将日益凸显。与黑社会性质组织相关的犯罪由于形成了广泛的社会影响力、严重的危害后果，因此有必要在司法实践中从严惩治。随着一系列法律法规与立法解释、司法解释不断出台，以及 2022 年 5 月 1 日《中华人民共和国反有组织犯罪法》正式施行，组织、领导、参加黑社会性质组织罪的司法适用日益频繁。

2024 年 5 月 7 日，最高人民法院发布了《人民法院案例库建设运行工作规程》，提出"人民法院案例库是由最高人民法院统一建设的案例资源库""人民法院案例库收录的参考案例，应当是裁判已经发生法律效力，且对类案审判具有参考示范价值的案例"，并且要求"各级人民法院审理案件时，应当检索人民法院案例库，严格依照法律和司法解释、规范性文件，并参考入库类似案例作出裁判"①。在此背景下，人民法院案例库中有关组织、领导、参加黑社会性质组织罪的司法经验需要深入总结。

虽然我国有关本罪的立法及司法解释颇多，司法经验较为丰富，但对于该罪罪状仍有进一步解释的空间，司法实践中也面临着一些亟待探讨的问题，因此，加深对本罪的研究并将理论成果用于指导司法实践，是对黑社会性质组织保持从严从实惩治态势的必然要求。

（二）研究意义

无论是从进一步明确扫黑除恶过程中的刑事司法适用边界，实现对黑社会性质组织的从严从实惩治，还是从切实解决司法实践当中所面临的具体问题出发，研究与组织、领导、参加黑社会性质组织罪相关的问题都具有重要意义。具体而言：

第一，该研究主题的学术意义在于实现了对组织、领导、参加黑社会性质组织罪构成要件的进一步解释，以及作为刑法基本问题之一的"责任主义"相关研究的深化。一方面，该罪罪状中规定的四个法定特征，均可以进一步拆分为多个要素，各个要素的内涵与外延具有进一步解释的空间；另一方面，刑法中的责任主义源远流长，也是刑法理论的根基之一，学界一方面提倡个人责任，反对集体责任，即行为人应当根据自身参与的犯罪行为承担责任，另一方面提倡主观责任，反对客观归罪，这是刑法理性的基本底线。有组织犯罪是特殊的共同犯罪，犯罪组织的认定和集团首要分子的刑事责任，都具有特殊性。而黑社会性质组织是犯罪集团的高级表现形式，组织者、领导者也属于犯罪集团的首要分子。刑法第二十六条规定，集团首要分子对集团所犯全部罪行负责，扫黑除恶斗争中对此应当如何具体运用，成为十分重要的问题。

第二，该研究主题的实践意义在于，既重视法的历史性，对涉及该罪的立法及司法解释进行全面的回顾与梳理，注重从延续性的角度理解四项

---

① 最高人民法院：《人民法院案例库建设运行工作规程》，载《人民法院报》2024 年 5 月 7 日第 3 版。

特征所包含的要素，又结合 2018 年"扫黑除恶专项斗争"开展以来的指导案例、典型案例，在这一专项斗争已经收官，扫黑除恶斗争需要常态化开展的背景下，着重考察这一阶段中组织、领导、参加黑社会性质组织罪的犯罪样态、解释方式的变化，根据当前司法实践中的总体尺度，对有关该罪的理论问题进行深入研究。在"扫黑除恶专项斗争"开展过程中，司法机关审理的相关案件数量大幅提升，新的问题不断涌现，在收官之后，相关的司法经验需要深入总结。本书总结归纳了本罪在司法认定过程中存在争议、值得探讨的一系列重要问题，并逐一作出了解答，以期为司法实践提供一定的参考作用。

二、研究现状

（一）国内研究现状

1. 有关组织特征的研究

首先是"组织"在不同学术领域中的含义。钱岩（2019）、何秉松（2009）认为，"有组织犯罪"与"犯罪组织"，二者分别属于不同的学科领域，在考察的侧重点上也存在区别，分别侧重于主体、行为的组织性。具体而言，前者归属于犯罪学领域，出于犯罪预防的目的而研究相关组织的内部特征，主要是从组织内部的等级构成、行动规约的角度考察；后者归属于刑法领域，侧重于对组织展现于外部的行为进行否定性评价。具体到黑社会性质组织所实施的相关犯罪中，需要根据参与者的身份、事先约定的分工内容、总体上发挥的作用等方面，分别确定各参与者的罪责。[①] 在黑社会性质组织的组织特征中，"组织"是指组织内部结构体现了明显的等级关系，并通过组织内部共同遵守的规约，长期地保障已经形成的等级秩序，因此"组织"的对象是各级组织成员；在经济、行为这两方面的特征中，则侧重于黑社会性质组织在实施违法犯罪行为、攫取经济利益过程中，所体现的组织成员之间高效配合、分工有序的状态，使黑社会性质组织能

[①] 钱岩：《黑社会性质组织组织特征的认定》，载《中国检察官》2019 年第 20 期，第 7 页。

够作为一个有机的整体，不断地对外展示自身力量、扰乱社会管理秩序、树立非法秩序，因此"组织"以成员实施的违法犯罪行为作为着眼点。①

其次是黑社会性质组织等级关系的表现形式，以及等级关系的作用。叶燕培（2021）、陈兴良（2020）、梁利波（2016）提出，有必要根据其他组织成员对组织者、领导者的服从状态，以及高层级成员之间的密切联系这两个方面，阐述黑社会性质组织中的等级关系。组织者、领导者属于地位最高的成员，其他成员由于在日常管理、酬劳发放等方面都要受制于前述成员，因此对他们有一定程度的依附性。此外，由于黑社会性质组织通常会使用合法的社会身份、社会关系作为掩护，即使在未实施犯罪的情况下，彼此之间也可能基于工作关系、社会交往而产生广泛的交集。应当从在该组织中发挥纽带作用的骨干成员入手，根据他们与组织者、领导者之间的关系是否紧密，以及该层级的人员构成是否相对稳定，综合分析组织内部的结构体系是否符合"组织特征"。② 只有构建起"上命下从"的功能结构，才能协调各级组织成员的行为，使他们能够整齐划一地贯彻组织者、领导者的意志。③ 前述等级关系不仅有利于使组织者、领导者下达的指令得到有效执行，而且由于信息在组织内部的层级传递机制，即使该组织中的一般参加者受到刑事追究，也只涉及与之直接联系的相近层级的成员，该组织中层级较高的成员则难以受到牵连。④

再次是黑社会性质组织的成立时间、人员规模最低限度的掌握。魏东（2020）、谢望原（2019）、王鹏祥（2019）、陈世伟（2012）、朱本欣（2008）、赵长青（2002）指出，一方面，应当将该组织的成立时间界定为六个月以上，主要是考虑到黑社会性质组织需要逐渐发展、完善内部层级结构，并确定一个相对固定的活动范围，在此基础上逐渐积累社会声望。此外，存续时间较短则难以被认定为具有稳定性，也难以有效实现与一般

① 何秉松：《中国有组织犯罪研究》，群众出版社 2009 年版，第 236 页。
② 陈兴良：《论黑社会性质组织的组织特征》，载《中国刑事法杂志》2020 年第 2 期，第 36 页。
③ 叶燕培：《组织、领导、参加黑社会性质组织罪组织特征研究》，载《海峡法学》2021 年第 2 期，第 31 页。
④ 梁利波：《黑社会性质组织行为特征的新样态》，载《刑法论丛》2016 年第 1 期，第 336 页。

犯罪集团的区分。① 另一方面，学界对该组织成员人数最低标准的研究，主要包括四种不同的观点，即"十二人"标准，② "十人以上"标准，③ "十人左右"标准，④ "五人"标准。⑤ 也有学者认为，不宜划定明确的成员人数门槛，否则容易造成对黑社会性质组织的放纵。⑥ 以"五人"标准为例，在一名组织者、领导者之下，至少有两名骨干成员，他们又需要通过各自发展新成员，以巩固自己在该组织中的现有地位。因此，在前述骨干成员各自至少招募一名参加者加入的情况下，黑社会性质组织中的成员至少有五人，才能适应层级划分的需求。⑦ 黑社会性质组织在成员人数较多的情况下，能够有效地分配各成员的职责，并形成一定的等级关系。在需要通过实施数量较多的犯罪行为以树立威信的情况下，黑社会性质组织中的各个成员只有通过有序的分工、高效的协同，才能将组织者、领导者拟定的各项犯罪计划及时落实到位，并根据自身参与犯罪的次数、在犯罪中的具体表现，从该组织中获得相应的报酬，并凸显该组织作为犯罪实体的法律地位。

最后是黑社会性质组织与有违法犯罪行为的单位之间的区别。陈兴良（2021）、蔡军（2021）、贾凌（2013）、黎宏（2012）指出，第一，有的单位虽然是按照合法程序设立、从事合法的经营业务，但在面临纠纷之后，常常采取暴力、威胁等手段平息争议，如果符合黑社会性质组织的各个特征，可认定为其性质已在整体上由合法向非法转化。第二，合法成立的经

① 陈世伟：《黑社会性质组织基本特征的实践展开》，载《河南大学学报（社会科学版）》2012年第1期，第43页。
② 魏东：《黑社会性质组织"组织特征"解释论》，载《当代法学》2020年第5期，第36页。
③ 朱本欣，梁健：《论黑社会性质组织的司法认定》，载《法学评论》2008年第1期，第109页。
④ 赵长青：《论黑社会性质组织犯罪的认定》，载《云南大学学报（法学版）》2002年第1期，第10页。
⑤ 王鹏祥，陶旭蕾：《黑社会性质组织犯罪组织性的法教义学分析》，载《河北法学》2019年第8期，第125页。
⑥ 谢望原：《论黑社会性质组织的组织特征》，载《河北大学学报（哲学社会科学版）》2019年第4期，第43页。
⑦ 王鹏祥，陶旭蕾：《黑社会性质组织犯罪组织性的法教义学分析》，载《河北法学》2019年第8期，第125页。

济实体，如果在开展业务的过程中偶有暴力、威胁等犯罪行为，或是行贿受贿、逃税、走私等非暴力犯罪，并未将它们作为攫取利益、平息纠纷的主要手段，则不能将其认定为黑社会性质组织，可定性为有违法犯罪行为的单位，需要对单位中的自然人按照具体罪名处罚。① 反之，如果经济实体成为犯罪的组织依托，为专门从事各种违法犯罪活动提供了组织支撑，则可以成为黑社会性质组织的组织特征的认定依据。② 第三，黑社会性质组织相较于普通经济组织，具有内部管理暴力化、经营行为犯罪化的特征。前者是指黑社会性质组织通过违法、犯罪手段，对违反纪律规则的组织成员实施制裁，而非通过经济奖惩、人事任免等合法的手段进行内部管理。后者是指黑社会性质组织击败竞争者的手段，往往带有浓厚的暴力性质，目标明确、针对性强，即那些妨碍该组织攫取超额垄断利润的竞争对手。③"有组织犯罪的企业化"需要经历四个阶段，即通过暴力敛财获取原始资本、控制非法行业获取稳定收入、创办企业向合法行业渗透、依托企业完成区域或行业垄断，这既是由有组织犯罪的逐利性本质所决定的，又是在组织规模不断扩大、成员协同性不断提升的背景下，有组织犯罪的一种基本发展趋势。④

2. 有关经济特征的研究

首先是经济特征发挥作用的方式。何佩芸（2020）、陈世伟（2012）、高憬宏（2010）指出，通过持续性地攫取经济利益，使参与该组织的成员从中获利，是组织者、领导者运作并发展黑社会性质组织的基本目标。黑社会性质组织对于经济利益的攫取，贯穿于该组织的整个发展历程之中，与该组织的发展壮大具有密不可分的联系。一方面，黑社会性质组织不仅能够在犯罪过程中攫取经济利益，而且能够通过逐步建立非法控制状态，对特定区域、行业的利益分配格局发挥影响力，从而确保利益获取的持续

---

① 黎宏：《刑法学》，法律出版社 2012 年版，第 802 页。
② 陈兴良：《套路贷犯罪研究》，载《法制与社会发展》2021 年第 5 期，第 24 页。
③ 贾凌：《刑事案例诉辩审评——黑社会（性质）组织犯罪》，中国检察出版社 2013 年版，第 138 页。
④ 蔡军：《我国有组织犯罪企业化的路径及其表现分析》，载《法学论坛》2021 年第 1 期，第 134 页。

性。另一方面，该组织将获取的非法利益用于维系组织存续、拓展获利途径、实施违法犯罪活动、寻求非法保护。① 这不仅可以保障组织成员的稳定性，为不断攫取经济利益、扩大组织规模奠定基础，② 而且在该组织中的重要成员被追究刑事责任，导致该组织的相关活动暂时销声匿迹的情况下，如果该组织所拥有的财产未被追缴，仍有推选出新成员担任领导职责，并再次发展壮大的可能性。与黑社会性质组织对于社会各领域渗透的广泛性、实现目的之手段的复杂性相对应，在其攫取经济利益的过程中，往往需要通过多种途径与手段开拓经济来源，而且非法手段在其中发挥着不可或缺的作用。③

其次是在认定黑社会性质组织的经济实力时，是否以实际地占有、管理、控制财物为必要。陈兴良（2020）、周光权（2015）指出，黑社会性质组织开展经济活动是为了支持该组织的其他活动，只要实施了获取经济利益的行为，用于支持该组织的运营，无论是先积累一定的经济基础再创建黑社会性质组织，还是先创建黑社会性质组织再逐渐积累经济实力，都可以作为经济特征的认定依据。④ 不以相关的财产完全处于该组织的占有、管理、控制之下为必要。如果该组织有能力调动相关的经济资源用于开展活动，即使这些经济资源处于与该组织存在关联的公司的掌控之下，在法律性质上不属于该组织所拥有的财产，也可认定为该组织经济实力的一部分。此外，黑社会性质组织的经济实力与其所获利益之间也有一定的区别，后者需要经历一个向前者转化的过程。例如在黑社会性质组织通过开办企业获得经济支持的情况下，在维持企业运营的过程中会产生场地租金、人员薪资、水电费用等方面的成本，应当首先将相关的数额从企业所得收入中扣除，才能将剩下的部分认定为该组织的经济实力。⑤

---

① 何佩芸，刘超：《黑社会性质组织犯罪的特征及司法认定——以贵州省20个案例为分析样本》，载《四川警察学院学报》2020年第3期，第55页。

② 高憬宏，陈兴良，吕广伦：《黑社会性质组织问题三人谈》，载最高人民法院刑事审判第一、二、三、四、五庭主编：《刑事审判参考》第74集，法律出版社2010年版，第192页。

③ 陈世伟：《黑社会性质组织基本特征的实践展开》，载《河南大学学报（社会科学版）》2012年第1期，第44页。

④ 周光权：《刑法各论》，中国人民大学出版社2015年版，第367页。

⑤ 陈兴良：《论黑社会性质组织的经济特征》，载《法学评论》2020年第4期，第6页。

最后是获取经济的渠道的转化趋势。屈舒阳（2024）、张武举（2021）、郎胜（2015）、周道鸾（2013）、于天敏（2010）指出，黑社会性质组织正在逐渐摒弃传统暴力、胁迫等直接敛财的犯罪方式，逐步选择隐蔽性强、风险性小、回报率高的间接敛财犯罪方式，呈现"企业化"的发展趋势，往往还会涉及部分合法业务，从而演变成为复合型的犯罪集团。① 黑社会性质组织从"暴力寄生型"逐渐向"黑色经济型"与"形式合法型"过渡，后两者中的获利渠道相对复杂，不再局限于违法犯罪活动的范围内。② 黑社会性质组织具备稳固的获利途径，或是通过贩卖违禁品、提供色情服务获利，或是开展敲诈勒索、诈骗等侵犯财产类犯罪，或是以违法犯罪活动所产生的利益为基础，逐渐过渡至能够更安全、更稳定地获利的合法领域，创办工厂、公司等实体。③ 当该组织具备了一定的经济实力后，组织者、领导者往往会通过各种手段将财产"洗白"，例如用于开展合法的经营活动，并用于维系该组织的存续，也应将这部分资产认定为该组织的经济实力。④ 由于非法行业具有一定的危险性，以及实施违法犯罪的空间有限，因此黑社会性质组织会利用经济领域管理制度的漏洞，不断向合法经济领域渗透，寻求合法、稳定的经济来源。⑤

3. 有关行为特征的研究

首先是行为特征中"有组织"的含义理解。陈小彪（2021）、王鹏祥（2019）、梁利波（2016）、周光权（2015）、何荣功（2013）指出，行为特征中的"组织"是通过违法犯罪活动予以体现的，体现出了严密的组织性、

---

① 屈舒阳，代沁漪：《回顾—反思—展望：我国黑社会性质组织犯罪的实践犯罪学研究——以十年间 582 份判决书中 2008 名黑社会性质组织成员为样本》，载《云南警官学院学报》2024 年第 2 期，第 93 页。
② 张武举，李书潇：《黑社会性质组织犯罪涉案财物的合理界分》，载《重庆行政》2021 年第 2 期，第 63 页。
③ 周道鸾，张军主编：《刑法罪名精释》，人民法院出版社 2013 年版，第 731 页。
④ 王爱立：《中华人民共和国刑法释义》，法律出版社 2024 年版，第 523 页。
⑤ 于天敏：《黑社会性质组织犯罪理论与实务问题研究》，中国检察出版社 2010 年版，第 148 页。

高度的统一性、完备的计划性,① 犯罪活动呈现出多元化与网络化的特征,② 虽然也需要依托于严密的组织结构、高效的信息传达与执行能力,从而确保违法犯罪活动能够顺利进行,但主要体现为犯罪参与者之间的关系、犯罪意志的来源、利益的实际归属这三个方面的内容。③ 在经济特征中,黑社会性质组织攫取经济利益的途径虽然具有多元性,但如果通过违法犯罪行为获利,则这些行为可被包含于经济特征中的"组织"。组织特征中的"组织",主要是指组织内部结构、等级关系、规章制度等方面的严密性,黑社会性质组织通过实施违法犯罪行为,能够不断地将该组织所具备的力量,不当地作用于社会生活的各个领域,从而对正常的社会管理秩序形成挑战。因此,行为特征从动态的角度反映了该组织所具备的实力,而黑社会性质组织其他三方面的特征则主要是从静态的角度予以揭示。④ 由于实行行为使不同的犯罪定型化,并且明确了此罪与彼罪之间的界限,而黑社会性质组织的行为特征涉及对行为方面的要求,因此也具有界分机能,有助于将黑社会性质组织与一般的犯罪集团相区分,例如黑社会性质组织以暴力性作为实施犯罪行为过程中的一个重要特征,但一般的犯罪集团不以此为必要条件。⑤

其次是黑社会性质组织不同发展阶段使用暴力手段的趋势。陶旭蕾(2021)、于阳(2020)、何秉松(2009)、吴宗宪(2006)指出,从犯罪学的角度来看,暴力意识、帮派意识是黑社会性质组织中的犯罪亚文化的主要组成部分,⑥ 前者包含评价、使用两个层次的内容。崇尚暴力亚文化的组织成员,不仅乐于宣扬暴力手段所具备的优势,并将其贯彻到对组织者、领导者意志的执行过程中,而且将其视为解决纠纷、减少阻碍的首选措施,

---

① 何荣功:《黑社会性质组织"行为特征"的认定》,载《中国检察官》2013 年第 1 期,第 25 页。

② 周光权:《刑法各论》,中国人民大学出版社 2015 年版,第 367 页。

③ 王鹏祥,陶旭蕾:《黑社会性质组织犯罪组织性的法教义学分析》,载《河北法学》2019 年第 8 期,第 123 页。

④ 梁利波:《黑社会性质组织行为特征的新样态》,载《刑法论丛》2016 年第 1 期,第 331 页。

⑤ 陈小彪,曹婷婷:《黑社会性质组织行为特征之界限机能与司法认定》,载《四川警察学院学报》2021 年第 2 期,第 20 页。

⑥ 何秉松:《中国有组织犯罪研究》,群众出版社 2009 年版,第 493 页。

在日常生活中对其予以积极利用，根据其他人员对于暴力手段的支持程度，组织成员或是与他们建立更紧密的联系，或是对他们疏远排挤，从而有效地筛选、拉拢志同道合的人员加入该组织。① 当该组织的利益面临实际威胁时，暴力手段始终会作为维护利益、解决纠纷的重要途径，暴力程度可以从两个角度判断，其一是行为手段的残虐性、激烈性，足以严重威胁他人的人身安全，其二是行为手段的反复性、持续性，使被害人遭受长期的折磨，陷入极度恐惧的心理。② 例如在黑社会性质组织的发展初期，由于需要向当地民众展示自身实力，在当地树立不容挑战的权威地位，往往会铤而走险地公然实施较多的暴力犯罪。当该组织形成一定的规模之后，获取利益的渠道更为多样，对社会各领域的渗透程度不断提高，即使在实施暴力犯罪的频率较低的情况下，也能维持自身的稳定发展，因此该组织出于趋利避害的考量，所采取非法手段的隐蔽性、欺骗性也随之加强。当然，在当前对于黑恶势力打击的相关政策呈现高压态势的情况下，不宜仅根据该组织发展的不同时期，认定其手段是否需要较为明显地体现出暴力性、公开性。换言之，在该组织成立早期，组织者、领导者也可能出于保障成员安全的考量，以暴力色彩不甚明显的隐蔽手段实现非法目的。③

再次是不同类型行为手段之间的相互关系。赵建勋（2020）、杨智宇（2019）、钱岩（2019）、卢建平（2018）、黄京平（2018）、林毓敏（2018）、江长青（2017）指出，行为特征中的"软暴力"手段有利于增强违法犯罪行为的隐蔽性与欺骗性，④ 始终要以黑社会性质组织已经形成的影响力、施加暴力手段的能力作为保障，否则在被害人能够采取措施反制"软暴力"手段，并消除其产生的不良影响的情况下，难以因此而受到心理

---

① 吴宗宪：《西方犯罪学》，法律出版社 2006 年版，第 369 页。

② 陶旭蕾：《黑社会性质组织行为特征之法教义学分析》，载《中国刑警学院学报》2021 年第 4 期，第 49 页。

③ 于阳、陈培云：《涉黑犯罪"软暴力"法律适用问题研究》，载《天津法学》2020 年第 2 期，第 36 页。

④ 江长青、熊纬辉：《侦办黑社会性质组织犯罪案件的难点与对策——以福建省三明市为例》，载《中国刑警学院学报》2017 年第 1 期，第 45 页。

强制、遭受经济损失。① 例如该组织虽多次采取软暴力手段，且在面临被害人反抗的情况下转而对其施加暴力，给多名被害人造成了人身伤害的结果，但其中的大多数情况都是在被害人报警之后，由警察出面调解，或是由该组织支付医疗费用、赔偿金从而与被害人达成和解，则说明该组织事先缺乏必要的准备，未能预设被害人可能作出的应对措施，而且在采取软暴力手段的过程中，各成员之间的分工不够合理，未通过有效削弱被害人的维权能力与意识，使其陷入孤立无援的境地。② 相较而言，恶势力的软暴力手段则不必以暴力作为后盾，不需要在采取软暴力手段的过程中具备随时施加暴力手段的可能性。③ 采取"软暴力"手段不仅能够大幅减少开展非法活动过程中的各项支出，而且不易于给组织成员造成较大的精神压力，甚至在其他犯罪团伙得知这一手段的优势之后，可能对其予以模仿、借鉴，从而造成更广泛的危害后果。对于为保障基本生活而加入该组织的成员，其显然更愿意通过人身危险较小、追责风险较低的方式实现预期目标，如果自己因实施暴力犯罪而造成被害人伤亡，还会因此而面临精神上的冲击与良心上的谴责。④ 在组织成员发挥"软暴力"手段效果的过程中，不仅需要通过该组织成立早期已经采取的暴力手段，加深被害人的恐惧心理，而且需要以将来尚未实施的暴力手段为保障。从实质上来看，这两种手段分别从隐性、显性两个方面，彰显了黑社会性质组织所具备的施加暴力侵害的能力。⑤ 此外，不应根据其他罪名中"威胁"的含义，将本罪中的"威胁"解释为能够包含软暴力手段。例如在强迫交易罪中，其所包含的手段属于列举式的规定，因此对于手段的定性只能在暴力、威胁二者中择一，如果以软暴力的手段实施该项罪名，显然只能认定为"威胁"的性质。而在组

① 杨智宇：《论黑社会性质组织犯罪中"软暴力"行为的限缩认定》，载《太原理工大学学报（社会科学版）》2019 年第 6 期，第 49 页。
② 钱岩：《黑社会性质组织组织特征的认定》，载《中国检察官》2019 年第 20 期，第 12 页。
③ 黄京平：《黑恶势力利用"软暴力"犯罪的若干问题》，载《北京联合大学学报（人文社会科学版）》2018 年第 2 期，第 10 页。
④ 林毓敏：《黑社会性质组织犯罪中的暴力手段及软性升级》，载《国家检察官学院学报》2018 年第 6 期，第 61 页。
⑤ 卢建平：《软暴力犯罪的现象、特征与惩治对策》，载《中国刑事法杂志》2018 年第 3 期，第 91 页。

织、领导、参加黑社会性质组织罪中，由于在这两种手段之外，还有"其他手段"作为兜底，其中就包含了软暴力手段。因此，有必要在司法实践中明确威胁与软暴力手段之间的界分。二者在与暴力手段的紧密程度上存在区别。相较而言，威胁与暴力手段之间的联系更为密切，行为人以表达将要施加暴力的言语内容、展示足以造成人身伤害的凶器等方式，使被害人意识到暴力手段具有实施的紧迫性。换言之，这一手段本身就以暴力为基本内容，只是因为尚未达到一定的条件，所以不属于对被害人直接施加暴力。①

最后是关于行为特征在认定过程中是否违反"禁止重复评价原则"的探讨。于阳（2020）、何佩芸（2020）、李高伦（2018）、石经海（2014）、陈建清（2013）、王恩海（2009）对此问题提出了四种不同的观点，由于刑法将组织、领导、参加黑社会性质组织的行为专门予以处罚，可称之为第一类罪行；而黑社会性质组织在成立之后，需要实施一些具体的犯罪行为，可称之为第二类罪行。第一种观点认为，刑法第二百九十四条第四款的规定违反了重复评价原则，第一类罪行与第二类罪行相当于同一行为，前者处于预备阶段，后者处于实行阶段，二者不能同时进行评价。② 解决这一问题的根本方法在于，在立法上将第一、第二类罪行予以分离，同时取消相关的数罪并罚规定。③ 第二种观点认为，该情形在一定程度上突破了禁止重复评价原则，但未完全违背，出于其他考量，仍可以作为该原则的例外而存在。应当根据司法经验，将黑社会性质组织所经常涉及的犯罪行为予以总结，将它们排除在并罚的情形之外，对它们直接按照第一类罪行处罚。④ 第三种观点认为，对于与具体犯罪构成要件之间关联性不强的手段，例如跟踪、滋扰等"软暴力"手段，应尽可能地将其作为黑社会性质组织的行

---

① 赵建勋：《试论黑社会性质组织犯罪中的"软暴力"》，载《江西警察学院学报》2020 年第 2 期，第 95 页。
② 陈建清，胡学相：《我国黑社会性质组织犯罪立法之检讨》，载《法商研究》2013 年第 6 期，第 131 页。
③ 石经海：《黑社会性质组织犯罪的重复评价问题研究》，载《现代法学》2014 年第 6 期，第 102 页。
④ 王恩海：《组织、领导、参加黑社会性质组织罪中并罚的适用标准》，载《法学》2009 年第 9 期，第 159 页。

为要素对待，从而将相关的事实归入第一类罪行中予以评价，在司法适用的过程中实现与第二类罪行的分离。① 第四种观点认为，应当以第一类罪行的认定为基础，以第二类罪行的认定为补充，对罪状中的"其他犯罪行为"采取限制解释的态度，它包含两种含义：其一，如果黑社会性质组织所实施的犯罪已经被用于认定第一类罪行，则在达到有关特征的最低认定标准之后，应将未被用于评价前述罪行的相关犯罪，归入第二类罪行予以评价。例如该组织实施了四次寻衅滋事行为，且均构成犯罪，则在认定第一类罪行的过程中，由于只需要三次以上的犯罪行为即可符合行为特征，因此第四次犯罪行为尚不需要被评价，应归入第二类罪行中予以评价。反之亦然，例如组织成员在实现组织利益的过程中使用了软暴力手段并构成了具体的犯罪，则由于软暴力手段已经在第二类罪行中评价，因此不应在黑社会性质组织的行为特征认定过程中重复评价。② 其二，如果依据已有的犯罪事实，已经足以认定该组织的各项特征，从而符合第一类罪行，但在案件审理过程中又发现遗漏的犯罪事实，则应当将这些遗漏的事实归入第二类罪行，并将两类罪行予以并罚。③

4. 有关危害性特征的研究

首先是危害性特征对于黑社会性质组织特有危害的反映能力。周光权（2018）、黄京平（2018）、郎胜（2015）、贾凌（2013）指出，无论黑社会性质组织所影响的行业是否合法，只要该行业遭受了垄断、控制，生产经营所面临的负面影响就应纳入危害结果的认定过程中。④ 在对一定地域实现控制力的过程中，黑社会性质组织营造了一种非法秩序，使当地民众受到心理强制，被迫忍受黑社会性质组织对合法权益的侵犯。⑤ 黑社会性质组织

---

① 李高伦：《软暴力犯罪的认定与定位问题研究》，载《武汉公安干部学院学报》2018 年第 4 期，第 24 页。

② 何佩芸，刘超：《黑社会性质组织犯罪的特征及司法认定——以贵州省 20 个案例为分析样本》，载《四川警察学院学报》2020 年第 3 期，第 55 页。

③ 于阳，陈培云：《涉黑犯罪"软暴力"法律适用问题研究》，载《天津法学》2020 年第 2 期，第 39 页。

④ 王爱立：《中华人民共和国刑法释义》，法律出版社 2024 年版，第 523 页。

⑤ 贾凌：《刑事案例诉辩审评——黑社会（性质）组织犯罪》，中国检察出版社 2013 年版，第 191 页。

通过树立在当地的非法权威，使当地民众无法受到政府相关职能部门的有效管理，且无法通过举报、控告等途径消除该组织的非法控制状态，在民众之间发生纠纷的情况下，也经常因该组织的无端干涉而难以得到公正的解决。即使该组织只是因争夺霸权而与其他犯罪团伙开展聚众斗殴，未直接针对当地民众进行侵害，也会由于频繁引发的暴力事件，使当地民众的安全感下降，并对他们的生活秩序造成不良影响。随着黑社会性质组织以自主制定的治理规则取代正常的社会秩序，将导致当地民众对法律规范的认同程度下降，并不再信赖法律规范对于社会关系的调节效果，进而影响法规范的适用效力。① 在黑社会性质组织初步创立的阶段，主要是通过组织结构的严密性、等级构造的层次性，与一般的犯罪团伙形成明显的区别。在该组织达到了一定规模之后，由于其已实施了较多的犯罪行为，对于特定地区、行业的非法控制能力不断增强，这亦是一般的犯罪团伙所难以实现的，因为后者至多能在该组织的活动区域形成非法影响，但不具备控制当地秩序的实力。②

其次是对于"一定区域""一定行业"的解释方式。戴锦澍（2023）、王怡（2020）、魏东（2019）认为，在互联网技术日趋发达的背景下，不仅应从物理空间的角度认识"一定区域"中的地域范围，还应当考虑与某一社会群体相关联的生活秩序受到影响的程度。例如根据社会群体内相应人际关系的形成原因，人们既可能基于居住地点相近、活动范围在一定区域内重合等原因，进而产生地缘上的联系，又可能基于在同一单位工作、与他人从事同一类型的职业，从而产生业缘上的联系，还有可能基于血亲、姻亲关系，在宗族意识的引导下，与他人基于亲属关系而加深联系，然而，这些关系都可能因黑社会性质组织通过网络实施的滋扰行为而受到干扰。③"一定区域"应当包含三个方面的要素。首先是系统性，这一区域应当包含了一定的社会成员，在相关职能部门、社会机构的管理之下，按照一定的

---

① 周光权：《黑社会性质组织非法控制特征的认定——兼及黑社会性质组织与恶势力团伙的区分》，载《中国刑事法杂志》2018 年第 3 期，第 54 页。

② 黄京平：《恶势力及软暴力犯罪探微》，载《中国刑事法杂志》2018 年第 3 期，第 65 页。

③ 王怡：《网络"非接触式"黑社会性质组织罪危害性解析》，载《检察日报》2020 年 6 月 23 日第 3 版。

秩序运作，呈现为经济、文化、制度等多个要素相互作用的动态系统，并具备一定的社会功能。① 其次是开放性，这一区域不应持续性地处于封闭的状态，而是需要不断地与外部社会产生联系，进行人员、信息等方面的交换。这也使得该组织能够不断向社会各领域渗透，并将自身的犯罪亚文化扩散、影响至更广阔的社会范围，不断吸引认同该组织的文化、价值观的社会闲散人员加入。最后是秩序性，这一区域原本能够按照合法的秩序良好运作。这一秩序主要体现为社会成员约定俗成的文化习惯、共同遵守的规章制度，有关的职能部门通过有效发挥管理、监督职责，能够确保这一秩序得以持续运作，并对区域内的社会成员发挥长期、稳固的约束与影响。但黑社会性质组织却瓦解、破坏了原有的秩序，按照自身的理念重新构建了新的秩序，以此体现出一定的反社会性。② 对于"一定行业"，不以行业存在"同类性"为前提，即经营者之间不需要存在相互竞争关系，"一定行业"也可以是不同类别的行业，"在一定行业内形成非法控制"，包括对行业内的消费对象进行非法支配、控制。③

再次是"重大影响"的解释方式。戴锦澍（2023）、曹红虹（2020）指出，"非法控制"更加侧重从对个人与群体客观上支配的角度出发，来解释黑社会性质组织的本质特征，而"重大影响"更加倾向从对群众、企事业单位、政府机关等进行主观上心理威慑的角度，来描述控制的状态。④ 如果黑社会性质组织经常活动的区域较为集中，且该区域的经济体量较大、经营者数量较多、相关交易较为活跃，则难以认定该组织已达到控制相关行业的状态，因此主要从该组织所造成的影响予以考量，例如行业内其他经营者是否知晓组织者、领导者的存在，对其开展相关业务、实施非法手段的能力是否认同，以及行业内的其他公司是否主动攀附、依靠该组织，以

---

① 王学俭，张哲：《互通与契合：公民社会与社会生态空间关联研究》，载《西北师大学报（社会科学版）》2014年第5期，第85页。

② 魏东，赵天琦：《黑社会性质组织第四项特征的刑法解释》，载《法治研究》2019年第5期，第49页。

③ 戴锦澍：《黑社会性质组织非法控制特征的认定》，载《北京航空航天大学学报（社会科学版）》2023年第4期，第191页。

④ 戴锦澍：《黑社会性质组织非法控制特征的认定》，载《北京航空航天大学学报（社会科学版）》2023年第4期，第192页。

确保自身能够稳定开展经营活动。① 此外，该组织在施加控制、影响的过程中，不要求实施非法活动的地点、干扰的行业较为集中。例如在黑社会性质组织利用信息网络实现危害性特征时，即使前述两项因素的集中程度较低，但组织成员通过线上、线下相结合的违法犯罪活动，足以在这两类空间中造成重大影响，对正常秩序形成了严重侵害时，也符合刑法所规定的控制、影响程度。

最后是"包庇、纵容"应如何具体认定。胡森（2021）、李保洋（2020）指出，主要应结合三个方面考察：其一，掩护黑社会性质组织的存续，防止其受到相关职能部门的查处，或是在自身行使职权的过程中，故意对该组织的非法活动从轻处理。这是该组织寻求公权力庇护的根本出发点，也是其得以开展各项活动的前提。其二，掩护黑社会性质组织的非法活动，为参与其中的组织成员开脱法律责任。这是该组织实现对成员的充分保护、维持组织结构稳定性的必然要求，成员在依附于该组织以获得生活来源的情况下，出于趋利避害的考量，更愿意在承担风险的可能性较小的情况下，执行组织者、领导者下达的各项任务。其三，为黑社会性质组织树立非法秩序提供帮助，或任由组织在当地发展壮大，而不正确履行法定职责。前者主要是指，相关国家工作人员利用职权打击当地其他的经营者，或与他们协调经营地点，安排他们调离组织所在的区域。后者主要是指，在该组织排挤其他竞争对手、欺压当地民众的情况下，相关国家工作人员不依法保护被害人的权益。从以上三个方面来看，黑社会性质组织所寻求的"保护伞"应当具有稳定性、长期性，且该组织会不断追求向更高级别的公权力机关渗透，从而进一步拓展自身安全发展的空间。而随着相关的国家工作人员与组织的联系日益密切，二者甚至会出现相互影响、彼此同化的现象，逐渐成为利益共同体。② "纵容"主要表现为单纯的不追究行为，即使在此基础上进一步对组织成员实施帮助行为，也不影响"纵容"

---

① 曹红虹：《"套路贷"犯罪中恶势力与黑社会性质组织的审查认定》，载《中国检察官》2020 年 5 月第 10 期，第 10 页。

② 李保洋：《审慎原则视角下关于公职人员涉黑涉恶犯罪若干问题的探讨》，载《警学研究》2020 年第 1 期，第 27 页。

的认定。①

5. 有关四个特征地位的研究

陶旭蕾（2021）、蔡智玉（2021）、石经海（2016）、陈世伟（2012）、何秉松（2009）、李永升（2003）、黄京平（2001）、李文燕（2001）研究了黑社会性质组织四个特征之间的地位，形成了六种不同的观点。第一种观点认为，组织特征的地位最为关键，因为黑社会性质组织需要具备足够的人数、形成较为严密的结构，才能持续性地开展非法活动，并维持已经构建起来的非法秩序。② 第二种观点认为，应将行为特征作为关注的重点，将"有组织的暴力"置于关键性的地位。行为特征是最明显的外化特征，③当黑社会性质组织对外开展非法活动时，总是需要通过实施暴力手段，让被害人直观地感受到该组织的实力。因此，这些暴力手段的支持、保护，是该组织树立非法权威的必备条件。④ 第三种观点认为，雄厚的经济实力是黑社会性质组织存续和发展的必备条件，因此经济特征处于最关键的地位。⑤ 第四种观点采取危害性说，认为应当从黑社会性质组织的名称入手，认识其处于关键地位的特征。具体而言，"黑社会性质"本身就反映了与公权力机关发生对抗，并在此基础上夺取社会控制权的意愿与能力。黑社会性质组织通过逐步树立非法权威，能够有效地削弱政府职能部门的管理能力，并在将该组织所蕴含的能量以非法手段展示的过程中，对正常的社会生活、市场交易造成严重破坏，因此刑法对其专设条文予以打击。⑥ 组织、经济、行为这三个特征，均为危害性特征的实现提供了支持，分别反映为人员基础、物质保障、行为表现这三个方面。从这个意义上而言，组织、

① 胡森，崔倩如：《为涉黑套路贷公司提供保护伞的行为认定》，载《中国检察官》2021 年第 8 期，第 61 页。

② 李文燕，田宏杰：《黑社会性质组织特征辨析》，载《中国人民公安大学学报》2001 年第 3 期，第 6 页。

③ 石经海，李佳：《黑社会性质组织本质特征之系统性理解与认定》，载《法律适用》2016 年第 9 期，第 52 页。

④ 何秉松：《中国有组织犯罪研究》，群众出版社 2009 年版，第 231 页。

⑤ 李永升：《黑社会性质组织犯罪的特征和认定》，载《江苏警官学院学报》2003 年第 1 期，第 139 页。

⑥ 陈世伟：《黑社会性质组织基本特征的实践展开》，载《河南大学学报（社会科学版）》2012 年第 1 期，第 41 页。

经济、行为这三个特征与危害性特征之间，形成了由表及里、前因后果的关系，而危害性特征具有综合性，从最低效果的角度限定了前三个特征的质与量。[①] 第五种观点采取结合说，其在第一种观点的基础上，将行为特征也纳入进来，认为只有将组织、行为这两个特征相结合，才能全面地说明黑社会性质组织的本质，并彰显其所造成的危害。[②] 第六种观点主张"平行并列"说，认为四个特征在逻辑结构上是平行的，虽然在具体个案中可能会有某一特征较为突出的情况出现，但不应从主次之分的角度考察这些特征，而是应当从总体上综合考量。[③]

6. 关于组织成员刑事责任的研究

在认定黑社会性质组织"全部罪行"的过程中，应认识到组织者、领导者责任范围与"全部罪行"的关联性，黑社会性质组织作为犯罪集团的高级表现形式，前者中的组织者、领导者也是犯罪集团的首要分子。因此，在认定组织者、领导者的担责范围时，可以借鉴学界有关首要分子担责范围的研究成果，对于这一问题主要有五种不同的观点。第一种观点是"概括性故意"说，当首要分子对犯罪发挥了总体性的策划、指挥作用，且该犯罪体现了他们总体性、概括性的故意时，则他们应对犯罪承担责任。[④] 第二种观点是"集团共同故意"说。该观点以犯罪集团为主体，认为"全部罪行"是指犯罪集团所计划实施的犯罪活动。如果超出了该集团的故意范围，则应认定为过限的犯罪，不能归责于首要分子。[⑤] 无论是首要分子预谋实施犯罪，还是在犯罪实施过程中发挥了指挥作用，都处于犯罪集团的意志范围之内，从整体上而言，犯罪集团对前述犯罪具有共同的故意，成员实施的犯罪不应超出前述故意的范围，否则不能归入集团所犯罪行。[⑥] 第三

---

① 蔡智玉：《黑社会性质组织经济特征的法律意义及调查认定》，载《人民法院报》2021年08月26日第6版。

② 黄京平，石磊：《论黑社会性质组织的法律性质和特征》，载《法学家》2001年第6期，第27页。

③ 陶旭蕾：《黑社会性质组织行为特征之法教义学分析》，载《中国刑警学院学报》2021年第4期，第53页。

④ 张明楷：《犯罪集团首要分子的刑事责任》，载《法学》2004年第3期，第61页。

⑤ 吴光侠：《主犯论》，中国人民公安大学出版社2007年版，第246页。

⑥ 贾宇：《刑法学》，高等教育出版社2019年版，第247页。

种观点是"整体意志"说。相较于第二种观点，该观点在应承担责任的犯罪阶段上有所扩展，不再局限于首要分子事前计划实施的犯罪，而是既包括预谋阶段，又包括实行阶段，归责的判断标准在于是否体现了犯罪集团的整体意志。① 第四种观点是"支配犯罪"说，该观点以首要分子对犯罪发挥了直接、间接这两种支配作用为归责的前提，根据是否实现了"支配或控制"以及实现的程度，确定首要分子的刑事责任。② 具体可细化为三种类型："直接支配"型，即直接通过对成员的组织、指挥等方式实现对犯罪的支配；"组织支配"型，即首要分子基于其在犯罪集团中的较高地位，通过该集团支配犯罪，以实现其概括性的故意；"事后追认"型，即首要分子对于成员实施的、有助于维护犯罪集团利益的犯罪行为虽事先不知情，但在犯罪发生后予以认可。③ 第五种观点是"意志影响"说，该观点从首要分子与成员之间的关系切入，认为前者能够在后者的犯罪决策过程中发挥意志影响力。首要分子在犯罪集团的整体性目标、阶段性目标的产生过程中起到了支配性作用，而犯罪集团的决策又会影响到成员的决策，例如犯罪集团所预设的决策模型、具备明显暴力特征的行为类型等。在要求首要分子对集团所犯罪行承担责任时，应当例外地肯定对个人责任原则的偏离。④

7. 关于有组织犯罪理论的研究

首先，"有组织犯罪"与"犯罪组织"在含义上有所不同。前者主要表现为特定的犯罪形态，属于共同犯罪的高级表现形式。而后者应当从组织形态的角度予以理解，是由多个行为人为了顺利开展犯罪活动而组成的，其表现形式不以犯罪集团为限。由此可见，"黑恶势力"这一概念，与这种势力所实施的具体犯罪之间存在区别，前者属于犯罪形态，集中体现为有

---

① 赵秉志：《犯罪总论问题探索》，法律出版社 2002 年版，第 509 页。
② 向朝阳，邹佳铭：《论组织犯及其刑事责任》，载《中国刑事法杂志》2006 年第 4 期，第 30 页。
③ 秦宗川：《论黑社会性质组织犯罪中"全部罪行"的认定》，载《中国刑事法杂志》2014 年第 5 期，第 39 页。
④ 沈振甫：《论黑社会性质组织首要分子的刑事责任》，载《政法学刊》2021 年第 2 期，第 45 页。

组织犯罪，是后者的实施载体。①

其次，对于有组织犯罪的范围，学界存在三种观点：其一，广义说，该观点处于主流地位，认为"有组织犯罪"包括的情形非常广泛，即一切三人以上故意地、有组织地实施的共同犯罪或犯罪集团；② 其二，狭义说，认为"有组织犯罪"只能从集团性犯罪活动的角度予以理解；③ 其三，最狭义说，将"有组织犯罪"的范围限缩为两种情形，即黑社会性质组织犯罪、恶势力犯罪，以前者为最典型的表现形式。④

8. 黑社会性质组织与其他相关概念的关系

其一是黑社会性质组织与共同犯罪的关系。从共同犯罪的分类来看，其可以分为任意、必要共同犯罪，即以共同犯罪是否能够任意形成为划分标准。其中，必要共同犯罪包括对向性共同犯罪、聚众性共同犯罪和集团性共同犯罪三种情形。此外，共同犯罪还可以划分为一般、特殊共同犯罪，即以犯罪人之间结合的紧密程度为划分标准，有无组织形式是二者之间的主要区别。其中，特殊共同犯罪以"集团性共同犯罪"为典型的表现形式，也包括组织程度更为松散的聚众性共同犯罪。⑤ 根据以上两种分类标准，黑恶势力犯罪只能存在于必要共同犯罪、特殊共同犯罪中，因为一般共同犯罪与聚众性共同犯罪均具有临时纠合性。

其二是与黑社会性质组织相关的基础概念。黑社会性质组织、恶势力犯罪集团、普通恶势力在组织程度上，呈现出由高到低的梯度关系，形成了一种金字塔式的惩罚结构。首先，"黑社会性质组织"是由刑法分则明文规定的，需要根据"组织、领导、参加黑社会性质组织罪"独立地定罪量刑，与黑社会性质组织所实施的其他犯罪行为并罚，其与"黑社会组织"

---

① 李海滢：《对黑恶势力犯罪基础问题的重新审视——以共同犯罪与有组织犯罪为界域》，载《河南社会科学》2020年第7期，第71页。

② 阮方民、王晓：《有组织犯罪新论——中国黑社会性质组织犯罪防治研究》，浙江大学出版社2005年版，第11页。

③ 高一飞：《有组织犯罪问题专论》，中国政法大学出版社2000年版，第12页。

④ 靳高风：《中国反有组织犯罪法律制度研究》，中国人民公安大学出版社2016年版，第1页。

⑤ 李海滢：《对黑恶势力犯罪基础问题的重新审视——以共同犯罪与有组织犯罪为界域》，载《河南社会科学》2020年第7期，第71页。

存在组织程度的差异。对于黑社会性质组织、恐怖活动组织以外的犯罪集团，由于刑法没有对"组织、领导、参加"行为予以专门处罚，因此行为人如果未参与过集团所犯罪行，则不属于集团成员的范畴。① 其次，"恶势力犯罪集团"则是在符合恶势力认定条件的基础上，适用刑法总则关于犯罪集团的规定，在刑法分则中没有具体的罪名与之对应，只是涉及集团首要分子对集团所犯的罪行负责的问题。再次，"恶势力"只是刑事政策的打击重点，刑法未明确规定这一概念，因此其定罪价值不明显，主要影响到对成员的量刑。② 黑社会性质组织以危害性特征作为本质特征，而恶势力则为"为非作恶，欺压百姓"。③ 具体而言，黑社会性质组织的反社会性特征，决定了它势必需要借助公权力的庇护才能实现长期生存以及对社会秩序的干预、控制，这也是黑社会性质组织与恶势力的关键区别点。④ 最后，相较于普通的共同犯罪，黑社会性质组织、恶势力犯罪集团、普通恶势力都包含了对违法事实的评价，相关的特征是由违法事实与犯罪事实共同积累而形成的。黑社会性质组织中的软暴力手段需要以暴力手段为前置条件，利用后者的威慑力来发挥作用，而恶势力在使用软暴力手段时没有前述要求。⑤ 与黑社会性质组织相关的犯罪作为有组织犯罪的表现形式，相较于一般的共同犯罪与集团犯罪，其组织特征更为鲜明，反社会性倾向更为明显，造成的社会危害也更为严重。⑥

9. 对于黑社会性质组织的性质界定

学界对此存在五种不同的观点：第一，中间形态说，该观点处于主流地位，认为黑社会性质组织相当于一种中间形态，处于犯罪集团和黑社会

---

① 周舟：《犯罪集团中"全部罪行"的认定》，载《法学》2021年第1期，第181页。
② 李学良：《黑社会性质组织认定中阶层逻辑的适用——兼论"恶势力"与"软暴力"》，载《中国刑警学院学报》2021年第2期，第42页。
③ 陈兴良：《恶势力犯罪研究》，载《中国刑事法杂志》2019年第4期，第3页。
④ 张立，罗雄，冯群：《黑社会性质组织组织性和危害性特征的准确把握》，载《中国检察官》2024年第2期，第76页。
⑤ 陈兴良：《套路贷犯罪研究》，载《法制与社会发展》2021年第5期，第25页。
⑥ 蔡军：《我国惩治有组织犯罪的实践困境与立法对策》，载《华东政法大学学报》2013年第4期，第31页。

组织之间，并且向后者不断过渡。① 第二，阶段说。该观点主张，黑社会组织具备一般性的发展趋势，从低级到高级呈现为多个阶段，发展过程通常为"一般犯罪集团——黑社会性质组织——黑社会组织——跨国黑社会组织"，但不一定会完全遵循这一发展趋势。因此，黑社会性质组织属于黑社会组织的低级阶段。② 第三，特殊群体说。该观点主张，黑社会性质组织是各个成员基于反社会亚文化事由而组成，非法地共同形成组织体以实现犯罪目的，它在性质上属于特殊的社会群体。③ 第四，人员结合说。该观点认为，黑社会性质组织是由不同成员在密切联系的基础上，逐渐发展而成的集合体，并且通过各种手段树立非法秩序，破坏正常的社会秩序。④ 第五，组织说。该观点主张，黑社会性质组织具备稳定的成员构成，不断扩大自身的规模，进而形成实力较强的反社会的地缘组织，长期、大量地开展犯罪活动，并形成了独特的亚文化内容，具备严密的组织形式，遵循稳定的运作方式。⑤

（二）国外研究现状

1. 有组织犯罪理论

以色列刑法学者沙查尔·厄尔达（2012）提出了"领导者责任"原则，在对有组织犯罪的头目进行刑事处罚的过程中，从严惩处的关键在于其依托于在组织中的高级地位，组织、领导了多样化的犯罪行为，从而造成了广泛的、严重的法益侵害后果，从严惩处不以头目在每一项犯罪中均承担最重的刑事责任为前提。换言之，既需要从共同犯罪的角度，追究有组织犯罪的头目与具体实施者的刑事责任，又有必要在此范围之外，从该组织整体所犯罪行的角度，确定头目的刑事责任之外延。⑥ 在后者之中，由于头

---

① 赵秉志，郑延谱：《略论宽严相济刑事政策视野中的黑社会性质组织犯罪》，载《甘肃政法学院学报》2010 年第 6 期，第 47 页。

② 何秉松：《黑社会犯罪解读》，中国检察出版社 2003 年版，第 176 页。

③ 刘守芬，汪明亮：《试论黑社会性质组织的概念与特征》，载《北京大学学报（哲学社会科学版）》2002 年第 3 期，第 104 页。

④ 陈兴良：《论黑社会性质组织的组织特征》，载《中国刑事法杂志》2020 年第 2 期，第 23 页。

⑤ 高一飞：《有组织犯罪问题专论》，中国政法大学出版社 2000 年版，第 102 页。

⑥ Shachar Eldar. Punishing Organized Crime Leaders for the Crimes of Their Subordinates, Criminal Law & Philosophy, 2010（2），p. 195.

目与下级组织成员存在等级上的区隔，头目仅通过制定内部规约、形成鼓励组织成员采取自主行动的机制，取代对组织成员下达实施犯罪的直接命令，因此在认定头目的责任范围时，不需要其对成员实施的各项犯罪产生具体的认识，只需要其认识到本组织所规定的一般目标即可。[①]

德国刑法学者乌尔里希·齐白（2012）提出了有组织犯罪的"空间依托性"淡化的趋势。自信息时代以来，有组织犯罪不再以一定的空间、场所为必要基础，其构建非法秩序的范围不再受到地域的限制，更多地侧重于对特定行业、特定领域的控制。例如在恐怖主义犯罪的开展过程中，随着网络在恐怖主义犯罪中呈现工具化、平台化的趋势，与网络相关的恐怖主义势力日渐滋长，它们不再需要借助于犯罪基地等物理场所，开展成员培训、提供物质保障，而是借助于网络空间的高效数据传输，宣传恐怖主义思想并开展微恐怖主义活动，单次活动的参与人数也体现出减少的趋势。换言之，恐怖主义犯罪对地理空间的依托性不断下降，从而呈现出"基地性""空间性"的淡化趋势。这也导致有组织犯罪的表现形式趋于隐蔽，以至于当人们有所察觉时，犯罪已经难以遏制。[②]

德国刑法学者佩特·戈查克（2009）提出了有组织犯罪的企业化趋势，由于追求经济利益是有组织犯罪的基本目标，因此向企业化发展成了犯罪组织演变的一种主流趋势。犯罪组织会在内部组织架构、管理模式上借鉴企业的运作模式，在对外业务与手段上也会模仿企业的行为模式，从而形成一个持续存在的"犯罪企业"，通过开展违法犯罪活动，实现自身攫取经济利益的需求，在合法、非法业务相交织的情况下，通过暴力、威胁、垄断、贿赂等非法手段，确保利益获取的可持续性。[③]

法国犯罪学家安德鲁·博萨（1997）研究了有组织犯罪的相对独立性特征。他指出，以黑社会组织为代表的有组织犯罪，内部管理封闭，相当

---

① Shachar Eldar. Holding Organized Crime Leaders Accountable for the Crimes of Their Subordinates, Criminal Law & Philosophy, 2012（2），p. 211.

② ［德］乌尔里希·齐白：《全球风险社会与信息社会中的刑法——二十一世纪刑法模式的转换》，周遵友、江溯等译，中国法制出版社 2012 年版，第 197 页。

③ Petter Gottschalk. Entrepreneurship and Organised Crime：Entrepreneurs in Illegal Business, Edward Elgar Publishing Limited, 2009, p. 4.

于一个相对独立的社会，与合法社会秩序格格不入，通过严格的内部纪律与等级划分，实现对成员的控制，并利用一切手段达成非法控制的目标，将所攫取的利益最大化。他还提出，黑社会具备结社的秘密性、存续的持久性、精细的内部分工、严密的组织性。[1]

美国犯罪学家 D. 斯坦利·艾兹恩，杜格·A. 蒂默（1989）认为，如果从广义的角度来界定，有组织犯罪可以理解为一种"非法企业"，其通过开展非法活动攫取物质利益。这种"非法企业"依靠三种互相关联的要素而形成：第一，消费者对非法商品、服务和活动的需求；第二，不断生产、提供这些商品和服务的能力；第三，通过向政府部门、司法机关行贿，为该组织的发展提供保护。通过将有组织犯罪与企业联系起来，能够运用企业组织理论去分析有组织犯罪集团，进而揭示二者在组织结构上的相似性与差异性，这有利于在实践中准确区分二者，并掌握有组织犯罪的运作原理。[2]

2. 对与黑社会性质组织相近概念的界定

在对"黑社会组织"与犯罪集团的界定方式上，各国立法在一定程度上描绘了其内部特征与组织形式，体现了其属于有组织犯罪的高级发展阶段，具体界定方式可列举如下：

第一，美国1970年制定的联邦《有组织犯罪控制法》突出了犯罪集团的组织性特点，强调其是一种具有严密纪律性的社会团体组织，并且还通过列举的方式，展现了犯罪集团开展非法商业活动、提供非法服务的具体形式。在犯罪集团中，组织成员会为了谋求经济利益而从事非法活动，这些活动包括但不限于组织卖淫、毒品交易、非法放贷等。[3] 美国对黑帮的界定方式则与我国的"黑社会性质组织"这一概念相似，根据美国司法部的定义，美国的黑帮是指由三名以上的成员组成，使用暴力或恐吓的手段，

---

[1] ［法］安德鲁·博萨：《跨国犯罪与刑法》，陈正云等译，中国检察出版社1997年版，第109页。

[2] ［美］D. 斯坦利·艾兹恩，杜格·A. 蒂默：《犯罪学》，谢正权等译，群众出版社1989年版，第263页。

[3] 何秉松：《有组织犯罪研究——中国大陆黑社会（性质）犯罪研究》，中国法制出版社2002年版，第207－217页。

巩固该组织的权力、声誉或经济来源，黑帮成员通过所在的帮会树立共同的身份意识，利用自身的帮会成员身份，营造恐怖的社会氛围。黑帮成员界定群体身份的方式具有多样性，既包括设计帮会的名称、口号、识别标志与符号，又包括要求帮会成员保持统一的文身、服装、发型等。黑帮可能具备的特征有：制定成员入会规则、成员通过经常性的交往建立稳固的社会关系、谋求对特定地区的控制权或形成排他性的利益、具有易于识别的标志等。① 美国学界与实务界通常将有组织犯罪划分为三种类型，即官僚式、企业式、网络式，第一种以极具影响力的领导者为核心，形成具备严密结构的层级组织，第二种则依托于经济实体开展非法活动，第三种呈现扁平化的结构，犯罪活动围绕特定的任务而展开，不再依赖领导者的个人意志。②

第二，意大利把黑社会组织称为"黑手党"，在地区上以西西里岛为代表，属于在当地秘密结社的犯罪组织，随着意大利裔移民的迁徙，"黑手党"的影响力逐渐扩散到了美洲等地区。③ 2015 年修订的《意大利刑法典》第 416 条之二第 3 款把"黑手党集团"定义为："黑手党型集团是指当参加集团的人利用集团关系的恐吓力量，以及因实施犯罪而产生的从属和互相保密的条件，以便直接或间接实现对经济活动、许可、批准、承包和公共服务的经营或控制，使自己或其他人取得不正当利益或好处，阻止或妨碍自由行使表决权，或者在选举中为自己或其他人争取选票，或者是为了在选举期间阻止或阻碍行使投票的自由，或在选举磋商期间为自己或他人谋取投票。"根据该款的定义，黑手党的成员在加入该组织之后，会相互形成从属关系，在经济领域，他们会充分利用该组织的力量开展违法犯罪活动，以控制特定行业、抢夺他人财物的方式，干扰其他经营者的正常生产经营秩序，并为自身谋取不正当利益。在政治领域，黑手党会妨碍其他公民自由行使选举投票权，为所在的组织争取政治地位，从而增强该组织的社会影响力，为该组织的发展争取外部保障。在经济领域，黑手党在意大利的

---

① 参见美国司法部对黑帮的定义：https：//www.justice.gov/criminal-ocgs/about-violent-gangs。

② Jay S. Abanese. Organized Crime in Our Time, Anderson Publishing, 2011, p.107.

③ ［英］约翰·迪基：《黑手党的历史》，王莉娜等译，华东师范大学出版社 2012 年版，第 21 页。

安科纳、热那亚等主要港口城市广泛存在，其开展的业务呈现出专业化的趋势，集中在贩卖毒品、烟草制品、假冒商品等领域。① 除此之外，意大利还颁布了多部单行刑法，如 1956 年的《反"黑手党"法》、1982 年的《同"黑手党"犯罪作斗争紧急措施法》，以及 1990 年的《"黑手党"型犯罪防止法》。② 意大利在打击有组织犯罪的过程中，坚持直接政策与间接政策相结合，不仅对黑手党集团进行司法上的从严遏制，还相应地加强了"反黑"的公共管理措施。

第三，日本把犯罪集团称为"暴力团"，《暴力团对策法》指出，暴力团具有三方面的特征，即组织结构的集团性、手段的暴力性、存续时间与负面影响的长期性，暴力团的成员通过对暴力手段的运用，能够助长所在组织的社会威望。此外，日本警察厅在其发布的《警察白皮书》之中，对暴力团的成员构成、暴力行为的开展方式作出了进一步界定。一方面，暴力团由流氓、贩毒者等非法人员组成，他们依托于暴力团这一非法组织，获得攫取非法利益的稳定途径。另一方面，这些成员有组织地开展暴力性的违法犯罪活动，体现了详细的计划、明确的分工，而且这些违法犯罪活动具有长期性。③ 在惩治暴力团的方式上，有学者提出通过断绝资金来源的方式，将暴力团从所有的社会领域中驱逐出去，彻底摧毁其经济基础，此外还应当对暴力团成员从严处罚。④

第四，德国侧重于从宏观性质、成立目的的角度界定有组织犯罪，德国议会于 1992 年制定了《打击非法毒品交易和其他形式的有组织犯罪法》，对有组织犯罪的概念进行了明确界定，认为"有组织犯罪是指由数个犯罪人或组织有计划地实施的旨在获利的犯罪行为，各犯罪人或组织在较长时间或不确定的期间内利用企业或商业组织，使用暴力或其他恐怖措施致力

---

① Marco Antonelli. An Exploration of Organized Crime in Italian Ports from an Institutional Perspective, Presence and Activities, Trends in Organized Crime, 2020 (11), p. 152.
② 靳高风：《中国反有组织犯罪法律制度研究》，中国人民公安大学出版社 2016 年版，第 102 页。
③ 于天敏：《黑社会性质组织犯罪理论与实务问题研究》，中国检察出版社 2010 年版，第 11 页。
④ ［日］大谷实：《刑事政策学》，黎宏译，法律出版社 2000 年版，第 363 页。

于对政策、传媒、司法、经济等施加影响"①。2017 年修正的《德国刑法典》将有组织犯罪规定为："（1）建立或者作为成员参与以最高可判处至少两年的自由刑的犯罪为目的或者活动的组织，处 5 年以下的自由刑或者罚金刑。支持此种组织或者为其招募成员或者支持者的，处 3 年以下的自由刑或者罚金刑。（2）组织是 2 人以上组成的、为追求某种优先的共同利益的、长期存在且以确定的人员分工、延续的成员组成和鲜明的结构形式独立组织的集合"②。

第五，俄罗斯从有组织集团、犯罪团体这两个角度，对有组织犯罪进行了界定。《俄罗斯联邦刑法典》第 35 条第 3 款规定，有组织集团是"事先为实施一个或几个犯罪而组织起来的固定集团"；第 35 条第 4 款则规定，犯罪团体是为实施严重犯罪或特别严重的犯罪而成立起来的有严密组织的集团（组织），或者是为此目的而成立的有组织集团的联合组织。③

第六，我国香港、澳门地区也通过专门的立法来实现对有组织犯罪的惩治。我国香港地区于 1949 年制定了《社团条例》，于 1994 年颁布了《有组织及严重罪行条例》，后者在第二条第一款规定，任何使用"三合会"的名义和用语、借助于前述名义开展活动的社会团体，如果其活动内容属于本条例附表一所列举的犯罪，则属于有组织罪行，并且应当适用本条例予以惩治。《有组织及严重罪行条例》在附表中列出了犯罪集团所可能触犯的具体罪名，这些犯罪都是有组织地实施的，可分为"普通法罪行"与"法定罪行"。④ 这表明，香港地区的有组织犯罪可以分为两类，即三合会组织，以及其他的有组织犯罪团伙。⑤ 我国澳门地区则参考了美国《有组织犯罪控制法》的模式，在 1997 年颁布的《有组织犯罪法》中明确了"黑社会"的定义，即以获得非法利益为目的而形成的组织体，不仅通过内部规约等形

---

① 徐久生：《德国犯罪学研究探要》，中国人民公安大学出版社 1995 年版，第 118 页。

② 徐久生：《德国刑法典》，北京大学出版社 2019 年版，第 132 页。

③ 莫洪宪：《中国犯罪参与理论的本土构建与刑事实践——以有组织犯罪为视角》，载《政法论丛》2023 年第 2 期，第 14 页。

④ Yiu Kong Chu. Hong Kong Triads after 1997, Trends in Organized Crime, 2005（3），p. 5.

⑤ Roderic Broadhurst, Lee King Wa. The Transformation of Triad "Dark Societies" in Hong Kong: The Impact of Law Enforcement, Socio-Economic and Political Change, Security Challenges, 2009（5），p. 38.

式展现其内部管理的方式，而且对外开展一项或多项犯罪。《有组织犯罪法》还通过列举的方式确立了二十余项罪名，它们展现了黑社会开展非法活动、提供非法服务的具体形式。

第七，2000 年联合国通过了《联合国打击跨国有组织犯罪公约》，其在第二条针对犯罪集团作出了明确的定义，需要符合三个方面的特征：其一，由三名以上的成员组成，人数较多，存续时间较长；其二，有组织地开展统一行动，在一定的时间、地域范围内实施多项严重犯罪，这些犯罪的表现形式多样，不以《联合国打击跨国有组织犯罪公约》所确定的犯罪为限。其三，违法犯罪行为与直接、间接地攫取经济利益之间具备关联性，用于支持犯罪集团的存续。此外，犯罪集团不以各成员具备明确的职责为必要，也不要求组织结构已达到非常完备的程度。①

3. 对于组织犯归责形式的探讨

德国学界对此存在三种观点，即间接正犯说、教唆犯说、共同正犯说。首先是间接正犯说，德国学者罗克辛在研究"艾希曼案"与"斯塔辛斯基案"的裁判结果时指出，不仅犯罪的具体实施者需要被追究，在幕后指使其实施犯罪的"下令者"亦应受到处罚。他认为成立"组织支配"需要符合三个条件：第一，下令者所行使的命令权，处于犯罪组织划定的权限框架之内；第二，犯罪组织本身以及其开展的活动内容，触犯了刑法中的有关规定，具有受到惩罚的必要性；第三，犯罪行为的具体实施者具有可替换性，即使其拒绝执行下令者关于实施犯罪的要求，也能够由其他组织成员接替其实施犯罪。这将使犯罪行为的具体实施者意识到，即使其不去实施犯罪，下令者也会安排其他成员来完成，具体实施者因此减少了心理负担。② 从下令者在这一犯罪模式中所发挥的作用而言，其处于间接正犯的位置，能够将自身意志贯彻到犯罪组织的意志之中，通过对犯罪组织的支配，提升了具体实施者开展犯罪活动的概率。

德国学者洛塔尔·库伦也指出，犯罪组织内部的垂直分工，使得不同

---

① 赵秉志，杨诚：《〈联合国打击跨国有组织犯罪公约〉与中国的贯彻研究》，北京师范大学出版社 2009 年版，第 24 页。

② ［德］克劳斯·罗克辛：《关于组织支配的最新研讨》，赵晨光译，载陈兴良主编：《刑事法评论》第 35 卷，北京大学出版社 2014 年版，第 156 页。

成员处于不同的等级之中，他们基于在该组织中所处的地位，具备不同的权利与义务。即使是处于组织管理层的成员，也体现了一定的等级差异，例如既有在总体上发挥作用的首要分子，又有负责该组织内部某一具体业务的高级成员。首要分子基于这一垂直分工的模式，不仅能够将自己的一部分权力交由其他高级成员代为行使，而且能够将任务逐级下达给其他组织成员。①

其次是教唆犯说。该观点首先基于"答责说"对教唆犯与正犯进行区分，由于具体实施者具备规范意识与刑事责任能力，能够意识到所实施犯罪行为的效力，因此需要独立地承担刑事责任。其次，下令实施犯罪的组织成员，不能完全地控制具体实施者的行为，因此下令者不能认定为正犯，仅属于共犯中的教唆犯。

答责说可以进一步划分为"严格答责说"与"缓和答责说"。前者以具体实施者能否自由决定犯罪行为的实施过程为依据，在能够自由决定的情况下，处于幕后的下令者成立教唆犯，在不能自由决定的情况下，处于幕后的下令者成立间接正犯。例如德国学者赫兹贝格认为，在认定下令者是否属于间接正犯时，应以构成要件结果的产生时间为节点，判断在此之前是否介入了具有自由意志的行为人。相较而言，"缓和答责说"则在认可根据"答责说"区分教唆犯与间接正犯的基础上，提出了一些例外情形，在这些情形下，即使具体实施者能够自由决定，处于幕后的下令者也成立间接正犯。例如处于幕后的下令者利用所掌握的信息优势，对具体实施者施加了影响，使后者基于可避免的错误而开展犯罪。在这一情况下，下令者对构成要件事实的掌控能力更强，因此起到了间接正犯的作用。②

最后是共同正犯说。日本刑法学者西田典之认为，如果多名行为人共同策划了犯罪，但只有其中一部分负责具体实施，则由于这些行为人已经形成了共同的意思主体，因此均能认定为正犯。③ 在犯罪组织中，下令者与

---

① ［德］洛塔尔·库伦：《公司产品生产中的注意义务违反责任》，徐凌波译，载梁根林、［德］希尔根多夫主编：《刑法体系与客观归责》，江溯译，北京大学出版社 2015 年版，第 171 页。

② 李波，周建航：《组织支配与组织犯的归责基础》，载《苏州大学学报（法学版）》2018 年第 4 期，第 44 页。

③ ［日］西田典之：《共犯理论的展开》，江溯译，中国法制出版社 2017 年版，第 60 页。

具体实施者分别处于幕后、幕前，下令者只是利用该组织的运作机制，要求他人代替自己开展犯罪活动，而具体实施者通过对犯罪的实施过程，以默示的方式表达了对下令者所制订计划的认同。这些成员在客观上存在分工，具备共同的实行行为，主观上对于需要实施特定的犯罪达成了共同决意，因此成立共同正犯。

三、研究的创新点

（一）从延续性的角度解释法定特征

围绕黑社会性质组织四个方面的特征进行解释，一方面从黑社会性质组织的运作规律出发，分析了四个特征之间的逻辑关系、相关术语在不同特征解释过程中的差异，另一方面，对不同时期司法解释的研究，不仅在对比的基础上考察了四项特征所包含要素认定标准的变迁，而且注重从延续性的角度理解这些要素。针对这些特征在司法认定过程中所面临的疑难问题，结合组织、领导、参加黑社会性质组织犯罪的有关判例，对这些疑难问题予以归纳、梳理，并系统性地提出了相应的解决方案。

（二）明确成员刑事责任的认定方式

综合归纳黑社会性质组织成员的认定、各类成员承担刑事责任的情形，明确认定组织成员身份、地位的具体因素，进一步明确各类成员承担刑事责任的前提与依据，界定他们承担刑事责任的范围与程度，进而明确组织者、领导者的刑事责任，厘清组织所犯罪行与成员个人担责罪行之间的界限。

（三）与司法实践具备紧密的联系

在扫黑除恶斗争常态化开展的背景下，本书结合司法实践中的现有案例、近年的相关司法解释进行研究，使得研究内容与司法实践具有较为紧密的联系，能够为司法实践提供一定的参考。2024 年 5 月 7 日，最高人民法院发布了《人民法院案例库建设运行工作规程》，要求"各级人民法院审理案件时，应当检索人民法院案例库，严格依照法律和司法解释、规范性文件，并参考入库类似案例作出裁判"①。截至 2024 年 5 月 31 日，人民法院案例库收录的组织、领导、参加黑社会性质组织罪相关案例共有 27 篇，本书将对这些案例的裁判要旨进行深入总结。此外，自 2018 年至 2024 年，全国扫黑除恶斗争稳步推进，在这几年间产生了大量的学术成果与刑事案例，它们将成为本书写作过程中的重要参考。

四、研究思路与方法

（一）研究思路

首先，本书前四章介绍黑社会性质组织的四个法定特征，后两章介绍黑社会性质组织的成员及刑事责任，它们之间具有密切的关联。一方面，成员是组成黑社会性质组织的基础，黑社会性质组织的四项特征，需要通过成员的行为、成员之间的组织方式来具体体现。"组织性"体现为分散的人或物组合成了相对固定的整体，实质上由弱变强，整体实力远大于个体实力之和。另一方面，通过准确认定黑社会性质组织的四项特征，能够确定各个成员在该组织中所处的层级，进而在分别认定他们应当承担刑事责任的具体犯罪的基础上，确定他们承担刑事责任的范围与程度。

其次，前四章分别对应着黑社会性质组织的四个特征，为了使得对于各个特征的介绍更有条理，采取了分章节逐一介绍的方式。与此同时，在第四章最后一节专门介绍了四个特征之间的关系，它们呈现出有机统一的联系，发挥着整体大于部分之和的效果，而且并非平面的结构，危害性特征在其中具有关键地位。

再次，前四章之下的各个小节也遵循着一定的逻辑顺序。之所以先阐述"某一特征认定标准的变迁历程"，是由于不同时期司法解释对于黑社会性质组织法定特征的界定方式、不同时期的指导案例对于法定特征所包含要素的细化解释，值得从延续性的角度考察它们的变迁历程。由于学界与之相关的现有研究成果较少，因此需要进行全面的归纳总结。从不同小节

---

① 最高人民法院：《人民法院案例库建设运行工作规程》，载《人民法院报》2024 年 5 月 7 日第 3 版。

之间的逻辑关系而言，笔者先阐述黑社会性质组织四个特征所包含的要素在学理层面、司法层面的解释方式，再阐述这四个特征在司法实践中面临的问题。与此同时，本书对这些问题并非简单地罗列，也不是脱离四个特征所包含的要素进行研究，而是先在它们所属的小节的开头，阐述了这几个问题之间的相互关系，再在解决这些问题的过程中，紧紧围绕先前已经详细阐述的诸多要素进行分析。

最后，第五章、第六章具备紧密的联系。这两章研究黑社会性质组织成员的认定问题，以及在此基础之上的各类成员刑事责任问题。对于组织成员的认定，是分类探讨他们对于所在组织的具体犯罪应如何担责的前提，换言之，第六章是在第五章的研究成果之上所作的进一步深化。

（二）研究方法

笔者在写作过程中，广泛阅读了与组织、领导、参加黑社会性质组织罪相关的书籍、论文、判例等资料，回溯了该罪的产生、发展历程，对学界现有观点予以详尽总结，并对实务中存在争议的判例予以分类整理，综合采用了文献分析研究方法、历史研究方法、案例分析研究方法。具体而言，上述研究方法主要体现在以下几个方面：

第一，文献分析研究方法。本书通过广泛查阅学界有关黑社会性质组织犯罪刑法治理的研究成果，将具有代表性的观点予以归纳总结，分析学界研究现状中存在的缺憾与争议，在现有的研究基础之上提出具有创新性、可行性的观点，力求为司法适用中出现的疑难问题提出合理的解决方案。

第二，历史研究方法。本书通过分析组织、领导、参加黑社会性质组织罪相关刑法条文、司法解释的发展与变迁历程，了解该罪总体的发展动态，并将其用于支撑文中的观点。本书将在研究学界现有理论成果的过程中，批判性地吸收其中的合理部分，结合我国当前司法实践的情况，对相关的疑难问题予以探讨，以期对组织、领导、参加黑社会性质组织罪作出更为完善的解释。

第三，案例分析研究方法。本书在分析、研究有关案例的基础上，不断完善对组织、领导、参加黑社会性质组织罪构成要件的解释。本书将从人民法院案例库、北大法宝、裁判文书网等数据平台上选取与本罪有关的案例予以分析，从而佐证书中所提出的观点的合理性、可行性。

第一章
黑社会性质组织的组织特征及其认定

一、组织特征认定标准的变迁历程

在黑社会性质组织的四个特征中，组织特征处于首要性、基础性的地位，为黑社会性质组织开展非法活动提供了重要的支撑。2022 年 5 月 1 日，《中华人民共和国反有组织犯罪法》开始施行，该法第二条将"有组织犯罪"限定为组织、领导、参加黑社会性质组织犯罪，以及黑社会性质组织、境外黑社会组织、恶势力组织实施的具体犯罪，这一立法动态凸显了研究组织特征的重要意义。

在有关的司法解释中，组织特征所包含的一些要素也发生了变迁，反映了不同时期司法实践对于黑社会性质组织的认定尺度，主要体现在对刑法第二百九十四条所规定的"人数较多"的理解上，可以从以下两点展开：

（一）成员人数的最低标准

"人数较多"首先涉及与成员人数相关的入罪门槛的判断，有关的司法解释体现出先限缩、再扩张、再限缩的趋势。

首先，最高人民法院、最高人民检察院、公安部于 2009 年印发的《办理黑社会性质组织犯罪案件座谈会纪要》（以下简称《2009 年纪要》）指出，由于黑社会性质组织的外围成员不固定，因此成员人数问题不宜作出"一刀切"的规定。《2009 年纪要》未对"成员人数较多"确定一个基础性的标准，只是指出，组织者、领导者、骨干成员基本固定，相互之间的联系密切。

其次，最高人民法院 2015 年发布的《全国部分法院审理黑社会性质组织犯罪案件工作座谈会纪要》（以下简称《2015 年纪要》）对成员人数作出了限定，要求一般应达到十人以上。《2015 年纪要》通过对成员人数的量化，体现了对黑社会性质组织认定的限缩适用趋向，使得司法实践中的认定门槛得以统一。

再次，最高人民法院、最高人民检察院、公安部、司法部于 2018 年发布的《关于办理黑恶势力犯罪案件若干问题的指导意见》（以下简称《2018 年意见》）再度强调，不宜"一刀切"地掌握成员人数问题。《2018 年意见》没有重述《2015 年纪要》中成员人数标准的"十人以上"这一原则性规定，仅重述了《2015 年纪要》有关成员人数的计算方式，其中既包括尚未归案的成员，又包括因未达到法定年龄等原因未被起诉、未按照犯罪处理的成员。《2018 年意见》与《2009 年纪要》均未明确规定成员人数的最低标准，主要是为了防止司法实践中出现拔高认定的现象，即为了拼凑人数，将本不属于黑社会性质组织成员的被告人，认定为具有组织成员的身份。

最后，2020 年 11 月，最高人民法院的有关指导案例又恢复了限缩的倾向。该指导案例指出，黑社会性质组织的内部层级呈现出金字塔式的结构，越低的层级人数越多，虽然从语义上分析，刑法第二百九十四条中的"人数较多"是指多于三人，但仍应以"十人"为参考标准，可在减少一至三人的限度内，适度降低人数标准。换言之，当黑社会性质组织的人数在七人以下时，认定为黑社会性质应当特别慎重。[①] 本书也认为将"七人"作为原则性的标准是合理的，具体原因将在本章第二部分"组织特征所包含的要素"中探讨。

（二）成员范围的认定尺度

"人数较多"还涉及组织成员范围的认定尺度的把握，有关的司法解释在特定情形下，入罪范围体现出不断扩张的趋势。当行为人主观上没有加

[①] 刘振会：《吴学占等人组织、领导、参加黑社会性质组织案——如何整体把握黑社会性质组织的四个特征》，载最高人民法院刑事审判第一、二、三、四、五庭主编：《刑事审判参考》第 123 集，法律出版社 2020 年版，第 5 页。

入黑社会性质组织的意图，受雇到黑社会性质组织开办的公司、企业、社团任职时，哪些情形下能够认定为组织成员？有关的司法解释以是否实施了违法犯罪活动为判断标准。

首先，《2009 年纪要》的认定尺度最为宽松，即使行为人为黑社会性质组织实施了违法犯罪活动，也一概地不能认定为组织成员。理由在于，行为人此时不具备"接受组织的领导和管理"这一主观意志要素，主观上并无加入黑社会性质组织的意图，将这类行为人排除在组织成员的范围之外，有利于体现宽严相济的刑事政策，分化瓦解犯罪分子。[①] 这一规定所面临的问题是，未对客观上行为人实施违法犯罪活动的次数进行区分认定，而这些活动能够在一定程度上反映行为人的主观意志要素。

其次，《2015 年纪要》的认定尺度呈限缩趋向，只有在行为人未参与或少量参与黑社会性质组织的违法犯罪活动时，才能将其排除在组织成员的范围之外。理由在于，在未参与或少量参与的情况下，尚不足以推定行为人主观上具备参加黑社会性质组织的意愿，例如在该组织开办的公司中，从事财务工作的行为人仅在职务范围之内，实施了骗取贷款、票据承兑、金融票证罪，则不宜认定为组织成员。[②] 这一规定所面临的问题是，"少量参与违法犯罪活动"仅是从数量角度作出的界定，而在不同的违法犯罪活动中，它们不仅所造成的社会危害性有所区别，而且由于具备不同的组织周密程度，能够反映行为人受黑社会性质组织影响、管理的不同程度，以及行为人是否具备参加黑社会性质组织的意愿，因此不宜一概而论。

最后，《2018 年意见》采取了更为严格的认定尺度，只有在行为人未参与黑社会性质组织的违法犯罪活动时，才能从组织成员的范围中予以排除。《2018 年意见》删除了"少量参与违法犯罪活动"的情形，本书认同这一认定尺度，这有利于减少因司法实践中对"少量参与违法犯罪活动"的不同理解而造成认定尺度不一致现象，能够使组织成员范围的认定标准得以

[①] 中华人民共和国最高人民法院刑三庭：《〈办理黑社会性质组织犯罪案件座谈会纪要〉的理解与适用》，载最高人民法院网，https://www.court.gov.cn/shenpan/xiangqing/6612.html。

[②] 戴长林、朱和庆：《〈全国部分法院审理黑社会性质组织犯罪案件工作座谈会纪要〉的理解与适用》，载最高人民法院刑事审判第一、二、三、四、五庭主编：《刑事审判参考》第 107 集，法律出版社 2017 年版，第 141 页。

明确。

值得注意的是，本书对不同时期司法解释的研究，不仅在对比的基础上考察了四项特征所包含要素认定标准的变迁，而且注重从延续性的角度理解这些要素，从而从整体上为组织、领导、参加黑社会性质组织罪各具体问题的研究提供参考。例如《2015 年纪要》指出，该纪要在整体上延续了《2009 年纪要》的精神，对《2009 年纪要》中未作规定的内容予以明确，对《2009 年纪要》已经规定的内容予以调整或进一步细化，因此《2009 年纪要》中的大部分内容仍具备指导意义，需要在案件审理过程中参照执行，将新、旧司法解释相互结合。《2018 年意见》也指出，之前的司法解释与本意见中的内容如果不一致，则以本意见为准，但《2018 年意见》并未完全否定《2000 年解释》《2009 年纪要》《2015 年纪要》的法律效力，因此在实践中需要将这些司法解释配套使用。

二、组织特征所包含的要素

根据刑法第二百九十四条的规定，组织特征是指"形成较稳定的犯罪组织，人数较多，有明确的组织者、领导者，骨干成员基本固定"。由此可见，组织特征主要应当从"犯罪组织""成员人数较多""稳定性""紧密性"四个方面来把握。

（一）具备犯罪组织的形态

《2018 年意见》第三条指出，"应根据立法本意，认真审查、分析黑社会性质组织'四个特征'相互间的内在联系"。在认定组织特征的过程中，首先要对实施犯罪的主体进行刑法上的组织构成性评判。

将组织特征中的"组织"与经济特征、行为特征中的"组织"相区分，有利于明确黑社会性质组织各个特征所包含的要素，防止将同一事实在不同的特征中重复评价。在刑法第二百九十四条中，对于组织特征要求"形成较稳定的犯罪组织"，对于经济特征要求"有组织地"通过各类手段获取经济利益，对于行为特征要求"有组织地"开展违法犯罪活动。由此可见，以上三个特征在不同的语境中使用"组织"一词，"组织"在这几个特征中也具有不同的含义，可分别概括为"对内"与"对外"。①

在组织特征中，"组织"首先强调的是黑社会性质组织作为犯罪集团的属性，应符合刑法总则中有关犯罪集团的规定。相较于普通的共同犯罪，黑社会性质组织实施违法犯罪并非为了实现成员个体的利益，而是以组织利益为目的，维系组织的稳定，实现组织的发展。② 犯罪集团在参与犯罪的人员、犯罪组织形式这两个方面，应当具有相对固定性。③ 此外，黑社会性质组织的内部结构中具备多层次的等级关系，并通过组织内部共同遵守的纪律、规约，长期维持已经形成的等级秩序，在"固定"的基础上更为强调"稳定"的性质。这些纪律、规约既包括与组织的内部建设相关的内容，例如组织层级的组成情况、组织的犯罪目标、犯罪手段的传授方式、与激发成员积极性相关的奖惩制度，又包括用于约束组织成员行为的内容，例如禁止组织成员吸食或贩卖毒品、禁止随意挑衅滋事、禁止赌博等，看似是限制组织成员实施不法行为，但实际目的仍是为了加强组织内部纪律，使组织成员的主要精力集中到组织安排的违法犯罪活动中。当然，"严格的组织纪律"并非组织特征中的必备要素，只是认定时的一项重要参考依据，组织者、领导者也可能借助于自身的威望或物质利益，实现对组织成员的有效控制。④

综上所述，在组织特征中，"组织"的对象是各级组织成员。而在经济、行为这两方面的特征中，"组织"体现的是实施违法犯罪行为、攫取经济利益时，组织成员之间所体现的高效配合、分工有序的状态，能够使黑社会性质组织作为一个有机整体，充分地彰显反社会性，进而挑战合法的社会秩序。因此在这两个特征中，"组织"的对象是违法犯罪行为。⑤

---

① 陈兴良：《论黑社会性质组织的组织特征》，载《中国刑事法杂志》2020 年第 2 期，第 23 页。

② 陈洪兵：《组织、领导、参加黑社会性质组织罪的"口袋化"纠偏》，载《东岳论丛》2023 年第 4 期，第 177 页。

③ 王爱立：《中华人民共和国刑法释义》，法律出版社 2024 年版，第 29 页。

④ 叶燕培：《组织、领导、参加黑社会性质组织罪组织特征研究》，载《海峡法学》2021 年第 2 期，第 29 页。

⑤ 何秉松：《中国有组织犯罪研究》，群众出版社 2009 年版，第 236 页。

（二）拥有较多的成员人数

如本章第一部分所述，不同时期的司法解释与指导案例对于成员人数的掌握尺度有所不同，这凸显了组织成员人数认定在司法实践中受到关注的程度。对组织成员人数予以限定的必要性，可以从两个方面展开。首先，这是划分多个层级、维持成员之间关系紧密性的必然要求。从组织论的视角来看，在群体成员数量较多的情况下，不仅能够更明显地分化出首脑级别、管理层级别以及广泛的次级群体关系，而且在人数较少的高层级成员之间，还有利于相互形成密切的关系。① 其次，这是有效发挥组织功能的必要条件。在成员人数达到一定规模的情况下，能够对社会治安造成较为严重的破坏，并且对当地人民群众充分施加心理强制，从而使黑社会性质组织展现其作为"功能主体"的特征。

对于本罪中的"人数较多"，不宜从"三人以上"的角度理解。因为在本罪的立法征求意见过程中，有人提出，如果规定"人数众多"，则由于我国传统上将"众多"理解为三人以上，容易造成司法适用过程中仅将"三人以上"作为黑社会性质组织的成立标准。② 这反映了立法者对"三人以上"人数标准的否定态度，采取"人数较多"而非"人数众多"的表述，就是为了避免在成员人数的认定上陷入前述误区。

本书认为，人数标准能够起到统一司法尺度的重要作用，应当设立原则性的标准。根据黑社会性质组织的内部结构，有必要将前述标准界定为七人以上。首先，结合地方出台的多个指导性文件，骨干成员一般应在三人以上，③ 而骨干成员属于积极参加者中的一部分，是其中地位更高、作用更大的人员。其次，在"七人以上"的标准之下，最高层级为一名组织者、领导者，第二层级为三名积极参加者，第三层级为前述积极参加者所发展的一般参加者。由于黑社会性质组织的层级呈现出金字塔式的结构，因此第二层级、第三层级至少应在人数上持平，此时组织成员总数应达到七人

---

① 郑杭生：《社会学概论新修》，中国人民大学出版社 2003 年版，第 154 页。

② 黄太云：《全国人大常委会关于"黑社会性质组织"和挪用公款"归个人使用"的立法解释简介》，载《人民检察》2002 年第 7 期，第 7 页。

③ 例如广东省、浙江省、河南省的省级司法机关出台的相关指导意见，均规定"骨干成员一般应在三人以上"。

以上。最后，在前述原则性标准的基础上，还应结合组织结构的紧密程度认定组织成员的范围。例如在松散型的组织结构中，该组织平时豢养的成员较少，对于一般参加者的控制、约束较弱，甚至仅根据实施聚众斗殴等犯罪的需求，临时雇佣组织外的社会闲散人员参与其中，从而营造出该组织人多势众、实力较强的假象。这些社会闲散人员只是按照约定的时间、地点到场助威并参与斗殴，对于犯罪的起因、聚众斗殴的具体参与者等情况均不知情，与该组织只是存在临时的雇佣关系，因此不具备组织成员的身份。

（三）等级构成与存续状态的稳定性

《2018年意见》第六条指出，"稳定性"是指黑社会性质组织形成之后，在一定时期内持续存在。"稳定性"具有较大的包容性和解释空间，既反映在数量维度之中，又反映在时间维度之中，因此有必要从等级构成、存续状态这两个方面理解。[1]

1. 等级构成的稳定性

等级构成的稳定性，指的并不是相应层级的具体成员长期保持不变，而是指层级结构、人员数量基本保持稳定，能够使该组织按照一定的机制稳定地运作。此外，在黑社会性质组织发展壮大的过程中，需要通过制定相关的规章、纪律，维护组织等级秩序的稳定，并对组织成员的行为予以约束。

《2015年纪要》第二部分第（一）项指出，黑社会性质组织往往会按照成员加入的时间先后，以及与组织者、领导者之间的亲疏关系，组成较为稳定的层级结构，即组织者、领导者，积极参加者与一般参加者，其中，组织者、领导者以及骨干成员，均具有相对稳定性。骨干成员属于积极参加者中的一部分，他们直接听命于组织者、领导者，并积极地协助组织、领导职能的发挥。[2] 黑社会性质组织内部形成了明显的层级管理与控制关

---

[1]　叶燕培：《组织、领导、参加黑社会性质组织罪组织特征研究》，载《海峡法学》2021年第2期，第29页。

[2]　魏东：《黑社会性质组织"组织特征"解释论》，载《当代法学》2020年第5期，第36页。

系，组织者、领导者能够对骨干成员进行有效的管理，骨干成员对组织形成了较强的人身、财产依附性，该组织在整体上未呈现出明显的临时雇佣特征。[①]

至于黑社会性质组织中的一般参加者，则不宜对他们的稳定性作出过高的要求，因为有的黑社会性质组织仅属于"松散型结构"，一般参加者对该组织的依附性较弱、缺乏明确的分工，甚至仅根据黑社会性质组织在具体实施犯罪时的需求，由骨干成员随机雇佣而来。但这对该组织正常运作的影响较小，即使该组织中的一般参加者受到刑事追究，由于他们掌握的信息有限，因此通常只涉及与之直接联系的相近层级的成员，该组织中层级较高的成员则较少地受到牵连。[②] 在前述情况下，组织者、领导者仍能够带领其他成员持续性地实施犯罪，该组织的非法控制状态、已经树立的威望也得以长期存在。

司法实践中，组织者、领导者为了逃避打击，往往不会跨越组织层级与流动性较大的一般参加者联系，而是采取单向多层传递信息的机制，只通过骨干成员向下传达意志，实现"点对点"的遥控式操纵，从而使组织者、领导者在表面上切断与该组织所犯各项罪行之间的关联性。[③] 这使得一般参加者日益呈现出管理零散化、流动性增大、组织隶属关系不固定的趋势，甚至出现了临时外包的现象，他们不再专门隶属于某一特定的黑社会性质组织，而是由黑市上特定的信息提供者告知各个组织对于人员的需求，例如需要人员参加聚众斗殴、打砸店铺、排挤对手时，这些闲散人员在指定的时间出现在黑社会性质组织规定的场所，起到壮大组织声势、夸大组织实力的作用，并负责具体实施犯罪行为，实施完毕之后一哄而散，最后从信息提供者处收取由该组织提供的报酬。

---

① 江苏省人民检察院扫黑办：《杨昊等25人恶势力犯罪集团案——精准认定恶势力犯罪集团，依法适用认罪认罚从宽》，载最高人民检察院扫黑除恶专项斗争领导小组办公室编：《扫黑除恶典型案例与实务指引》，中国检察出版社2019年版，第26页。

② 梁利波：《黑社会性质组织行为特征的新样态》，载《刑法论丛》2016年第1期，第331页。

③ 湖北省人民检察院扫黑办：《江某、王某等人组织、领导、参加黑社会性质组织案——如何审查分析黑社会性质组织"四个特征"相互间的内在联系》，载最高人民检察院扫黑除恶专项斗争领导小组办公室编：《扫黑除恶典型案例与实务指引》，中国检察出版社2019年版，第49页。

　　例如在太原市中级人民法院 2019 年审理的有关案例中，李俊文公开的身份是某村村委会主任，但以"村治保会"的名义建立黑社会性质组织，成员多为本村的无业青年。与此同时，李俊文还多次临时雇佣多名外村闲散人员充当打手，采取暴力、威胁手段控制周边区域的土建工程，并通过寻衅滋事、故意伤害等犯罪行为，威胁、报复与李俊文产生矛盾的村民，还采用聚众"摆场子"、强行入住村民房屋、驾驶汽车在村内横冲直撞等方式，在强拆村民住房过程中，对相关村民施加心理强制。① 在前述模式下，即使将这些犯罪的具体实施者抓获归案，由于他们并未直接与组织、策划犯罪的人员建立联系，对与犯罪有关信息的掌握程度有限，因此难以供述背后的指使者以及犯罪的真实起因，最终导致这些犯罪难以归责于具体的黑社会性质组织。

　　在"由下而上"追溯组织者、领导者面临困难的情况下，应当转变思路，不能仅根据组织成员对组织者、领导者的熟悉程度以及后者是否直接对全体成员实施管理来认定，还应考察组织者、领导者对直接接触的成员的控制能力，以及前述成员在该组织中所处的地位，结合案件中的客观证据及前述成员的供述，判断组织者、领导者参与了哪些犯罪行为，从而将一些参与人数较多、社会影响较大的犯罪有效归责于各级组织成员。

　　2. 存续状态的稳定性

　　《2018 年意见》第六条指出，黑社会性质组织在形成之后，"在一定时期内持续存在"，对于存续时间不宜作出"一刀切"的规定。从地方出台的指导性文件、与具体案件相关的调研统计数据来看，以六个月作为黑社会性质组织的最低存续时间是合理的。② 与《2015 年纪要》的理解与适用相关的文章中也提到，自 2011 年 1 月至 2014 年 12 月，已审结生效的组织、领导、参加黑社会性质组织犯罪案件中，涉案犯罪组织存在、发展时间不

---

　　① 山西省太原市中级人民法院（2019）晋 01 刑终 1181 号刑事判决书。

　　② 例如浙江省、四川省的省级司法机关出台的相关指导意见，均规定黑社会性质组织的成立时间一般在 6 个月以上。根据学者李勤在 2017 年的统计，其从 87 份刑事判决书中分析了涉案黑社会性质组织的存续时间，其中存续 6 个月以上的案件数所占比例为 97.7%。参见李勤：《办理黑社会性质组织犯罪法律适用研究》，中国政法大学 2017 年博士学位论文。

满 6 个月的占比仅为 4.53%。①

由于黑社会性质组织不是仅为了实施少量犯罪而临时成立的，而且完全实现非法控制状态也需要时间的积累，因此黑社会性质组织需具备较长的存续、发展时间。有学者认为，应当将该组织的成立时间界定为六个月以上，主要是考虑到黑社会性质组织需要逐渐发展、完善内部层级结构，并确定一个相对固定的活动范围，在此基础上逐渐积累社会影响力。②

此外，如果存续时间较短，则难以实现与一般犯罪集团、恶势力犯罪集团的区分。例如在恶势力犯罪集团中，集团成员的固定性较差，各个成员往往只是为了实现短期的经济利益而暂时聚集在一起，如果不认同首要分子制订的犯罪计划、拟定的利益分配方案，这些成员能够随时退出，因此这类犯罪集团不具有长期存续的客观基础。在有关恶势力的司法解释中，恶势力主要体现为"经常纠集在一起"，而非"组织"人员实施犯罪活动，③ 这本身就体现了其成员在组成上的随机性、在结构上的松散性，一般只形成了纠集者、被纠集者这两个层级，内部形成的分工、成员各自承担的职责也未得到细化。④

在司法实践的具体认定过程中，当黑社会性质组织中较低层级的结构呈松散状态时，其与等级构成、存续状态的稳定性并不矛盾。以"黄某、何某等人组织、领导、参加黑社会性质组织案"为例，该案中的黑社会性质组织的结构较为松散。⑤ 黄某身为村主任兼村书记，拉拢在该村担任副主任、副书记的李某，并与当地采沙场的管理者、经营者相勾结，共同组成该组织中的核心决策层。该组织的一般参加者既包括采沙场的普通员工、

---

① 戴长林，朱和庆：《〈全国部分法院审理黑社会性质组织犯罪案件工作座谈会纪要〉的理解与适用》，载最高人民法院刑事审判第一、二、三、四、五庭主编：《刑事审判参考》第 107 集，法律出版社 2017 年版，第 141 页。

② 陈世伟：《黑社会性质组织基本特征的实践展开》，载《河南大学学报（社会科学版）》2012 年第 1 期，第 41 页。

③ 参见 2009 年《办理黑社会性质组织犯罪案件座谈会纪要》第 6 条、2018 年《关于办理黑恶势力犯罪案件若干问题的指导意见》第 15 条。

④ 刘仁文，刘文钊：《恶势力的概念流变及其司法认定》，载《国家检察官学院学报》2018年第 6 期，第 13 页。

⑤ 广东省佛山市中级人民法院（2017）粤 06 刑终 777 号刑事判决书。

为保障采沙场有序经营而为之"撑场"的社会闲散人员，又包括村委会中的部分干部、财务人员，还包括本村、邻村的一些普通村民，其中一些成员还具有亲戚关系。在前述三类成员中，在村委会任职的人员、在采沙场工作的人员组成了该组织的骨干成员。由于该组织一般参加者的来源具有多样性，因此黄某等领导者与作为组织成员的村民之间不存在严格的等级关系，该组织的成员之间没有明确的分工。当黄某等领导者提出带成员外出吃喝玩乐，或是要求成员为了组织的利益实施犯罪时，成员有自主选择是否参与的权利，不以每一次都遵照指示行事为必要。对于组织成员实施的不遵守命令的行为，该组织的内部纪律中未规定相应的惩罚措施。从黄某等领导者对于成员参与实施犯罪的激励方式来看，其并未严格遵循"按次结算"的方式，即并未使该组织的成员每次参与犯罪均能获得相应的回报，也未通过发放工资的方式使成员按期获得固定收入，但总体、长远地看，这些成员都能获得该组织以其他名义分发的经济利益，例如节日慰问金、贺礼、经营提成等。

等级构成、存续状态的稳定性之间，体现了相互依存、相互促进的关系。前者关系到组织者、领导者命令的贯彻落实，以及组织内部凝聚力的维持，因而是后者得以形成、巩固的前提条件，后者则为前者夯实物质基础。具体而言，在等级构成保持稳定的情况下，有利于使组织者、领导者的意志及时地向各级别的成员传达，并根据各成员之间的等级关系，由级别较高的成员安排级别较低的成员负责具体实施。此外，等级构成往往与组织成员所享有的报酬、奖励相挂钩，在等级构成持续保持稳定的情况下，该组织内部的利益分配格局也能长期维持，从而确保各级组织成员能够获得与其地位、贡献相对应的报酬。

（四）部分成员联系的紧密性

首先，《2009年纪要》第（一）条第一项指出，黑社会性质组织具有比较明确的层级和职责分工，应注重审查组织者、领导者以及骨干成员之间的联系是否紧密。按照这一标准，如果成员之间仅形成了职责的分工，但各成员均具有平等的地位，未形成明显的层级结构，则不符合组织特征。

因为只有构建起"上命下从"的功能结构，才能协调各级组织成员的行为，使他们能够整齐划一地贯彻组织者、领导者的意志。①

前文已经论述了黑社会性质组织有必要稳定地维持内部等级结构，在此基础上，各类成员之间的等级关系，不能仅通过表面上彼此之间的称谓来判断，例如低级别的成员以"大哥""老板"等称谓称呼高级别成员，还应在这些称谓的基础上进行实质性的判断。具体应从以下几个方面，结合各组织成员的具体情况进行分析：其一，行为人在该组织中是否承担了专门性的具体事务。这既包括与组织内部管理相关的事务，例如管理组织财产、负责组织成员的培训与日常考核等，又包括为了保障组织所开展的各类犯罪得以顺利实施，从而实施与之相关的传递信息、准备工具、协调成员等方面的工作；其二，行为人与组织者、领导者之间的关系亲疏，以及加入该组织的时间早晚；其三，行为人在该组织所开办的营利性场所中的分红、参股情况；其四，行为人是否有邀请新成员加入该组织、召集其他成员参与犯罪的事实。

以上四个方面，从黑社会性质组织内部的职责分工、利益分配情况，以及有组织犯罪过程中所体现的召集、指挥其他成员的权限等角度，较为全面地体现了组织成员之间的等级关系。

其次，由于一般的犯罪团伙也可能形成前述等级关系，因此，还有必要从其他组织成员对组织者、领导者的服从状态，以及高层级成员之间的密切联系这两个方面，进一步界定黑社会性质组织中的等级关系。② 具体而言，黑社会性质组织中的组织者、领导者属于地位最高的成员，其他成员由于在日常管理、酬劳发放等方面都要受制于前述成员，因此对他们有一定程度的依附性。此外，由于黑社会性质组织通常会使用合法的社会身份、社会关系作为掩护，即使在未实施犯罪的情况下，彼此之间也可能基于工作关系、社会交往而产生广泛的交集，这相较于一般的犯罪团伙仅为便于实施犯罪而聚集在一起，具有明显的区别。

---

① 叶燕培：《组织、领导、参加黑社会性质组织罪组织特征研究》，载《海峡法学》2021 年第 2 期，第 31 页。

② 陈兴良：《论黑社会性质组织的组织特征》，载《中国刑事法杂志》2020 年第 2 期，第 36 页。

由于黑社会性质组织内部的等级关系较为明确，随着等级的不断降低，属于该层级的组织成员数量也不断增加，在与组织者、领导者联系的紧密性上，也呈现出递减的趋势。例如该组织中的骨干成员由于加入较早、对于该组织所实施的相关犯罪参与较多，因此与组织者、领导者之间有更为密切的联系。反之，由于一般参加者大多是由该组织中的骨干成员各自招募而来，他们在日常管理、实施犯罪时主要听命于这些骨干成员，因此，这些一般参加者不仅相互之间缺乏联系，而且难以获得与组织者、领导者深入交往的机会。即使该组织中级别较低的成员经常变动，但组织结构的正常运转受到的影响不大，并且组织者、领导者仍能够指挥其他组织成员持续性地实施犯罪，该组织的非法控制状态、已经树立的威望也通过这些犯罪得以持续性地存在。因此，应当从在黑社会性质组织中发挥纽带作用的骨干成员入手，根据他们与组织者、领导者之间的关系是否紧密，以及该层级的人员构成是否相对稳定，综合分析组织内部的结构体系是否符合"组织特征"。

三、组织特征认定中的关键性问题

通过将组织特征的要素认定与司法实践中的突出问题相结合，有助于厘清黑社会性质组织与经济领域、社会领域的相关组织体之间的关系，以及组织特征在黑社会性质组织各个发展阶段中的认定方式。组织特征所面临的关键性问题，体现为两个维度的内容：

首先是空间维度。由于组织特征在经济领域和社会领域的表现形式趋于多样化、隐蔽化，在组织关系依托于经济实体的情况下，如何将黑社会性质组织与有违法犯罪行为的经济实体相区分？在组织关系依托于宗族势力的情况下，如何将黑社会性质组织与社会基层的一般宗族势力相区分？

其次是时间维度。由于黑社会性质组织的产生、发展体现为长期的过程，当黑社会性质组织的活动在一定时期内中断的情况下，如何认定组织特征？此外，在该组织的发展初期，如果按照有关司法解释对于组织成立时间的界定方式，则在该组织首次实施犯罪行为并初步产生社会影响的情况下，能够以此作为黑社会性质组织已经成立的依据，但由于受限于该阶段的发展规模、成员人数，相关的黑社会性质组织此时未必完全具备刑法第二百九十四条有关组织特征的各个要素，此时如何消解刑法与有关司法解释之间的冲突？下文将围绕这些问题展开分析。

（一）组织关系依托于经济实体时的认定

组织者、领导者为增强组织成员身份的隐蔽性，往往会在组织存续期间，运用组织财产开设公司、合作社等经济实体，一方面通过合法的经营活动获取利益，另一方面安排组织成员在其中任职，通过公司员工这一合法社会身份为他们提供掩护，并借助于公司的组织形式，实现对组织成员的有效管理，使得黑社会性质组织呈现出形式合法化、手段隐蔽化、控制科学化的特征。

虽然这些经济实体对员工的管理符合人力资源市场的一般规律，但通过等级构成、规章制度、奖惩规则，能够对员工实现隐秘的控制。有学者指出，这一现象体现了"有组织犯罪的企业化"的趋势，即有组织犯罪集团以公司、企业等经济实体为依托，在组织结构、管理方式、行为样态等方面向企业模式转变，逐步向社会各领域渗透，并实施各类违法犯罪行为。[1] 这既是由有组织犯罪的逐利性本质所决定的，又是在组织规模不断扩大、成员协同性不断增强的背景下，有组织犯罪的一种基本发展趋势。[2]

例如在有关案例中，组织者、领导者赵某通过成立某小贷公司，以招聘员工的名义，先后笼络三十余人加入该组织，并通过掌控公司内部的日常考勤、工资评定，使组织成员始终服从其领导与管理，并称呼其为"赵总"。赵某要求组织成员先通过亲友吸纳存款，之后再对私营企业经营者发放高利贷，以签订"阴阳合同"的方式掩饰真实利息。当借款人无法按时偿还时，赵某指使组织成员成立三个催债团伙，以暴力、威胁、干扰债务人生活安宁等方式追讨债务，前述催债团伙实施多起寻衅滋事、非法拘禁等犯罪事实，并对该市的小贷催收业务形成了非法控制。此外，赵某还安

① 蔡军：《我国有组织犯罪企业化的现状、特点及原因初探》，载《河南大学学报（社会科学版）》2015 年第 6 期，第 64 页。
② 蔡军：《我国有组织犯罪企业化的路径及其表现分析》，载《法学论坛》2021 年第 1 期，第 134 页。

排组织成员在酒店、茶楼、咖啡厅等公共场所开办赌场，并从中抽头渔利，从而为该组织的发展提供经济支持。[①] 在前述案例中，赵某以公司管理者、普通员工等合法身份掩饰组织成员的非法身份，并在形式上通过对公司的日常管理，实质上实现对组织成员的有效管控。该案例所引出的问题是：在组织关系依托于经济实体的情况下，如何将黑社会性质组织与有违法犯罪行为的经济实体相区分？

1. 考察规章制度与业务流程

《2015 年纪要》指出，"对于黑社会性质组织的组织纪律、活动规约，应当结合制定、形成相关纪律、规约的目的与意图来进行审查判断"。黑社会性质组织在依附于经济实体的情况下，其纪律、规约往往表现为经济实体的内部规章制度。组织者、领导者为实现对该组织的全面掌控，通常会担任公司负责人的职务，并制定效力稳定的规章制度、业务流程，此时应从形式、实质两方面考察其性质。

从形式角度而言，在公司事务的范围之内，规章制度应当对公司员工形成了有效的分工，这些分工的内容与公司的经营范围、日常管理具有直接联系，规章制度还应明确对员工奖惩的情形、日常考核的具体形式，以及员工工资、股东分红的发放方式。业务流程则需要与公司日常开展的业务相关联，同时与黑社会性质组织的获利手段具有一定的联系。[②] 例如在黑社会性质组织开设小贷公司，通过非法放贷攫取经济利益的过程中，公司的事务主要围绕筹集用于放贷的资金、发放贷款、催讨到期债务等方面展开，需要由业务部门的负责人向新入职的员工开展培训，包括查询不动产价格的方式、如何根据客户的经济实力计算可贷金额、如何在签订合同时虚增金额等，以便逃脱法律的制裁。

从实质角度而言，公司负责人借助这些规章、制度，使公司内部形成了明确的层级结构，其不仅在层级数量上、各等级人数上，均能与黑社会性质组织中的情况相对应，而且还能对公司员工施加不当的约束或影响。

---

① 新疆维吾尔自治区伊犁哈萨克自治州塔城地区中级人民法院（2019）新40 刑终 313 号刑事判决书。

② 曹红虹：《"套路贷"犯罪中恶势力与黑社会性质组织的审查认定》，载《中国检察官》2020 年第 5 期，第 3 页。

首先，公司负责人对员工规定了不合理的处罚事项，并且限制其自由行使辞职权。例如在员工入职之后，扣押其身份证件，要求其缴纳押金，在泄露公司的活动情况时施以殴打、辱骂、罚款等处罚措施。[①] 当员工意图辞去现有职务，或是消极违抗指令时，公司负责人能够通过威胁、滋扰、限制人身自由等手段，迫使他们继续接受公司的管理，或是在与员工就离职进行谈判的过程中，以各种非法名义要求员工向公司支付高额费用，从而迫使其打消离职的念头。其次，公司的不同层级之间呈现严格的管理与监督关系。例如在讨债过程中，员工需要在部门负责人的安排、指挥下，前往债务人住处上门催讨，以发送催讨时的照片、视频等方式汇报工作，并负责防止被催讨的客户逃离看管场所。部门负责人收取了催讨所得钱款之后，将其交给公司负责人，再由公司负责人决定提成的发放额度，员工所催讨的数额与分成数额挂钩。

在最高人民法院发布的指导案例"谢培忠等人组织、领导、参加黑社会性质组织案"中，谢培忠通过经营海边泳场等经济实体掩饰组织特征，对员工规定了五项纪律：其一，一级对一级负责，不能越级汇报情况；其二，各司其职，不能打听其他工作岗位的情况，对外保密；其三，工作期间不得擅自离开，只能用对讲机、发放的手机联系；其四，不得吸毒；其五，成员的加入、退出必须经谢培忠批准。[②]

对于前述第四项纪律的作用，不能仅从形式上进行分析。从司法实践中的情况而言，黑社会性质组织往往会对成员的行为作出禁止性规定，例如禁止成员吸毒、赌博、随意殴打他人等，这些要求在形式上体现出"劝人向善"的特征，与传统意义上的组织纪律存在区别，因此有必要与黑社会性质组织的其他各项纪律相结合考察，并分析组织者、领导者制定这些

---

① 姜杰，李宝玲：《公司化黑社会性质组织犯罪的特征及认定》，载《中国检察官》2014 年第 5 期，第 16 页。

② 陈小飞，刘锦平：《谢培忠等人组织、领导、参加黑社会性质组织案——如何准确界定涉黑组织形成的标志性事件》，载最高人民法院刑事审判第一、二、三、四、五庭主编：《刑事审判参考》第 123 集，法律出版社 2020 年版，第 11 页。

纪律的目的、意图，是否是为了加强违法犯罪活动的组织性、隐蔽性。[①]

在前述案例中，谢培忠制定这五项纪律，是为了加强对组织成员的控制，使他们集中精力完成该组织交代的任务。换言之，这五项纪律的内容已经超过了公司对员工正常要求的范围，形成了对员工的不当约束。谢培忠对组织事务和经济实体中的员工具备全面的管理权限，通过这五项纪律确定了该组织的层级架构与运行方式，并且形成了严密的组织结构。

此外，辽宁省彰武县人民法院于 2020 年作出的判决也指出，如果涉案犯罪集团的规章制度、业务流程不够明确，则不具备组织特征。该案中，姜健设立以高利放贷为业的公司，吸收前科劣迹人员王军，委托其招募他人发放贷款、暴力讨债，实施犯罪二十余起。法院认为不具备组织特征的理由是：第一，没有成文或不成文的组织纪律、活动规约，在人员内部管理、职责分工、行为规范、利益分配等方面均无明显要求；第二，组织松散，未形成稳定的组织体系；第三，该公司仅成立一年多，被告人共计八名，尚不具备黑社会性质组织的组织程度。[②] 该案表明，如果公司负责人仅根据公司经营过程中的需求，向公司各部门管理人员临时性地下达工作指令，则由于其内容易变、对象特定，不足以对该组织内部的各级成员形成长期约束，因此不属于组织特征中的组织纪律、活动规约。

2. 考察用于维系组织结构的激励手段

组织特征中的等级构成、存续状态均具有稳定性，这是以组织者、领导者对犯罪收益的合理分配为基础的。当组织者、领导者设计了有效的激励手段时，不仅能够通过调整利益分配资格、分配比例，来有效评判成员在参与组织活动过程中的表现，而且能够提高成员参与组织事务的积极性，让他们自觉维护该组织的整体利益，因为他们需要依托于该组织进行利益的分配，呈现出"一荣俱荣，一损俱损"的关系。此外，由于经济实体的规模与组织关系的复杂程度密切相关，从组织特征中的存续状态的稳定性、应具备人数较多的组织成员这两点出发，公司只有在经营时间较长、具备

---

① 戴长林，朱和庆：《〈全国部分法院审理黑社会性质组织犯罪案件工作座谈会纪要〉的理解与适用》，载最高人民法院刑事审判第一、二、三、四、五庭主编：《刑事审判参考》第 107 集，法律出版社 2017 年版，第 141 页。

② 辽宁省彰武县人民法院（2019）辽 0922 刑初 276 号刑事判决书。

一定规模的情况下，才能提供充足的工作岗位，供员工在其中任职并切实地履行职责，并且与黑社会性质组织成员的人数、级别相对应，使得组织者、领导者所采取的激励手段能够持续性地发挥作用。

例如在最高人民法院发布的指导案例"龚品文等人组织、领导、参加黑社会性质组织案"中，龚品文在经济实体内部采取"占股分利"的模式，按照占股比例分配犯罪收益，占股比例大小与成员在该组织中的地位具有对应关系。① 这一模式体现了三个特征：第一，作为组织者、领导者的龚品文对参股人员及比例具有决策权；第二，组织成员的利益相互交织，形成了"利益共享、风险共担"的状态。他们之间互相占股出资、分配利益，对所谓的"替谁帮忙、找谁商量"均有明确认识，形成了日趋紧密的关系；第三，体现了明显的组织利益，违法犯罪行为实施者与利益获得者不存在直接的对应关系。换言之，无论是哪些组织成员负责实施违法犯罪活动，所获得的利益均在全体持股的组织成员之间分配。通过"占股分利"的模式，龚品文能够控制组织成员，形成共同利益，使其所组织、领导的黑社会性质组织稳定存续，而且规模逐渐扩大。

3. 考察员工"入职"之后的表现

由于组织特征以"具备犯罪组织的形态"为基本要素之一，黑社会性质组织也需要符合刑法总则有关犯罪集团的规定，即"三人以上为共同实施犯罪而组成的较为固定的犯罪组织"，因此一方面可以从成员构成的角度来认定，对于黑社会性质组织注册成立的经济实体，如果其中的大部分员工均未参与犯罪，尤其是处于中层、高层的员工未参与犯罪，他们不知道自己已经加入了以实施违法犯罪活动为基本内容的组织，则不宜认定组织关系依托于前述经济实体而存在。② 另一方面可以结合公司员工所实际开展的业务内容来认定。如果他们在公司任职期间，接受组织者、领导者的指

---

① 李秀康：《龚品文等人组织、领导、参加黑社会性质组织案——如何准确把握黑社会性质组织行为特征中对"软暴力"的强度要求以及"占股分利"模式下的组织特征》，载最高人民法院刑事审判第一、二、三、四、五庭主编：《刑事审判参考》第123集，法律出版社2020年版，第20页。

② 叶燕培：《组织、领导、参加黑社会性质组织罪组织特征研究》，载《海峡法学》2021年第2期，第33页。

使开展非法活动，则应考察公司员工入职的时间、被指控实施相关违法犯罪行为的时间，以及所实施违法犯罪行为的具体内容。具备公司员工身份的组织成员所实施的违法犯罪行为，是以黑社会性质组织已经形成，并且这些组织成员已经正式加入为前提的。在依托于经济实体掩饰组织特征的情况下，应当符合以下两个方面的要求：

其一，与公司的业务范围、商业利益缺乏关联，而且相较于公司开展的合法业务，违法犯罪行为已成为公司的主要收入来源。在组织关系依托于经济实体的情况下，违法犯罪活动出现了"黑灰白"相混同的现象，[1] 公司等经济实体为这些违法犯罪行为提供了组织支撑，[2] 例如为具体实施者配备犯罪工具、报销交通费用等。黑社会性质组织设立公司只是为了获取经营许可资格，从而为后续开展非法活动创造条件。[3] 黑社会性质组织虽然会开展与经济实体相对应的真实业务，但并未将其作为唯一的获利途径，更多地以攫取最大化的经济利益为主要目标，进而通过其他非法手段攫取利益，对此可从不同获利途径所得经济利益的数额比例来判断。对于组织者、领导者而言，其需要以全局性的视角对组织进行管理，即使组织成员以公司员工的身份作为掩护，也不应受限于其所在公司的业务内容，而是需要根据该组织在发展过程中的需求，在组织者、领导者的安排下开展各类非法活动。反之，如果公司主要是通过正常开展经营活动获取经济利益，以偶然的、附随性的违法犯罪行为保障经营活动的正常开展，则不具备犯罪组织的性质。例如某公司在与当地另一公司争夺市场的过程中，该公司负责人为排挤对方，指使公司员工通过少量违法犯罪行为干扰竞争对手的经营活动，从而以非法手段维护本公司的商业利益。

其二，具备公司员工身份的组织成员通过实施违法犯罪行为，能够使黑社会性质组织实现对特定行业的非法控制状态。这主要是指黑社会性质

---

① 蔡军：《我国有组织犯罪刑事规制体系的检视与重构——基于有组织犯罪集团向企业化发展趋势的思考》，载《法商研究》2021年第3期，第183页。

② 陈兴良：《套路贷犯罪研究》，载《法制与社会发展》2021年第5期，第24页。

③ 浙江省人民检察院扫黑办：《郑某某等人组织、领导、参加黑社会性质组织案——政府许可经营或行业协会情形下"非法控制"的认定及检察监督的重点》，载最高人民检察院扫黑除恶专项斗争领导小组办公室编：《扫黑除恶典型案例与实务指引》，中国检察出版社2019年版，第149页。

组织控制了与特定行业有关的原料、成品的供销渠道，或是交通运输等服务的提供渠道，以此限制购买者的选择权，并能够在该组织所控制的区域内，自主地规定购买商品、接受服务的对价。例如在最高人民法院发布的指导案例"王云娜等人故意伤害、寻衅滋事、非法拘禁、敲诈勒索案"中，被告人王云娜成立了保温材料厂，为争夺市场份额而以非法手段打击对手。该厂存续时间仅有十个月左右，在其中两个月的时间里，较为集中地实施了四项犯罪，而且只涉及故意伤害、寻衅滋事这两项罪名。法院认为，涉案犯罪组织的存在、发展时间较短，不符合组织特征，而且实施犯罪的次数较少、频率较低，不足以长期、稳定地向相关行业施加控制或影响，因此不能认定为黑社会性质组织。①

4. 考察组织所控制多个公司之间的关联

在组织特征中，组织者、领导者与骨干成员之间应保持紧密的联系，而且这一联系处于持续性的状态，即并非仅基于开展非法活动而产生，还基于合法的工作关系、社会交往而产生。当组织者、领导者通过开设多个公司，将组织成员较为零散地安排在这些公司中时，往往会安排骨干成员分别负责这些公司的日常管理，再通过对骨干成员的直接指挥，实现对该组织的全面控制。在这一情形下，由于各公司的经营活动既有一定的独立性，又在组织者、领导者的统一安排下，呈现出相互协作、资源共享的状态，形成了"交叉型"的组织结构，因而给司法认定造成了一定的难度。此时应基于组织特征的视角，考察以下几个方面的因素：

第一，组织者、领导者与各个公司负责人之间的关系，以及前者对后者的约束能力。为有效实现对各个公司的控制，组织者、领导者需要安排与之关系较为密切、在组织中地位较高的骨干成员管理公司，并统一制定与这些公司所开展的业务相关的规约，规定风险防范、员工奖惩等方面的事项，从而使这些公司在统一领导之下不断增强凝聚力，并在当地逐渐形成较强的影响力，在竞争能力上远超其他的同类公司。

---

① 石明辉：《王云娜等人故意伤害、寻衅滋事、非法拘禁、敲诈勒索案——如何根据"非法控制或重大影响"的内在要求准确认定黑社会性质组织的危害性特征》，载最高人民法院刑事审判第一、二、三、四、五庭主编：《刑事审判参考》第 107 集，法律出版社 2017 年版，第 79 页。

第二，组织者、领导者对于犯罪平台的创设、掌握情况。例如组织者、领导者使用组织财产研发了专门的借贷软件，使潜在的用户能够通过该软件进行贷款申请、信息上传等操作，且该组织所控制的各公司在开展放贷业务的过程中均使用了这一软件，则可认定该组织依托于这一平台开展非法放贷活动。

第三，各公司在开展业务过程中的联系与配合情况，以及是否交叉实施了犯罪行为。例如在多家公司均以开设赌场为主要业务的情况下，各公司由同一团队负责解决经营场所内发生的纠纷，以及使用统一调度的车辆接送参赌人员；又如多家公司在开展非法放贷业务的过程中彼此串通，在借款人无法向其中一家公司还债的情况下，该公司以帮助借款人还债的名义，将借款人的信息推送给其他的公司，使借款人在"借新还旧"的过程中，其债务总额也随着利息的累积而水涨船高。随后，享有债权的几家公司联合彼此的力量实施暴力讨债，或共同雇佣公司之外的讨债团伙负责实施。当引发借款人自杀、自残等后果时，各公司相互配合，有组织地采取销毁借款证据、篡改交易记录、变更经营场所等方式，统一口径共同对抗侦查。

第四，各公司在均涉及同一类型违法犯罪活动的情况下，应考察它们所使用的犯罪方法、所采取的犯罪模式是否存在相似之处，以及是否基于同一途径获知这些犯罪手段、模式。例如各公司在开展非法放贷的过程中，均采取了手段相似、模式相近的非法讨债措施，则可能是由组织者、领导者统一传授。

在最高人民法院发布的指导案例"方悦等人组织、领导、参加黑社会性质组织案"中，方悦等人利用"乾宏""乾友"等七个公司结成"乾"字头公司联盟，在工商登记载明的经营范围仅限于"信息咨询、投资咨询"的情况下，以提供小额贷款的名义开展"套路贷"非法活动，非法放贷高达2599人次，涉及金额2608万余元。① 这七个公司通过严格的内部管理，

---

① 林琳，孙炜：《方悦等人组织、领导、参加黑社会性质组织案——"套路贷"黑社会性质组织的司法认定》，载最高人民法院刑事审判第一、二、三、四、五庭主编：《刑事审判参考》第123集，法律出版社2020年版，第29页。

相互之间形成了紧密的合作关系，在资金规模、势力范围、成员数量上均远超其他类似公司，在当地形成了较强的影响力，并不断排挤其他的同类竞争公司。

该指导案例的裁判要旨指出，要从对组织成员的控制来把握"组织特征"，这也印证了前文所述的第一项、第二项考察标准的合理性。本案中，方悦通过设立严明的等级制度，成立专门负责非法催讨的贷后部，其下再设小组长，相关催讨派单、提成分红等均有严格的规定；规定明确的催讨规则，通过制定"贷后管理十个严禁"的规则、要求组织成员签订《保密承诺书》、向小组长发照片汇报催讨情况等方式，来管理组织成员的催讨行为。此外，方悦还制定有效的奖惩措施，要求组织成员缴纳押金、给组织成员报销催讨支出、按照催讨金额确定分成比例，通过这些方式来"鼓励"组织成员穷尽各种手段催讨。该黑社会性质组织通过高薪豢养专业的催讨人员，通过等级制度和纪律规则确保对组织成员行为的控制，通过掌握利益分配权力来防止组织成员的背叛，符合黑社会性质组织的"组织特征"。[①]

（二）组织关系依托于宗族势力时的认定

2024 年最高人民法院工作报告指出，"推动打早打小，针对金融放贷、市场流通等重点领域以及农村家族宗族势力黑恶犯罪，提出防治建议，促进长效常治"[②]。司法实践中，有的宗族首领会依托于宗族在当地的势力，笼络具有血缘、姻亲关系的亲友，或是在当地共同居住、生活的民众，开展一系列非法活动。[③] 这不仅弱化了基层党组织、村群众自治组织的管理，而且影响了农村的平安、和谐、稳定。因此，《中华人民共和国反有组织犯罪法》第十二条规定："民政部门应当会同监察机关、公安机关等有关部门，对村民委员会、居民委员会成员候选人资格进行审查，发现因实施有组织犯罪受过刑事处罚的，应当依照有关规定及时作出处理；发现有组织犯罪线索的，应当及时向公安机关报告。"该条规定的"两委"候选人资格审查制度，是加强基层组织建设、防范和惩治"村霸"的实践经验总结，

---

① 江苏省无锡市中级人民法院（2019）苏 02 刑终 70 号刑事裁定书。
② 张军：《最高人民法院工作报告》，载《人民日报》2024 年 3 月 16 日第 4 版。
③ 康树华：《当代中国热点与新型犯罪透视》，群众出版社 2007 年版，第 145 页。

也从侧面印证了黑社会性质组织有时会依托于农村宗族势力，影响农村基层组织的正常运作。①

司法实践中面临的问题是，在组织关系依托于宗族势力的情况下，如何将黑社会性质组织与社会基层的一般宗族势力相区分？首先需要明确的是，出于对族权权威的维护与对利益的追求，很多宗族势力在演变过程中出现了向黑社会性质组织转化的趋势，往往不存在明显的性质转变节点，需要结合黑社会性质组织的各个特征来认定其性质。由于宗族势力也倾向于按照辈分、声望划定内部成员的级别，并形成联系紧密、稳定存续的内部结构，因此有必要结合组织特征所包含的其他要素，从以下几个方面对二者予以区分：

首先，可以从组织特征的一般性要素出发，即成员人数、等级构成与存续状态的稳定性。例如在人民法院案例库的入库案例"贺某某等 16 人组织、领导、参加黑社会性质组织案"中，贺某某在担任广平县建设局局长后，安排多名家族成员及亲属进入建设局及其下属单位工作，并在重要部门、岗位安插亲属、亲信，以家长式作风和一言堂管理代替正常的规章制度，牢牢把控建设局权力，也在家族中树立了绝对权威，形成贺氏家族、南贺庄村和建设局事务均由其一人专断的规约。在贺某某的组织、领导下，该黑社会性质组织依托南贺庄村的优势地理位置，利用操控的基层组织和担任县直部门主要领导的权力影响，有组织地实施高利放贷、职务侵占、贪污、诈骗、强迫交易、非法转让土地使用权、伪造国家机关证件和公司印章等违法犯罪活动。②

法院认为，贺某某领导的犯罪集团属于黑社会性质组织，符合黑社会性质组织的组织特征、经济特征、行为特征、危害性特征。其中，关于组织特征的裁判理由可以归纳为三点：第一，组织成员人数较多，本案中以贺某某为首的犯罪集团成员共 16 人。第二，组织成员有明确层级，贺某某是贺氏家族、南贺庄村两委、建设局事务的总操控人，并直接组织实施违

---

① 莫洪宪：《反有组织犯罪法的脉络、特色与适用重点》，载《人民检察》2022 年第 3 期，第 13 页。

② 河北省邯郸市中级人民法院（2020）冀 04 刑终 625 号刑事裁定书。

法犯罪活动，是组织者、领导者。贺某1、吕某1等人作为贺某某亲属亲信，或组织实施部分违法犯罪，或管理部分成员，或积极参加违法犯罪活动，均为积极参加者。其他组织成员受贺某某或者贺某1指使参加部分违法犯罪活动，系一般参加者。第三，存续状态稳定，即犯罪集团的存续时间较长、主要成员固定。2002年9月，贺某某指挥建设局、村委会以及家族成员20余人在县城干道围殴依法执勤的交警，打伤四人，这是黑社会性质组织成立的标志性事件，至案发之时，该黑社会性质组织存续时间已达17年，远高于司法实践中"1年以上"的一般性的存续时间判断标准。

其次，应考察宗族成员的组成情况。组织特征之所以包含"组织成员人数较多"的要素，是由于黑社会性质组织在具备多名成员的情况下，能够更便利地开展违法犯罪活动。因此，组织者、领导者更倾向于招募具有一定犯罪经验、积累了一定社会恶名的成员加入，例如社会闲散人员、刑满释放人员。这些人员由于难以融入社会，而且对该组织存在着认同与依赖心理，因此更容易接受组织者、领导者的招募，依托该组织与正常社会秩序相对抗。反之，宗族势力则以一定区域内集中生活的普通民众为主要成员。这些成员能够通过合法途径获取维持生存的财物，不需要依托于宗族势力获取工资、福利等待遇，具有一定的遵纪守法意识。因此，宗族首领难以通过掌控利益分配比例，实现对这些宗族成员的控制。

再次，应考察宗族成员之间紧密联系的纽带。组织特征之所以要求成员之间保持着紧密的联系，一项重要的原因是需要依托于各个成员所拥有的社会资源，相互支持、相互辐射，从而实现攫取经济利益、树立非法权威的共同目标。虽然黑社会性质组织在形式上借助于血亲纽带或家族利益而笼络组织成员，但本质上是为了依托于暴力手段称霸一方，并在此基础上使各级组织成员获利。反之，在一般的宗族势力中，宗族成员之间的紧密联系是与当地的文化习俗、民族构成密不可分的，成员基于维护亲友之间的社会关系、保障生产生活秩序而团结在一起，虽然也具有维护宗族集体利益的意识，但主要是为了维护宗族在当地的社会地位与名誉，呈现以血缘关系、亲友关系为纽带的共同性与整体性，而不是为了依托于宗族攫取经济利益。

例如在湖北省高级人民法院发布的典型案例"严某组织、领导、参加黑社会性质组织案"中，严某利用宗族族长的身份，招募多名社会闲散人员控制基层政权，通过暴力、威胁等非法手段，强迫当地民众转让房屋、土地等不动产，违规开展集体土地上的拆迁、开发等事项。严某以宗族势力的名义笼络组织成员，不仅向这些成员提供酬劳与福利，带领他们多次进行酒水消费，而且帮助他们以承揽工程的方式获利，在成员开展建设的过程中提供资金支持。[①]

在该案中，组织者、领导者虽然是以宗族的名义运作和维系组织，但实质上是通过给予经济利益的方式，使成员在意识到有利可图的情况下，与组织者、领导者保持紧密的联系，而且该组织通过多种非法手段攫取利益，以此保障组织结构的长期存续，因此将其认定为黑社会性质组织是合理的。

最后，应考察宗族势力对成员的管理方式。《2015年纪要》指出，组织特征中的"组织纪律、活动规约"有利于维护组织内部的职责分工、利益分配，通过树立普遍遵循的行为规范，强化对组织成员的管理。因此，宗族势力的内部规约如果是围绕前述内容制定，则能够实现对成员的严密控制。在此基础上，如果宗族势力安排成员多次实施违法犯罪行为，对当地民众施加心理强制，而且随着宗族规模的发展，宗族所施加非法影响的领域、所侵害对象的范围呈现出不断扩大的趋势，已经具备了黑社会性质组织的四个特征，则能够认定为黑社会性质组织。反之，宗族势力如果仅借助于村规民约、传统道德观念实现对成员的管理，缺乏与正常社会管理秩序相对抗的意识，仅由于日常生产、生活中的纠纷而召集成员实施一些违法犯罪行为，则在认定为黑社会性质组织时应特别慎重。例如基于祖坟搬迁、宅基地划分、植被采伐等事项发生争端，因处置方式不当而涉嫌犯罪。因为在该情形下，宗族势力不足以实现对成员的严密控制，而且这些违法犯罪行为所涉及的空间范围、对象类型较为限定，与宗族势力的发展规模也缺乏关联。

例如江西省抚州市中级人民法院于2020年作出的判决指出，宗族势力

---

① 《湖北省高院发布10起扫黑除恶典型案例》，载湖北日报网，http：//news.cnhubei.com/zhengwu/p/10489338.html。

召集成员按照长期沿袭的村规行事，不属于组织特征中的"组织纪律、活动规约"。该案中，张水明等三人在先后担任南塘村小组长后，以张姓宗族房股势力为纽带，擅自将南塘村三、四、五组纠集整合在一起，逐渐形成了以该三人为首，其他成员共十二人的犯罪组织，在三年时间里实施了四次违法犯罪活动。该犯罪组织要求村民遵守口口相传沿袭的村规，只要涉及村集体利益，无论何事都必须每户出一人积极参与，否则不让村民喝村内的水、将村民在宗族谱除名。

法院认为不具备组织特征的理由是：第一，张水明等三人系村小组长，由村民推选产生，不是自己说了算，他们三人基于前述身份才有权召集其他村民，按照长年沿袭下来的村规行事，不属于黑社会性质组织的组织纪律。第二，多个村小组合并管理的直接原因，是为避免征地款分配不公，从而在财务上相对统一管理。在对外行政事务上，仍存在三个村小组，三个组长之间没有领导与被领导的关系。第三，组织者、领导者及骨干成员不是基本固定。① 该案表明，有必要根据村规民约的制定主体、所能起到的约束效果，认定是否属于组织特征中的"组织纪律、活动规约"。

（三） 组织活动中断情形下的组织特征认定

刑法第二百九十四条在有关组织特征的表述中，要求"形成较稳定的犯罪组织"，《2018 年意见》将"较稳定"解释为"组织形成后，在一定时期内持续存在"。而在公安机关对黑恶势力的查处维持高压态势的背景下，有一种需要研究的情形是，如果该组织中的部分成员被公安机关追究刑事责任，组织者、领导者为保障其他成员的安全，遂不再安排组织成员开展非法活动，使得该组织的运作在表面上呈现出停止、中断的状态。但一段时间后，随着新成员的加入，他们继续履行被追究刑事责任的原有成员所担负的职责，充实了原有的组织结构，一部分原有的骨干成员也继续听命于组织者、领导者，能否认定该组织处于持续存在的状态？

值得注意的是，在组织活动中断前、后这两个阶段，黑社会性质组织的活动范围、非法控制的领域、实施犯罪的类型可能会发生一定的变化，

---

① 江西省抚州市中级人民法院（2019）赣 10 刑终 233 号刑事判决书。

从而对认定该组织是否具有延续性造成了一定的困难。例如在组织结构出现缺失、组织活动陷入停滞的情况下，如果有新的成员加入该组织并履行管理职责，则该组织内部的规章制度、经常实施犯罪的类型，可能会根据新成员的意向而作出一定的调整。此时，应当从内部、外部两个方面，判断该组织是否处于持续存在的状态。从内部角度而言，如果该组织中的关键成员具有持续性，说明该组织的基本构成是稳定的；从外部角度而言，如果该组织的不法影响具有持续性，说明该组织的行为方式和犯罪宗旨未发生根本变化。[①]

从内部角度而言，应从组织内部的等级结构、规章制度入手，首先考察该组织在重新开始从事非法活动之后，原有的组织者、领导者以及骨干成员是否仍在该组织中发挥核心作用，该组织是否仍然按照原有的规章制度、管理模式运作。其次，在该组织的发展过程中，由于其中的骨干成员也会发生一定的新老更替，因此不能拘泥于组织活动中断前后的骨干成员是否一致，应进一步立足于组织内部等级结构的稳定性进行考察。如果黑社会性质组织中的组织者、领导者、积极参加者均已受到刑事制裁，少数处于在逃状态的一般参加者为了维持生计，又加入其他的犯罪团伙继续开展非法活动，即使他们借助于原有组织的影响力，以原有组织的名义向被害人提出威胁，也不应认定他们之前所在的组织仍处于存续状态。

从外部角度而言，应从黑社会性质组织的社会影响力是否延续、犯罪行为所引发的后果切入，考察当地一般公众、相关行业经营者受到的负面影响，以及该组织在恢复实施非法活动之后，对于当地闲散人员的吸引能力。前述"负面影响"主要与该组织开展非法活动所采用的名义、非法活动所侵害的对象产生关联。

第一，如果黑社会性质组织在活动中断的前后两个阶段，都使用同样的组织名称、图案标志等足以使一般公众联想到该组织的内容，在实施非法活动的过程中用于向被害人施加心理强制，表明该组织的影响力在当地持续存在，该组织也有能力、有意愿对活动中断之前已经形成的影响力予

---

① 张立，罗雄，冯群：《黑社会性质组织组织性和危害性特征的准确把握》，载《中国检察官》2024 年第 2 期，第 75 页。

以利用，使该组织逐步恢复之前构建的非法秩序。

第二，如果黑社会性质组织在活动中断的前后两个阶段，均以不当的手段影响了同一群体的正常权益，通常表现为对一定区域内的民众、特定行业经营者的权益造成了侵害，则表明该组织所造成的非法影响具有持续性，可作为认定该组织持续存在的判断因素。

例如在有关的指导案例中，组织者、领导者汪某安排成员采取暴力手段，通过非法控制多个城市之间的客运业务攫取利益。该组织先是以客运线路上的某一城市作为经常活动的地点，在遭到当地公安机关打击之后，汪某带领一部分骨干成员潜逃至客运线路上的另一城市，一段时间之后又继续开展非法活动，并将攫取利益的手段改为开设赌场、售卖毒品等。[①] 由于该组织之前在非法控制客运业务的过程中，使得沿线多个城市的居民对于客运服务的选择权受到限制，并被迫按照该组织的要求缴纳了高额运费，因此该组织已对这些城市的居民日常出行造成了不良影响。即使该组织之后转移了经常活动的地点、改变了非法攫取利益的途径，但由于该地点仍然属于客运线路途经的城市，而且在当地社会管理秩序遭到扰乱的情况下，当地民众的合法权益也会因此受损。换言之，由于在组织活动中断的前后两个阶段，侵害的对象具有一定的交集，因此可视为该组织向他们持续性地施加了不良影响。

第三，黑社会性质组织在恢复实施非法活动之后，如果出于完善组织结构、提升总体实力的需求，不断发展新的成员加入，则需要对发展新成员的相关事实进行考察。如果该组织恢复实施非法活动之后，仍然能够对当地的社会闲散人员形成较强的吸引力，使他们在短时间内大量加入该组织，尤其是那些原本具备组织成员身份的人员，他们在组织活动中断期间，因出于维护自身安全的考虑而擅自脱离组织，当得知该组织准备"卷土重来"之后，又主动要求恢复成员身份，则表明该组织的社会影响力一直处于延续的状态。

---

① 李伟华：《汪振等人组织、领导、参加黑社会性质组织案——较长时期内暂停实施违法犯罪活动的，是否可以认定黑社会性质组织仍持续存在》，载最高人民法院刑事审判第一、二、三、四、五庭主编：《刑事审判参考》第107集，法律出版社2017年版，第40页。

（四）组织形成时间认定标准的冲突与化解

对于黑社会性质组织形成时间的判断，《2018 年指导意见》与《2015年纪要》均规定了多样化的、具备一定优先顺序的认定标准。在涉案黑社会性质组织举行成立仪式或开展类似活动的情况下，可以据此认定其已经形成。在没有前述活动的情况下，则根据标志性事件来认定，这一事件能够使该组织初步获得较为稳定的获利途径，或初步在一定区域、行业内彰显自身的社会地位。如果没有标志性事件，则根据有组织的犯罪活动的首次发生时间来认定，这一犯罪活动体现了成员对组织规约的遵从与履行，有助于提升该组织的综合实力。

但以上两个司法解释都面临着与刑法规定之间的冲突。从黑社会性质组织最初创立，直至完全具备组织的四个法定特征，是需要不断地通过健全组织结构、招募组织成员、实施犯罪行为、攫取非法利益来实现的。那么，在该组织通过前述一系列行为壮大自身实力之前，为何能够在定性上被认定为具有黑社会性质呢？例如在该组织举办成立仪式时，尚不符合刑法所规定的组织特征中的"人数较多"这一要素。有学者据此认为，前述两个司法解释均违背了立法意旨，将黑社会性质组织的成立时间不合理地予以提前，在惩治时过于强调预防黑社会性质组织发展壮大，而不注重从实质上认定该组织的实际存续时间，这将造成与普通恶势力、恶势力犯罪集团的认定相混淆，使司法实践对黑社会性质组织的打击不合理地扩大化。[①]

为化解前述冲突，一方面需要从整体上理解黑社会性质组织的发展阶段，另一方面，不应仅立足于刑法、司法解释有关黑社会性质组织的界定方式，还应立足于刑法界定黑社会性质组织四个特征的具体条文，以及司法解释界定黑社会性质组织存续时间的具体原因，结合司法实践中认定相关罪名的方式，对前述冲突作出合理的解释。具体而言，可按照以下思路展开：

---

① 谢望原：《论黑社会性质组织的组织特征》，载《河北大学学报（哲学社会科学版）》2019年第 4 期，第 44 页。

　　首先，刑法有关黑社会性质组织各个特征的界定，是在与组织、领导、参加黑社会性质组织相关的处罚规定中展开的。与之类似的还有刑法中与组织、领导、参加恐怖组织相关的规定。这两种对于组织犯予以专门处罚的规定，体现了预备行为的实行行为化。在刑法总则已认可预备行为可罚性的情况下，通过在刑法分则中进一步将某些特定的预备行为规定为独立的犯罪类型，目的是扩大预备罪的处罚范围，并加重对这些犯罪的处罚。① 从本质上而言，行为人实施这些与黑社会性质组织相关的行为，都是为今后进一步依托于该组织实施其他犯罪奠定基础。而根据刑法第二百九十四条的规定，除了"组织特征"之外，其他几个方面的特征都需要通过该组织所实施的违法犯罪活动予以体现，这显然是在该组织的初创阶段所难以实现的。相较于合法设立的单位，黑社会性质组织由于本身的非法性质，难以在完全达到各项法定要件之后才正式成立并持续运作，其不断发展、定型的过程，总是与有组织的非法活动相伴而行。②

　　因此，刑法有关组织、领导、参加黑社会性质组织的处罚规定，体现了由果溯因的特征，不是仅根据该组织初创阶段的状态认定其是否具有黑社会性质，还需要根据该组织后续实施的犯罪行为进行综合性的判断。虽然这些组织、领导、参加行为本身就具有可罚性，不需要以该组织所实施的具体犯罪行为作为处罚的前提，但由于四个特征始终是与该组织内部等级结构、该组织所实施的违法犯罪行为相关联的，因此需要将黑社会性质组织的发展历程作为一个不可分割的整体，在此基础上认定其性质。③ 从司法实践中对于组织成员犯罪行为的审理情况来看，法院并未根据黑社会性质组织的不同发展阶段，对于成员所实施的具体犯罪在各个阶段中分别认定，而是将各项犯罪均纳入组织所犯罪行，并在此基础上一并列出，这也体现了从整体上认识组织性质的必要性。

---

① 张明楷：《论〈刑法修正案（九）〉关于恐怖犯罪的规定》，载《现代法学》2016 年第 1 期，第 29 页。

② 李伟华：《汪振等人组织、领导、参加黑社会性质组织案——较长时期内暂停实施违法犯罪活动的，是否可以认定黑社会性质组织仍持续存在》，载最高人民法院刑事审判第一、二、三、四、五庭主编：《刑事审判参考》第 107 集，法律出版社 2017 年版，第 34 页。

③ 杨毅：《黑社会性质组织的延续性》，载《法治论坛》2019 年第 1 期，第 8 页。

其次，对黑社会性质组织予以从严惩治的刑事政策也在一定程度上影响了立法。由于黑社会性质组织经济实力较强、内部结构严密，有的还通过拉拢公职人员对其非法活动予以掩护，因此能够较为容易地吸引社会闲散人员加入，快速地扩大组织规模，并形成与正常社会管理秩序相对抗的能力。有鉴于此，刑法起草者在关于本罪的说明中指出，对于黑社会性质组织要秉持坚决的打击态度，一方面需要防患于未然，将其消灭在尚未壮大之时；另一方面需要防止其向社会各领域拓展自身的势力范围。因此，只要行为人通过组织、参加等方式与黑社会性质组织产生交集，并在组织者、领导者的统一指挥下实施违法活动，无论是否有具体的犯罪行为，都应根据前述组织、参加等事实承担刑事责任。①

最后，在黑社会性质组织发展的各个时期，都能够通过相应的特征与一般的犯罪组织相区分，因此不易在司法实践中产生定性上的混淆。例如在其初步创立的阶段，主要是通过组织结构的严密性、等级构造的层次性，与一般的犯罪集团形成明显的区别。在黑社会性质组织达到了一定规模之后，由于其已实施了较多的犯罪行为，对于特定地区、行业的非法控制能力不断增强，这亦是一般的犯罪集团所难以实现的，因为后者至多能在自身的活动区域形成非法影响，但不具备控制当地秩序的实力。② 因此，根据整体的发展历程对黑社会性质组织的性质予以考察，既有利于将及早打击与从严认定相结合，又不会造成司法实践中对黑社会性质组织的认定扩大化。从该组织所实施的犯罪行为与认定组织性质之间的关系来看，前者为后者奠定了基础，后者对前者所应适用的刑罚有一定的影响，黑社会性质组织所实施的相关犯罪行为，是认定其除了组织特征之外其他三个特征的必要条件，当该组织已完全符合相关特征并被认定为具有黑社会性质之后，行为人若依托于该组织实施相关犯罪行为，将因此而面临更重的刑罚，并在涉案财产处置、刑罚变更等方面受到更严格的对待。

---

① 王汉斌：《关于〈中华人民共和国刑法（修订草案）〉的说明》，载高铭暄，赵秉志主编：《中国刑法立法文献资料精选》，法律出版社 2007 年版，第 687 页。
② 黄京平：《恶势力及软暴力犯罪探微》，载《中国刑事法杂志》2018 年第 3 期，第 65 页。

四、组织特征所发挥的区分功能

（一）组织性与组织程度

组织特征中的"组织"，反映了黑社会性质组织本身的结构形态，组织性主要体现为对内部成员的组织。它既是黑社会性质组织得以维系的基础，又是黑社会性质组织能够对外有组织地实施犯罪活动的前提。[1]"组织"的目的在于，使分散的人或物结合为相对稳定的整体，体现"组织性"，例如形成相对固化的成员结构，形成内部的纪律、规则，具备一定的行为定式。换言之，组织特征中的"组织"能够使黑社会性质组织的实力不断增强，整体所具备的实力远大于成员个体实力的简单相加。通过对组织特征的考察，还有利于实现"黑社会性质组织"与普通犯罪集团、黑社会组织的区分。

总体上而言，黑社会性质组织、恶势力犯罪集团、普通恶势力在组织程度上，呈现出由高到低的梯度关系。

首先，"黑社会性质组织"是由刑法分则明文规定的，需要根据"组织、领导、参加黑社会性质组织罪"独立地定罪量刑，与黑社会性质组织所实施的其他犯罪行为并罚，其与"黑社会组织"存在组织程度的差异。对于黑社会性质组织、恐怖活动组织以外的犯罪集团，由于刑法没有对"组织、领导、参加"行为予以专门处罚，因此行为人如果未参与过集团所犯罪行，则不属于集团成员的范畴。[2]

其次，"恶势力犯罪集团"则是在符合恶势力认定条件的基础上，适用刑法总则中关于犯罪集团的规定，在刑法分则中没有具体的罪名与之对应，只是涉及集团首要分子对集团所犯的罪行负责的问题。

再次，"恶势力"只是刑事政策的打击重点，黑社会性质组织的本质特

---

[1] 陈兴良：《论黑社会性质组织的组织特征》，载《中国刑事法杂志》2020 年第 2 期，第 24 页。

[2] 周舟：《犯罪集团中"全部罪行"的认定》，载《法学》2021 年第 1 期，第 181 页。

征是危害性特征，而恶势力则为"为非作恶，欺压百姓"。① 由于刑法未明确规定"恶势力"这一概念，因此其定罪价值不明显，主要影响到对成员的量刑。② 例如《关于办理恶势力刑事案件若干问题的意见》第十三条指出，"对于恶势力的纠集者、恶势力犯罪集团的首要分子、重要成员以及恶势力、恶势力犯罪集团共同犯罪中罪责严重的主犯，要正确运用法律规定加大惩处力度"。

最后，相较于普通的共同犯罪，黑社会性质组织、恶势力犯罪集团、普通恶势力都包含了对违法事实的评价，相关的特征是由违法事实与犯罪事实共同积累而形成的。与黑社会性质组织相关的犯罪作为有组织犯罪的表现形式，相较于一般的共同犯罪与集团犯罪，其特征更为鲜明，反社会性倾向更为明显，造成的社会危害也更为严重。③ 此外，黑社会性质组织中的软暴力手段需要以暴力手段为前置条件，利用后者的威慑力来发挥作用，而恶势力在使用软暴力手段时没有前述要求。④

（二）组织特征区分功能的实现

立足于组织特征所发挥的区分功能，黑社会性质组织与普通犯罪集团、黑社会组织之间的关系可从两个方面展开。

一方面，普通犯罪集团虽然也体现了一定的有组织性，但黑社会性质组织具备更高的组织程度，体现为成员数量、组织对成员的约束能力、成员之间联系的紧密程度等。

例如在人民法院案例库的入库案例"陈某春等16人寻衅滋事、聚众斗殴、盗窃、抢劫、非法拘禁、敲诈勒索、故意伤害、非法持有枪支案"中，陈某春向社会上不特定的人发放月利率在5%～10%不等的高利贷，并且纠集多人实施多起以暴力讨债为主的违法犯罪活动。一审法院认定陈某春构成组织、领导黑社会性质组织罪，二审法院予以改判，仅认定了陈某春所

---

① 陈兴良：《恶势力犯罪研究》，载《中国刑事法杂志》2019年第4期，第3页。
② 李学良：《黑社会性质组织认定中阶层逻辑的适用——兼论"恶势力"与"软暴力"》，载《中国刑警学院学报》2021年第2期，第42页。
③ 蔡军：《我国惩治有组织犯罪的实践困境与立法对策》，载《华东政法大学学报》2013年第4期，第31页。
④ 陈兴良：《套路贷犯罪研究》，载《法制与社会发展》2021年第5期，第25页。

犯的寻衅滋事罪、聚众斗殴罪等具体罪名,但其不构成组织、领导黑社会性质组织罪。二审法院的裁判理由在于,陈某春虽然与他人组成了人数众多,组织结构和成员较为稳定,以实现犯罪为主要目的,具有严重的社会危害性和危险性的犯罪组织,但是因其组织特征、经济特征及危害性特征均未达到黑社会性质组织犯罪的认定标准,所以只能认定为恶势力犯罪集团。①

在组织特征上,本案二审法院的裁判要旨可以归纳为两点:第一,该犯罪组织的成立时间较短。以陈某春为首要分子的犯罪组织于2016年12月开始实施有关犯罪行为,直至2017年4月案发,时间仅为5个月,现有证据不能认定该犯罪组织在较短的时间内完成黑社会性质组织的发起、创建和发展过程。第二,对组织成员的奖惩规则不够明确。黑社会性质组织为维护自身的生存、发展,强化组织的违法犯罪能力,一般会有一些纪律、规约,以口头、书面、行为习惯等不同的方式出现,这是认定组织特征的重要参考依据。执行纪律规约时,既有惩罚行为又有奖励行为。本案中,仅被告人欧家棋供述其不准手下一帮人吸毒,没有其他证据证明还有其他组织纪律或活动规约,其为保障组织成员的"战斗力"而规定不准吸毒等表面上不违反法律、道德要求的规约,对黑社会性质组织的组织特征的证明力有限。

该案件表明,对组织特征的准确理解,有利于在司法实践中避免一般犯罪集团的拔高认定。以恶势力犯罪集团为例,有学者主张从组织程度、恶性的严重程度这两个方面,将其与黑社会性质组织予以区分。二者虽然都具备较多的成员,但恶势力犯罪集团的规模相对较小,仅三人以上就可成立,而黑社会性质组织至少应达到七人。此外,恶势力犯罪集团尚未形成清晰、明确的内部层级结构,可以视为黑社会性质组织的初级发展形态。② 从首要分子对成员的动员方式来看,黑社会性质组织主要是以招募的方式扩大成员规模,并且长期对他们统一管理,使用该组织的财产保障他

---

① 广东省阳江市中级人民法院(2018)粤17刑终299号刑事判决书。

② 周立波:《黑恶势力犯罪组织的本质特征及其界定》,载《法治研究》2019年第5期,第27页。

们的基本生活及福利待遇，这使得该组织在有开展非法活动的需求时，能够随时调动这些成员参加，极大地减少了不确定性。而在恶势力犯罪集团中，主要是通过"纠集"的方式实现对成员的有效动员，其包含着临时性、随机性的特征。相较于长期雇佣，通过这一方式所能动员的人员数量具有随机性，所能实现的效果也相对更弱。

另一方面，"黑社会组织"又具备比"黑社会性质组织"更高的组织程度，它们之间的关系需要进一步探讨。学界对此形成了两种不同的观点，第一种观点认为，二者具有同质性，只是组织水平、社会危害程度有所不同，因此需要在概念上予以统一。[1] 具体而言，黑社会性质组织属于黑社会组织发展的初期阶段，虽已形成了组织程度较高的内部结构，也具备了一定的社会影响，但仍有进一步提升的空间。[2] 而黑社会组织的组织程度具备了较为严密的"社会化"特征，表现为具备社会的结构、功能、运转管理方式，拥有较多的成员数量。[3] 第二种观点认为，二者不仅是程度上的区别，而且在性质上也有根本性的区别。首先从刑法中有关的规定来看，其专门在黑社会组织的基础上增加了"性质"一词，对相关非法活动的惩治，都是围绕带有前述"性质"一词的组织而进行，因此这一专门性的规定，体现了二者在立法层面属于不同的范畴，而且从历史层面来看，中华人民共和国成立之后，已经彻底铲除了旧中国以反动会、道、门为代表的黑社会组织。[4] 其次，带有前述"性质"的组织虽然也具备一定的反社会特征，但尚不具备黑社会组织的全部属性，因此在基本要件尚不完备的情况下，不应将二者混为一谈。[5]

本书支持第一种观点，主张根据组织特征中的各个要素，对二者进行

---

[1]　周光权：《黑社会性质组织非法控制特征的认定——兼及黑社会性质组织与恶势力团伙的区分》，载《中国刑事法杂志》2018 年第 3 期，第 50 页。

[2]　何秉松：《黑社会性质组织（有组织犯罪集团）的概念与特征》，载《中国社会科学》2001 年第 4 期，第 123 页。

[3]　周光权：《刑法各论》，中国人民大学出版社 2015 年版，第 367 页。

[4]　王良顺：《惩治有组织犯罪的基本原则与立法实现路径——以反有组织犯罪法立法为背景》，载《中国刑事法杂志》2021 年第 6 期，第 19 页。

[5]　刘守芬，汪明亮：《试论黑社会性质组织的概念与特征》，载《北京大学学报（哲学社会科版）》，2002 年第 3 期，第 103 页。

有效区分。虽然在我国的语境下，黑社会性质组织是有组织犯罪中的高级形态，但经过比较可知，其在发展程度上尚不及典型的黑社会组织。① 这从我国刑法的区分性表述中也可觅得端倪，例如在刑法第二百九十四条中，对于在境外发展起来的、试图将势力向我国渗透的相关组织，没有添加"性质"一词，这主要是考虑到部分国家已经形成了典型的、成熟的黑社会组织，其出现的时间较早、知名度较高、发展的程度较为完善，因此其运作模式也更为成熟，有的还取得了合法的社会地位，具有较高的国际影响力。而将"黑社会性质组织"增添"性质"二字，客观上符合黑社会性质组织长期处于初级阶段的发展现状，不仅有利于与国外的黑社会组织相区分，而且也能使司法实践中的认定更为精确。二者在概念上虽然不能相互混淆，但需要明确的是，它们在具体要件的有无上不存在区别，主要是由于两方面的原因需要区别对待：

首先，从黑社会性质组织在我国的产生原因、发展历程而言，其与典型的黑社会组织之间存在差距。黑社会性质组织在我国的出现时间较短，是在社会转型、经济改革背景下的特殊产物。改革开放以来，我国经济的运作方式、民众的文化观念都发生了很大的变化，犯罪团伙的数量随之上升，且运作模式逐渐成熟。境外的黑社会势力利用我国对外开放的机遇，纷纷向我国渗透、发展相关的组织，内外勾结实施跨境犯罪，例如先在我国以入境投资、设立企业的方式巩固经济基础，再物色、联络符合该组织要求的人员加入，并借助于跨地区经商的契机，向经济更为发达的地区渗透。因此，我国黑社会性质组织的发展历程较短，虽然从其开展活动的内容、造成的影响来看，与黑社会组织存在一定的共通之处，具体体现为非法活动对公民权益、社会秩序造成了较大的负面影响，并且这些非法活动大多是围绕构建非法秩序而展开的，② 但其尚不能完全等同于典型的黑社会组织。

其次，黑社会组织、黑社会性质组织的不同表述，主要是考虑到它们分别起源于境外、境内的区别，在有组织犯罪的范畴之下，以成员规模、

---

① 汪力：《有组织犯罪专题研究》，人民出版社 2007 年版，第 1 页。
② 王志祥：《论黑社会性质组织的界定》，载《法治研究》2010 年第 2 期，第 11 页。

组织程度为划分依据，通过不同的定义实现司法实践中的区分。其一，在成员规模方面，二者存在"较多"与"众多"的差距，黑社会性质组织仅以形成一定的规模为前提，而典型的黑社会组织成员人数可多达数百人，例如我国台湾地区规模较大的帮派"竹联帮""四海帮"等。① 其二，在等级构成方面，典型的黑社会组织具有更为严密的层级结构，例如日本的黑社会组织由组长担任首领，其下又分为舍弟、干部、若头等层级，各个地区还有负责管理组织分部的头目、副手等组织成员。在对成员的管理上，典型的黑社会组织也制定了更为严格的内部规定，对成员进行严格的约束，以防止出现成员违抗命令、任意脱离组织的情况。其三，在存续时间方面，《2018 年意见》第六条指出，黑社会性质组织是由"恶势力"团伙和犯罪集团逐渐发展而来的，没有明显的性质转变节点。前文已经指出，地方出台的指导性文件一般以六个月作为黑社会性质组织存续时间的最短要求。而典型的黑社会组织往往经历了数十年的发展过程，有的甚至已经实现了社会地位的合法化。

---

① 王桦：《海峡两岸打击有组织犯罪比较研究》，载《人民检察》2018 年第 16 期，第 73 页。

第二章
黑社会性质组织的经济特征及其认定

一、经济特征认定标准的变迁历程

通过持续性地攫取经济利益，使参与该组织的成员从中获利，是组织者、领导者运作并发展黑社会性质组织的基本目标。从司法适用的角度而言，经济特征既是认定黑社会性质组织是否成立的依据之一，又是对各类组织成员判处财产刑的事实依据。①

从组织发展的角度而言，黑社会性质组织对于经济利益的攫取，贯穿于组织的整个发展历程之中，与该组织的发展壮大具有密不可分的联系。②一方面，黑社会性质组织不仅能够在犯罪过程中攫取经济利益，而且能够通过逐步建立非法控制状态，对特定区域、行业的利益分配格局发挥影响力，从而确保利益获取的持续性。另一方面，黑社会性质组织将获取的非法利益用于维系自身存续、拓展获利途径、实施违法犯罪活动，不仅可以保障组织成员的稳定性，为不断攫取经济利益、扩大组织规模奠定基础，而且在该组织中的重要成员被追究刑事责任，导致与该组织相关的活动暂时销声匿迹的情况下，如果该组织所拥有的财产未被追缴，仍有推选出新成员担任领导职责，并再次发展壮大的可能性。

---

① 蔡智玉：《黑社会性质组织经济特征的法律意义及调查认定》，载《人民法院报》2021年08月26日第6版。

② 高憬宏，陈兴良，吕广伦：《黑社会性质组织问题三人谈》，载最高人民法院刑事审判第一、二、三、四、五庭主编：《刑事审判参考》第74集，法律出版社2010年版，第192页。

因此，有必要严格地对黑社会性质组织的经济特征予以认定，既需要对该组织已经具备的经济实力进行衡量，还需要从该组织所掌握财物的来源、去向这两个方面，认定是否与该组织所开展的非法活动之间存在关联。

在有关的司法解释中，经济特征所包含的一些要素也发生了变迁，反映了不同时期司法实践对于黑社会性质组织的认定尺度，这主要体现在对刑法第二百九十四条所规定的经济特征中的"一定的经济实力""支持该组织的活动"这两个方面的理解上，具体展开如下：

（一）经济实力的数额与范围

"一定的经济实力"是维持黑社会性质组织存续的必要条件，有关的司法解释在数额标准的界定上呈现出先限缩后扩张的趋势，但出罪的情形也随之不断完善。此外，在对于组织财产的管理方式上，有关的司法解释呈现出宽松化的趋势。

首先，《2009 年纪要》指出，"经济实力"不以达到特定的数额为认定条件，需要根据个案情况综合考量，但数额标准也不能放得过低。《2009 年纪要》考虑到司法实践的复杂性，尤其是涉及黑社会性质组织财产的证据往往获取难度较大，因此对"经济实力"没有提出具体的衡量标准。然而前述规定所面临的问题是，"不能放得过低"缺乏明确的界定标准，这容易造成司法认定中的混乱。

其次，《2015 年纪要》明确地提出了认定"经济实力"的最低标准，即 20 万元至 50 万元的幅度内，这有利于规范司法认定尺度，通过具体的数额反映涉案犯罪组织的成熟程度。

最后，《2018 年意见》又取消了以特定规模、特定数额的方式界定"经济实力"，这是出于两方面的原因，其一是黑社会性质组织自身的原因，即它们存在、发展的状况千差万别，其二是社会原因，即不同地区的发展状况、不同行业的利润水平各不相同。与此同时，当组织成员以个人或家庭财产支持组织的活动时，《2018 年意见》肯定了这些财产属于"经济实力"的一部分，但如果仅提供财产使用权或数额明显较小，则可不计入其中。在对组织财产的管理方式上，《2009 年纪要》倾向于强调"有组织性"，即由该组织统一地进行管理与支配，但由于其表现形式复杂多样，因此没有在纪要中直接规定。① 相较而言，《2015 年纪要》则规定，在组织财产是"有组织地"获取的前提下，即使组织财产归于部分组织成员的名下，由他们自行掌控，也应认定为该组织的"经济实力"。

（二）使用财产支持组织活动的认定

"支持该组织的活动"反映了组织财产的用途，有关的司法解释经历了从具体列举到仅作出原则性规定的变化。

首先，《2009 年纪要》将财产用途作为认定黑社会性质组织经济特征的重点，明确地列举了一些使用组织财产的具体途径，即用于支持该组织的违法犯罪活动、为遭受伤亡的组织成员提供经济支持、向组织成员及其家属发放报酬以及奖金等。该司法解释所面临的问题是，随着黑社会性质组织的活动日趋隐蔽化，前述使用组织财产的方式也会发生改变，例如不再直接向组织成员提供财物，而是间接地开展利益分配，向组织成员提供承揽工程或项目、从事某类经营活动的机会，让组织成员通过这些形式上合法的途径获利。综上所述，如果仅以《2009 年纪要》明文列举的几种利益分配方式为依据，则在司法认定过程中将面临困境。

有鉴于此，《2015 年纪要》作出了原则性的规定，将认定的重点从利益分配的具体形式转向利益分配所起的效果，即是否能够起到豢养组织成员、保障组织的存续与发展的作用。相较而言，《2015 年纪要》对于"支持该组织的活动"的认定方式更为合理，从实质的角度把握了组织财产对于黑社会性质组织存续、发展所起的作用，有利于应对司法实践中组织财产用途日益多样化的趋势。

二、经济特征所包含的要素

刑法第二百九十四条规定的黑社会性质组织的经济特征，是指"有组织地通过违法犯罪活动或者其他手段获取经济利益，具有一定的经济实力，

---

① 中华人民共和国最高人民法院刑三庭：《〈办理黑社会性质组织犯罪案件座谈会纪要〉的理解与适用》，载最高人民法院网，https://www.court.gov.cn/shenpan/xiangqing/6612.html。

以支持该组织的活动"。由此可见，经济特征主要应当从"获利手段的多元性"、"具备一定的经济实力"与"经济利益用于支持组织活动"三个方面来把握。

（一）获利手段的多元性

《2018 年意见》第七条指出，攫取经济利益的手段既包括"有组织的违法犯罪活动"等手段，又包括有组织地采用参股、合伙等方式，在开展合法的生产经营活动过程中获取经济利益，还包括由组织成员提供财物、组织之外的单位或个人资助财物。例如黑社会性质组织之外的人员得知该组织在开展"套路贷"非法活动，遂向该组织提供用于放贷的本金，以投资的名义交至该组织所控制的小贷公司，还在该组织催讨债务过程中为其提供资金支持，甚至利用自己与审判人员、执行人员之间的密切关系，协助该组织以诉讼方式讨债，并违规查封借款人的财产。①

《2018 年意见》中所列举的各类攫取经济利益的手段，并不是完全并列的关系。与黑社会性质组织对于社会各领域渗透的广泛性、实现目的之手段的复杂性相对应，在其攫取经济利益的过程中，往往需要通过多种途径与手段开拓经济来源，而且非法手段在其中发挥着不可或缺的作用。② 有学者以"组织、领导、参加黑社会性质组织罪"为关键词，在中国裁判文书网随机收集了 2011 年至 2021 年十年间的 582 份一审刑事判决书涉及的 2008 名被告人，经统计发现，开设赌场、敲诈勒索、非法放贷、非法追债是最为常见的四种获利手段。③

在司法实践中，有的黑社会性质组织通过提供非法货物与服务、开展掠夺性犯罪牟取暴利，并在借助于这些活动获取利益后，又不断向合法的经济领域拓展势力范围。④ 例如黑社会性质组织对当地其他经营者的正常活

---

① 浙江省杭州市中级人民法院（2019）浙 01 刑终 450 号刑事判决书。

② 陈世伟：《黑社会性质组织基本特征的实践展开》，载《河南大学学报（社会科学版）》2012 年第 1 期，第 44 页。

③ 屈舒阳，代沁潇：《回顾—反思—展望：我国黑社会性质组织犯罪的实践犯罪学研究——以十年间 582 份判决书中 2008 名黑社会性质组织成员为样本》，载《云南警官学院学报》2024 年第 2 期，第 90 页。

④ 周道鸾，张军主编：《刑法罪名精释》，人民法院出版社 2013 年版，第 731 页。

动予以干涉，使这些经营者为维持安定的经营状态，被迫以"管理费""保护费"等名义，定期向该组织提供财物。从攫取经济利益的途径之间的关系而言，在黑社会性质组织发展的初期，该组织为了快速提升实力，在选择获利手段时所考虑的限制因素较少，获利的过程往往与违法犯罪活动相伴而行。当该组织发展至一定规模之后，其势力范围已经渗透至更广的社会领域，此时会追求获利手段的隐蔽性、利益来源的广泛性。①

前述"违法犯罪活动"与"非法手段"的含义，需要立足于经济特征进行专门性的理解。一方面，虽然在黑社会性质组织所实施的违法犯罪活动中，需要实际地体现对暴力、威胁手段的运用，而且暴力手段发挥着关键性的作用，但在攫取经济利益的过程中，不以实施了暴力犯罪为必要，例如一些黑社会性质组织仅通过开设赌场、销售毒品等方式，为该组织扩大经济基础。② 另一方面，"非法手段"可以理解为两种情形：第一，被害人损失财物与该组织攫取经济利益的手段之间存在直接的联系，即被害人基于组织成员所实施的违法犯罪行为而交付财物；第二，该组织垄断了商品或服务的提供渠道，以不正当手段取得竞争优势，限制购买者的正当权利。③ 例如黑社会性质组织通过排挤、打击当地的其他经营者，迫使他们停止在当地的经营活动，该组织因此垄断了当地相关行业的商品、服务提供渠道，随后恣意抬高价格，民众在没有其他选择余地的情况下，被迫接受该组织提供的商品或服务。

通过考察攫取利益的手段是否具有多样性，有助于实现黑社会性质组织与恶势力犯罪集团的区分。后者主要通过非法活动直接取得经济利益，这就意味着在这一过程中获利的具体数额具有不确定性，而且其缺乏持续性地获取利益的手段。在从所获利益中分出一部分用于维持犯罪集团的存续之后，剩下的利益往往被成员瓜分殆尽，难以被犯罪集团用于开拓新的

---

① 莫洪宪：《试论我国大陆有组织犯罪发展阶段》，载《河南警察学院学报》2011年第3期，第31页。

② 苏敏：《王平等组织、领导、参加黑社会性质组织案——如何认定黑社会性质组织罪的经济特征》，载最高人民法院刑事审判第一、二、三、四、五庭主编：《刑事审判参考》第74集，法律出版社2010年版，第87页。

③ Wang Peng. The Chinese Mafia: Private Protection in a Socialist Market Economy, Global Crime, 2011 (4), p.290.

收入来源、探索手段更为隐蔽的犯罪模式，导致犯罪集团所实施的犯罪长期只能局限在某几种特定的类型之中。反之，黑社会性质组织则能够更为高效地利用所获得的经济利益，至多只是在骨干成员之间进行大额的利益分配，仍能够留出足够的财物用于该组织的发展。这使得该组织攫取利益的渠道能够不断增加，所实施非法活动的类型能够逐渐丰富，其所具备的社会影响力不断转化为经济资本，而且经济利益的攫取与组织实力的提升形成了彼此推动、相互依存的关系。

（二）具备一定的经济实力

《2018 年意见》要求黑社会性质组织"具备一定的经济实力"，但没有提出最低的数额标准。这主要是考虑到不同地区具备不同的发展程度，不同行业具备不同的利润空间，因此只是原则性地予以阐述，具体标准需要结合各地经济发展状况确定。

如前所述，一定的经济实力在黑社会性质组织发展过程中发挥着不可或缺的作用，它也反映着该组织对于所获财物予以支配的能力，即组织者、领导者能够按照该组织发展过程中的需求，通过多项渠道将该组织已掌握的财物予以充分利用。

首先，虽然《2018 年意见》并未明确黑社会性质组织的经济实力所应符合的最低数额标准，但在考虑到组织所处地区经济发展状况的前提下，该组织所具备的经济实力应当与其人员规模、发展程度相适应，从而确保该组织拥有稳定存续的能力。

其次，在认定黑社会性质组织的经济实力时，不以相关的财产完全处于该组织的占有、管理、控制之下为必要。如果该组织有能力调动相关的经济资源用于开展活动，即使这些经济资源处于与该组织存在关联的公司的掌控之下，在法律性质上不属于该组织所拥有的财产，也可认定为该组织的经济实力的一部分。[①]

最后，黑社会性质组织的经济实力与其所获利益之间也有一定的区别，后者需要经历一个向前者转化的过程。当该组织获得了一定的经济利益之

---

① 陈兴良：《论黑社会性质组织的经济特征》，载《法学评论》2020 年第 4 期，第 6 页。

后，组织者、领导者往往会通过各种手段将财产"洗白"，例如用于开展合法的经营活动，以继续维系该组织的存续，则应将这部分资产认定为该组织的经济实力，但在认定时应考虑合理支出。① 此外，在黑社会性质组织通过开办企业获得经济支持的情况下，在维持企业运营的过程中会产生场地租金、人员薪资、水电费用等方面的成本，应当首先将相关的数额从企业所得收入中扣除，才能将剩下的部分认定为该组织的经济实力。

人民法院案例库的入库案例"韩某海等组织、领导、参加黑社会性质组织案"指出，黑社会性质组织除了具有一定的经济实力，组织成员之间还呈现出经济往来频繁的特点，具有一定的经济互助性。在该案中，自2016年8月至2018年初，以韩某海为组织者、领导者的黑社会性质组织，在放贷过程中巧立名目，通过收取高额利息、上门费、服务费、中介费、保证金、滞纳金及罚息等费用，非法获取经济利益，豢养组织成员，维护组织稳定，壮大组织势力。法院从以下几个方面认定该组织符合经济特征：第一，获利方式具有组织性。韩某海控制的小贷公司所放款项，由各被告人共同出资，收益由各被告人共同分配，对外放贷时虽以韩某海的名义进行，但整个放贷过程、资质审查及债务催收均由各被告人共同完成，各被告人依托小贷公司获取经济利益；第二，该组织在一年多的时间内，共非法放贷105人次，放贷金额3064400元，非法获利1131050元，具备一定的经济实力；第三，获利除按出资比例分配给各被告人之外，还用于支付房租、办公场所运营、户外拓展、购买车辆等共同开支，经济支出具有组织性。②

（三）经济利益用于支持组织活动

《2018年意见》第八条将经济利益的用途界定为"用于支持该组织活动"。组织内部分配、使用利益的形式，只是在表面上揭示了所攫取经济利益的用途，而这些经济利益最终所起到的作用，能够更为实质地反映其对黑社会性质组织的重要性。把握经济利益的具体用途，有利于在司法实践中对黑社会性质组织获取经济利益的手段进行限缩认定。例如在黑社会性

---

① 王爱立：《中华人民共和国刑法释义》，法律出版社2024年版，第523页。
② 陕西省西安市中级人民法院（2019）陕01刑终349号刑事裁定书。

质组织采取暴力手段的情况下，应注意与暴力性经营行为的区别，后者发生在某些竞争性的行业中，行为人只是为了获取经济利益，但不具有将这些经济利益转化为黑社会性质组织经济实力的目的。[①]

黑社会性质组织在攫取经济利益之后，并不是直接将其在成员之间分配，而是以该组织的建设、发展为中心，将经济利益用于与该组织相关的活动，从而促进该组织的稳定存续，在此基础上源源不断地向组织成员提供经济利益。换言之，该组织所开展的获取经济利益的活动，是为了支持该组织的其他活动，只要实施了获取经济利益的行为，用于维持组织存续，无论是先具备经济实力再成立组织，还是先成立组织再具备经济实力，都可以作为经济特征的认定依据。[②] 反之，如果利益中的大部分都直接发放给少数级别较高的组织成员，而且他们将这些财物用于个人目的，剩余的组织财产不足以维系组织持续发展的，或是该组织将所获利益全部分发给各个组织成员，则不符合经济特征的认定条件。

司法实践中，经济利益用于支持组织活动的表现形式可以归纳为以下几种类型：第一，为受伤的组织成员提供医疗费；第二，提供收益分红、工资入股；第三，向组织成员发工资、提供统一食宿、请客吃饭；第四，向司法工作人员行贿，谋求对该组织有利的判决结果；第五，寻求公权力的庇护；[③] 第六，帮助犯了罪的组织成员逃匿，逃避司法机关处罚；第七，发过年费、吃年夜饭；第八，为犯罪行为提供工具；第九，给被关押的组织成员上账，为其家属支付生活费；第十，提供资金垫付；第十一，给实施违法犯罪行为的组织成员提供奖励；第十二，替被违法犯罪行为侵犯的被害人提供和解费、医疗费，以达到息事宁人的目的。[④]

[①] 陈兴良：《规范刑法学》，中国人民大学出版社 2015 年版，第 346 页。

[②] 周光权：《刑法各论》，中国人民大学出版社 2015 年版，第 367 页。

[③] 何佩芸，刘超：《黑社会性质组织犯罪的特征及司法认定——以贵州省 20 个案例为分析样本》，载《四川警察学院学报》2020 年第 3 期，第 55 页。

[④] 蔡智玉：《黑社会性质组织经济特征的法律意义及调查认定》，载《人民法院报》2021 年 08 月 26 日第 6 版。

三、经济特征认定中的关键性问题

在经济特征的司法认定过程中，根据经济利益的来源、管理以及去向，有三个关键性的问题值得进一步探讨：

首先是经济利益的来源，对于涉黑经济实体所分配的利益，能否直接定性为黑社会性质组织的财产？其次是在黑社会性质组织对经济利益的管理过程中，组织财产的范围应如何认定？最后是经济利益的去向，当黑社会性质组织向其成员以间接、隐蔽的方式发放财物时，如何认定司法实践中一些新的表现形式？下文将围绕这些问题展开研究。

（一）涉黑经济实体分配利益的定性

《2018年意见》第七条指出，黑社会性质组织能够通过投资、入股、合伙等多样化的形式，借助于合法的生产经营活动获取利益。在黑社会性质组织的前述获利途径中，其攫取利益的具体模式与公司等经济实体的发展历程息息相关，在公司的经营过程中逐渐形成、巩固，并由具备公司员工身份的组织成员，以公司的名义具体实现这些获利模式。该情形下对涉黑经济实体分配利益的定性，需要重点考察利益在公司员工之间的具体归属，如果利益具备多种支出渠道，应当在性质认定时区分对待，避免将经济实体所获的全部利益一概认定为该组织的经济来源。例如公司将所获利益中的一部分用于支付经营过程中产生的水电费用、办公场地租赁费用，则仅属于维系公司本身发展所必需的支出，不能被认定为用于维持组织存续状态的支出。具体而言，该情形下所产生经济利益的性质认定，有以下几个值得讨论的问题：

第一，公司等经济实体所开展的经营活动，在哪些情形下与黑社会性质组织的违法犯罪活动之间会产生直接关联？公司等经济实体在运作的过程中，由于具有保障经营活动稳定进行、保障预期利益得以顺利实现的需求，可能借助于黑社会性质组织的违法犯罪行为达成前述目的，从业务领域的角度而言，司法实践中主要体现为客货运输业务、矿产资源开采业务，从实际效果的角度而言，黑社会性质组织的违法犯罪行为起到了减少公司经营过程中面临的竞争、保障公司经营环境安全稳定的作用。

例如公司在获得了某条客运、货运线路承包经营权的情况下，一方面需要定期缴纳承包费用，另一方面需要防止其他经营者在前述承包线路上擅自开展运输业务。如果该公司无法依靠自身力量有效阻止其他经营者开展业务，也无法通过求助于路政管理部门获得帮助，则可能求助于黑社会性质组织，请求组织成员以非法手段打击其他经营者，从而保障公司的承包经营权。虽然前述公司没有受到黑社会性质组织的直接管理或控制，但由于公司的经营活动依靠黑社会性质组织的违法犯罪活动获得了保障，黑社会性质组织也得以在协助公司获取利益的过程中，借机扩大自身影响力，向公司索取一定比例的提成，因此这些提成应认定为组织财产。

第二，如果公司所开展的经营活动与黑社会性质组织的违法犯罪活动之间没有直接关联，应从哪些方面认定公司所分配利益的性质？在该情形下，公司所获利益的具体去向、公司员工是否具备组织成员身份，以及公司薪酬、分红与组织成员参与犯罪具体情况之间的关系，值得重点考察。至于是否以公司的名义分配这些利益，则不应成为关键性的考量因素。因为在公司财务管理受到组织者、领导者控制的情况下，后者能够假借公司的名义，利用其所具备的公司负责人的身份，或是指使具有公司负责人身份的骨干成员，按照组织者、领导者的意志分配公司所取得的利益。在对前述几项因素的考察过程中，应注意以下两个方面的内容：

一方面，不应仅根据利益的初步归属，判断公司向员工分配利益的性质。例如公司以薪酬的名义向公司员工发放财物，或是按照公司员工所占的股份，向他们提供相应份额的分红，这些利润分配途径在表面上均具备合法性，但仍需要进一步考察这些利润的最终去向。有的黑社会性质组织为增强利益输送的隐蔽性，往往会通过虚增转账环节的方式，对于公司向该组织提供经济支持的事实予以掩饰。例如公司在按照员工岗位级别发放薪酬的过程中，对于级别较高的员工发放了明显偏高的薪酬。之后，这些员工又在组织者、领导者的授意下，将所获财物转至该组织中负责财产管理的成员名下，从而使该组织获得了对这些财物的支配权。由此可见，除了应考察公司所产生利益的初步归属，还应结合公司员工对于利益的使用情况进行考察。

此外，当黑社会性质组织对公司的财务管理实现了完全控制状态时，能够以发放薪酬的形式，根据组织成员在参与犯罪过程中所发挥的作用，向他们发放报酬。此举意在增强有组织犯罪的隐蔽性，掩饰相关犯罪受到了组织者、领导者指使的事实，使具体实施犯罪行为的组织成员以没有受到他人指使、没有从该组织中获得经济回报为由，声称犯罪仅基于其个人利益而实施，从而有效保护组织者、领导者以及骨干成员。从区分公司中不同员工的角度而言，一部分员工具备组织成员的身份，接受公司管理层、组织高层人员的双重领导。他们不仅在公司中按照所处的岗位正常履行职责，而且有的还被安排在公司中的重要岗位，从而使该组织实现对公司的有效控制。此外，这些员工在公司中所处的岗位级别，往往与他们在该组织中的地位相对应。因此，他们能够按照该组织中的地位层级关系，在公司中借助于经营管理的合法名义，利用自身在公司中所处的级别，传达组织者、领导者的指示并具体指挥犯罪活动。反之，由于有的员工不知道公司与黑社会性质组织之间的关联，只是在公司中承担一般的事务性工作，并按照所完成工作量的大小、所承担合法职务的重要程度，从公司领取相应的薪酬，未参与黑社会性质组织的违法犯罪活动，则公司向他们发放薪酬的相关事实，不应认定为支持该组织的非法活动。

另一方面，不应仅根据成员在黑社会性质组织中的地位，判断公司分配的利益是否起到了"豢养组织成员"的作用。因为不同成员在该组织中所处的级别，往往是与他们在公司中的岗位级别、所担负职责的重要程度相对应的，他们所获得的薪酬额度，在表面上也符合一般公司的薪酬分配规则，因此采用这一标准难以准确区分二者。此时，认定各成员在该组织所实施犯罪中所发挥的作用就显得尤为重要。在对这些成员与该组织所实施犯罪之间的联系予以考察之后，不仅应从各成员自身的情况入手，根据他们参与犯罪的次数，以及在策划犯罪方案、实现犯罪计划过程中所发挥的作用，判断他们从公司取得的薪酬是否与发挥作用的程度相当；还应从与同一犯罪具有关联的多名组织成员入手，比较他们从公司所获薪酬的具体情况。这些成员所获薪酬数量如果具有较大差距，则应当与他们在犯罪过程中发挥的作用、表现出的积极程度相关联。例如某成员在该组织安排的聚众斗殴犯罪过程中，不仅负责召集多名组织成员一同参与，而且在斗殴双方对峙过程中，起到了挑起争端、激化矛盾的作用，对于激发其他组织成员的"士气"发挥了较大影响，则其所获薪酬应当比参与斗殴的一般成员更多。

（二）组织财产范围的认定

1. 组织财产范围认定所面临的问题与成因

《2015 年纪要》指出，黑社会性质组织所具备的"一定的经济实力"，能够用于维持组织的存续以及对外开展各项活动。《2009 年纪要》指出，黑社会性质组织及其成员通过犯罪攫取的财物及收益，不仅包括财物、财产性权益，还包括与之对应的孳息与收益。由此可见，对于黑社会性质组织财产范围的准确认定，能够反映该组织的发展状态、攫取经济利益的能力，以及组织成员对组织的贡献程度，因此这一问题在经济特征的认定过程中具有重要意义。即使对黑社会性质组织的经济规模无法完全、准确地核实清楚，但查清的部分应与该组织的发展状况、活动的区域、已在办案过程中被扣押的财产成比例。[1]

然而司法实践中在认定黑社会性质组织的财产范围时，存在对财产的定性过于笼统的问题，容易造成片面强调对黑社会性质组织"打财断血"，而侵犯私人合法财产权益的现象。具体表现为不区分支持犯罪组织活动的资产的范围，将所有资产一并作为非法资产予以追缴；不区分被转移资产的来源，当合法、非法经济利益混合在一起，被用于购买房产等用途时，被视为非法财产一并追缴；当合法、非法财产一并用于投资时，所产生孳息被全部追缴；违法所得与犯罪所用的本人财物区分不明。[2] 从这些问题的成因来看，主要是由于黑社会性质组织的合法资产、非法资产的界限难以厘清。很多黑社会性质组织是逐渐演变形成的，司法机关难以找到性质发生嬗变的起始点，而且在黑社会性质组织经营着正规公司的情况下，一旦合法、非法经济利益统一归入该组织名下，再由组织成员采取各种方式隐匿，使合法、非法经济利益的占有主体趋于同一，将导致司法机关难以认

---

① 蔡智玉：《黑社会性质组织经济特征的法律意义及调查认定》，载《人民法院报》2021 年 08 月 26 日第 6 版。

② 王利荣：《涉黑犯罪财产之没收与追缴》，载《中国刑事法杂志》2011 年第 5 期，第 41 页。

定这些经济利益的性质。①

2. 准确区分组织成员的合法财产与非法财产

对于组织成员个人的财产性质，应以组织成员的经济来源作为切入点，重点考察其是否以违法犯罪作为谋生手段，未通过正当的职业获得合法收入，进而以推定的方式认定他们所占有的财产具有非法性质。例如在人民法院案例库的入库案例"史广振等组织、领导、参加黑社会性质组织案"中，被告人史广振前妻王某某名下有一辆路虎越野车，系史广振与王某某夫妻关系存续期间购买，但史广振与王某某均无正当职业，以二人合法收入无力承担路虎越野车的购置费用。此外，史广振因被网上追逃，无法办理银行卡，其一直使用王某某的银行卡，该卡流水显示有大量资金进出。法院据此认定，购置路虎越野车的费用以及该银行卡中的剩余钱款均属于违法所得，故已查扣的卖车款 60 万元及银行卡中的剩余钱款 2221 元均应当予以没收。②

反之，如果组织成员能够提供合法的收入来源，在经过查证属实后，应将这些收入从非法财产中予以扣除，而且不应将他们的消费支出完全用合法收入来承担。如果组织成员所开展的业务具有合法经营资质，本就能通过正常的经营活动获利，违法犯罪活动所产生的收益只是处于次要、附属的地位，则应当考察合法经营业务的市场份额、总体收益，并且参考其他体量相当的经济实体的前述情况，仅将与违法犯罪活动相对应、相关联的收益认定为违法所得。③

此外，在涉及成员个人财产的追缴过程中，应考虑到其家属正常生活的需要，为他们保留必要的份额。例如在人民法院案例库的入库案例"罗某升等人组织、领导、参加黑社会性质组织案"中，法院指出："严格区分财产来源、性质、权属，对有证据证明是被告人或其家庭成员的合法财产的，仅能将属于被告人的部分用于执行财产性判项，剩余部分应发还被告

---

① 李林：《黑社会性质组织犯罪司法认定研究》，法律出版社 2013 年版，第 115 – 116 页。

② 张琦，周川，马蓓蓓：《〈史广振等组织领导参加黑社会性质组织案〉的理解与参照——如何保障涉黑案件案外人诉讼权利》，载《人民司法》2023 年第 23 期，第 38 页。

③ 张武举，李书潇：《黑社会性质组织犯罪涉案财物的合理界分》，载《重庆行政》2021 年第 2 期，第 63 页。

人或其家属。"① 在人民法院案例库的入库案例"王某某执行监督案"中，陈某某犯参加黑社会性质组织罪、敲诈勒索罪，数罪并罚，被法院判处有期徒刑九年，并处没收个人全部财产。在执行没收陈某某个人全部财产判项的过程中，由于陈某某与案外人王某某是夫妻关系，因此涉及夫妻共同财产的处置问题。法院指出："在执行没收个人全部财产判项时，人民法院应当执行刑事裁判生效时被执行人合法所有的全部财产，包括分割夫妻共同财产后被执行人所有的财产。本案涉案财产系陈某某与王某某婚后购买，属于夫妻共同财产，执行法院可以依法执行其中属于陈某某的部分。拍卖变现涉案财产时，应依法保留王某某所有的财产份额，同时亦应在拍卖价款中为被执行人及其抚养的家属保留必需的生活费用。"② 2021 年 3 月 1 日开始施行的《最高人民法院关于适用〈中华人民共和国刑事诉讼法〉的解释》第二百七十九条第二款也规定："案外人对查封、扣押、冻结的财物及其孳息提出权属异议的，人民法院应当听取案外人的意见；必要时，可以通知案外人出庭。"这为保障涉黑案件中案外人的诉讼权利提供了依据。

值得注意的是，2022 年 5 月 1 日起开始实施的《中华人民共和国反有组织犯罪法》第四十五条第三款引入了"高度可能性"证明标准。该款规定："被告人实施黑社会性质组织犯罪的定罪量刑事实已经查清，有证据证明其在犯罪期间获得的财产高度可能属于黑社会性质组织犯罪的违法所得及其孳息、收益，被告人不能说明财产合法来源的，应当依法予以追缴、没收。"这为涉黑财产处置提供了新的思路和法律依据，实现了证明标准的降低与部分证明责任的转化，进而降低了检察机关对涉黑违法财产的证明难度，避免了涉案财产因达不到证明标准而无法获得精准处置，契合了扫黑除恶斗争常态化开展的需要。③ "高度可能性"证明标准之前在犯罪嫌疑人、被告人逃匿、死亡案件的违法所得没收程序中便有所体现，这次应用到有组织犯罪的财产没收之中，即使黑社会性质组织的成员没有逃匿、死

---

① 广东省高级人民法院（2019）粤刑终 534 号刑事附带民事裁定书。
② 最高人民法院（2023）最高法执监 482 号执行裁定书。
③ 孙娇、李麒：《黑社会性质组织犯罪涉案财产的证明问题——〈反有组织犯罪法〉第 45 条第 3 款的展开》，载《北京警察学院学报》2024 年第 1 期，第 88 页。

亡，也适用该证明标准，实现了对以往规则的突破，意义重大。①

《中华人民共和国反有组织犯罪法》第四十五条第三款的内容，可以从三个方面来理解。第一，从立法目的而言，只要是在被告人犯罪期间获得的高度可能属于黑社会性质组织犯罪的违法所得及其孳息、收益且不能说明合法来源的财产，就应依法予以追缴、没收；第二，从文义解释的角度而言，该条规定的"在犯罪期间获得的财产"，并未限定是被告人名下的财产，从司法实践和日常经验来看，被告人的财产不一定仅是登记在其本人名下的财产，还包括登记在他人名下或由他人代持的财产；第三，从证明标准的角度而言，高度可能性规则，实际上是一种"基本排除合理怀疑"的刑事认定，其判断应当根据经验法则，作出一般人能够接受的合理结论。

司法实践中，在适用"高度可能性"证明标准时，应着重把握以下几个方面：第一，该款仅适用于组织、领导、参加黑社会性质组织罪，而不应包括黑社会性质组织实施的具体犯罪，更不应包括成员个人实施的非组织犯罪。第二，应准确把握被告人参加黑社会性质组织犯罪的起止时间。第三，如前所述，该款中的"在犯罪期间获得的财产"涵盖了被告人及其近亲属、特定关系人的财产。既包括被告人在黑社会性质组织犯罪期间获得，并由其本人持有和控制的财产，也包括期间由被告人的近亲属及特定关系人持有和控制的财产。如果组织成员将所占有的财产与近亲属的合法财产相混同，则应根据这些近亲属的收入情况、获取收益的能力，判断他们所占有的财产是否具有合法性。第四，由检察机关承担"高度可能性"的举证责任。此处的"高度可能"，不是较大可能，而是从证据数量、种类、证明程度等方面来看，已十分接近"证据确实、充分"的证明标准。其高于"优势证据"的证明标准，低于"排除合理怀疑"的证明标准。因为定罪量刑事实是对"人"的诉讼，而涉案财产的证明是对"物"的诉讼，二者理应分属不同的证明体系，适用不同的证明标准。② 第五，通过反向验证，充分保障被告人及利害关系人的辩护、辩解权利。除了由检察机关完成

---

① 胡云腾，翟辉：《反有组织犯罪法》的立法特色与理解适用，载《法治现代化研究》2023年第1期，第12页。

② 徐岱，毕清辉：《黑恶势力犯罪涉案财产处置程序完善路径探析》，载《国家检察官学院学报》2021年第2期，第103页。

对"人"和对"物"的证明责任，被告人及利害关系人当然可以就涉案财产来源的合法性作出说明，这实际上就是在行使辩护、辩解的权利。此时，涉黑违法财产的部分证明责任在控方与被告方之间实现了附条件的转移。

例如在人民法院案例库的入库案例"魏某参加黑社会性质组织案"中，被告人魏某原系九江市某局干部，在受拉拢后加入以严某华为首的黑社会性质组织，替该组织收买九江市多个部门的国家工作人员，为组织发展、壮大保驾护航。魏某自2004年起在该组织的过驳及采砂业务中占有股份，非法获利6000余万元，并借助该组织势力及非法影响，用违法所得先后投资、入股了多家公司、房地产项目营利。张某清下岗后，于2000年进入魏某实际控制的某典当行担任会计，2006年经魏某安排成为该典当行法定代表人，2010年与魏某确定恋爱关系，长期同居生活至案发。其间，张某清负责打理魏某的各项财产，协助魏某以该典当行名义对外非法高利放贷，还将部分财物放在其与女儿陈某好名下。此外，魏某还以其子魏某星的名义参股投资，在九江、香港等地购置房产，出资为魏某星办理移民至新加坡，并将上千万元人民币资产转移出境。

魏某供述称，其子魏某星名下房产大部分系魏某出资购买，魏某在相关企业的股份也放在魏某星名下。张某清证实，魏某的股份由魏某星代持，魏某会用放贷资金购买资产放在魏某星名下。从张某清处扣押的境外开户、置业资料证实，魏某为魏某星在香港地区购置房产并开设了巨额资金账户。①

南昌市西湖区人民法院根据在案证据、相关人员既往经历、魏某的家庭情况、魏某近亲属魏某星名下的财产、魏某的密切关系人张某清以及陈某好于2010年以后所获取的财产，认为这些财产高度可能属于魏某参加黑社会性质组织犯罪的违法所得及其孳息、收益，且被告人魏某及其近亲属、特定关系人不能说明财产的合法来源，应依法予以没收、追缴。法院认定，被告人魏某犯参加黑社会性质组织罪，判处有期徒刑四年四个月，并处没收个人全部财产；对被告人魏某的违法所得人民币六千万元及孳息、收益予以没收，未查扣的依法继续追缴或者没收其等值财产。

---

① 江西省南昌市西湖区人民法院（2022）赣0103刑初47号刑事判决书。

3. 准确区分黑社会性质组织的财产与组织成员的财产

首先，应准确区分黑社会性质组织实施的犯罪与成员个人实施的犯罪，对基于不同犯罪所获得的财产性质予以分别认定。在那些仅能归责于成员个人的犯罪中，如果组织成员仅将所获财物归自己使用，未转交给黑社会性质组织统一管理、使用，则不应认定为黑社会性质组织的财产。例如组织成员在未与组织者、领导者商议的情况下，与组织之外的人员合伙开设赌博场所，并使用个人财产出资，与其他合伙人共同负责赌博场所的秩序维护、接送赌客、管理赌博工具，所得利益由前述合伙人私分，该成员将获得的收益全部用于个人事项，则这些财产仅属于组织成员个人的财产。

其次，只有当组织成员确实使用了其个人财产中的一部分，用于支持与该组织相关的活动时，这部分财产才能被认定为归组织所有。即使追缴过程中难以区分组织者、领导者的个人财产与组织财产，也应在查明该组织所攫取财物的总价值、支出财物具体额度的基础上，通过计算二者之间的差额，判断该组织尚未使用的财产的大致范围，从而对追缴的额度进行一定的限制。

最后，对于黑社会性质组织的财产，也需要准确界定其范围。《2018年意见》指出，黑社会性质组织的经济实力，包括调动一定数量的财物进而支撑该组织开展各项活动的能力。因此，在界定黑社会性质组织财产的范围时，不仅需要查明黑社会性质组织获取利益的各项途径、该组织所实施犯罪行为与所获财物之间的关联，而且需要查明该组织对于财产的使用方式、已经获得但尚未使用的财产的数额，以及是否拥有尚未实现的债权，即该组织之外的人员虽承诺但尚未实际给予该组织的经济利益。当组织之外的人员对该组织负有债务且尚未偿还完毕时，如果是双方均认可且起因合法的债务，则应当将这些债务涉及的财产予以追缴。

在界定黑社会性质组织财产范围的过程中，常见的争议问题是"以黑养商"的情形。需要遵循的一项基本的认定原则是，"黑"与"商"之间应具备实质的相互支持性。如果合法经营的企业向涉黑企业调动资金，不应一概地将这些资金认定为用于支持黑社会性质组织的活动，例如这些资金在用于涉黑企业正当开支、未用于违法犯罪活动的情况下，不应被追缴。在涉黑企业中，如果只有部分员工受组织者、领导者的安排实施犯罪行为，也只能追缴这些涉黑人员的资产，避免影响到公司的合法资产。如果该组织利用违法犯罪所得从事合法的经营活动，由于违法犯罪所得并不是决定孳息形成的唯一因素，因此需要分情形讨论。当合法经营活动所产生的经济利益小于违法犯罪所得的经济利益，则在扣除各类成本的前提下，可视为后者的孳息；反之，则仅应从合法经济利益中分出违法犯罪所得的份额及孳息，将违法犯罪所得的份额、孳息认定为黑社会性质组织的财产。

（三）向成员提供经济利益的表现形式

《2015 年纪要》指出，"一定的经济实力"能够起到豢养组织成员、保障组织的存续与发展的作用。黑社会性质组织通过设定激励机制，向其成员提供经济利益，能够使成员自愿接受组织的管理并参与非法活动，对该组织形成较强的依附关系。这不仅体现了组织与成员之间的关联性，而且保障了组织的稳定存续与发展，反映了该组织对所具备的财产的掌控状况以及有效利用的能力。因此，准确地界定向组织成员提供经济利益的表现形式，对于经济特征的认定具有重要意义。

首先从纵向的角度而言，涉及黑社会性质组织内部不同层级之间发放经济利益的模式认定问题。在组织结构较为宽松、组织内部层级较多的情况下，组织者、领导者未必会直接对各层级的组织成员实施奖惩，其为了逃避打击，往往不会跨越组织层级与流动性较大的一般参加者联系，而是只通过骨干成员向下传达意志，实现"点对点"的遥控式操纵。① 在此背景下，如果组织者、领导者放弃对一部分非法利益的直接支配，将这些利益交由直接与其接触的骨干成员，由骨干成员向其他组织成员分配利益，从而笼络组织成员开展非法活动，则也应认定为是组织者、领导者在行使非法利益的支配权。

其次从横向的角度而言，黑社会性质组织向成员提供经济利益的形式具有多样性。除了直接由该组织中负责管理财物的成员向其他组织成员发放报酬之外，该组织还可能通过哪些隐蔽性较强的手段，向其成员提供经济利益呢？

---

① 湖北省人民检察院扫黑办：《江某、王某等人组织、领导、参加黑社会性质组织案——如何审查分析黑社会性质组织"四个特征"相互间的内在联系》，载最高人民检察院扫黑除恶专项斗争领导小组办公室编：《扫黑除恶典型案例与实务指引》，中国检察出版社 2019 年版，第 49 页。

从司法实践中的情况来看，黑社会性质组织向成员提供经济利益的表现形式，体现在以下几个方面：

第一，以不公平、不合理的交易价格让组织成员获利。组织者、领导者使用组织财产，以该组织的名义购买价值较高、保值性较好的商品，或是在该组织通过违法犯罪手段攫取的财物的分配过程中，以明显低于市场交易的价格，将前述财物转让给组织成员。例如组织者、领导者在使用组织财产购买商品房之后，将其中一套低价转让给在犯罪过程中表现积极的组织成员。

第二，安排组织成员担任合法经济实体中的特定职务，进而通过这些职务获利。例如组织者、领导者要求成员在合法设立的单位、开设的经营性场所中出资，或是负责经营性场所的承包经营、参与前述场所的日常管理，从而以股东、员工或管理者的名义，在这些场所的经营过程中获得一定的报酬。

第三，要求组织成员实施特定的违法犯罪行为，由黑社会性质组织提供资源促成前述行为的顺利完成，进而使组织成员从中获利。例如组织者、领导者向组织成员提供一部分属于该组织的财产，指示其通过非法开设赌场、发放高利贷等途径获取利益，并允许成员将利益归其个人所有。

在前述三种情形下，该组织并不是通过直接向成员发放各类财物的形式，对成员在该组织中作出的贡献予以奖励，而是首先由组织者、领导者有效运作组织财产，再创造潜在的获利机会，最终将这些获利机会提供给组织成员。换言之，即使这些获利机会没有提供给组织成员，组织者、领导者也能够按照同样的模式，将现有的组织财产予以增值，再将增值的财产发放给组织成员。这表明，无论是直接还是间接向组织成员提供经济利益，所起的效果不存在实质性的区别。

此外，组织者、领导者还可能利用自身在担任国家工作人员期间掌握的权力、获取的信息，向组织成员提供非法获利的机会。但这与支出、使用组织财产缺乏直接关联，更多是通过对于国家、集体财产所有权的侵害，使组织成员通过犯罪手段获利，因此需要单独予以列出。例如组织者、领导者将其在负责政府拆迁工作中掌握的信息透露给组织成员，让后者在拟拆迁的地段抢建、抢装违章建筑，从而在将来的拆迁过程中骗取安置补偿费。

第三章
黑社会性质组织的行为特征及其认定

一、行为特征认定标准的变迁历程

黑社会性质组织通过实施违法犯罪行为，能够不断将该组织所具备的力量投送至社会生活的各个领域，从而对正常的社会管理秩序形成挑战。因此，行为特征从动态的、显性的角度反映了该组织所具备的实力，而黑社会性质组织其他三方面的特征则主要是从静态的角度予以揭示。[①]

研究行为特征，对于统筹把握其他特征、准确认定黑社会性质组织具有重要的意义。由于实行行为能够使不同的犯罪定型化，进而明确此罪与彼罪之间的界限，而黑社会性质组织的行为特征涉及对行为方面的要求，因此也具有界分机能，有助于将黑社会性质组织与一般的犯罪集团相区分，例如黑社会性质组织以暴力性作为实施犯罪行为过程中的一个重要特征，但一般的犯罪集团不以此为必要条件。[②]

在有关的司法解释中，行为特征所包含的一些要素也发生了变迁，反映了不同时期司法实践对于黑社会性质组织的认定尺度，这主要体现在对刑法第二百九十四条所规定的"有组织地""多次进行违法犯罪活动"的理解上，可以从以下两点展开：

[①] 梁利波：《黑社会性质组织行为特征的新样态》，载《刑法论丛》2016 年第 1 期，第 331 页。

[②] 陈小彪，曹婷婷：《黑社会性质组织行为特征之界限机能与司法认定》，载《四川警察学院学报》2021 年第 2 期，第 20 页。

（一）行为组织性的表现形式

"有组织地"反映了犯罪过程的有组织性，即黑社会性质组织对于行为的计划、安排与分工，这导致黑社会性质组织的社会危害性远大于一般的犯罪集团，也是相关的组织、领导、参加行为本身就具备刑事可罚性的逻辑基础。[1] 其表明违法犯罪活动应归责于组织，而非成员个人，有关的司法解释列举了"有组织地"实施违法犯罪活动的情形，其范围呈现不断扩大的趋势。

首先是 2000 年发布的《最高人民法院关于审理黑社会性质组织犯罪的案件具体应用法律若干问题的解释》（以下简称《2000 年解释》）将黑社会性质组织所犯的罪行界定为组织者、领导者所组织、领导的全部罪行，未明确其他可以认定为组织所犯罪行的情形。

其次，《2009 年纪要》在前述司法解释的基础上进一步列举了四种情形，还规定了兜底条款，这为司法实践确定了一般性的标准。这四种情形可以概括为"直接参与"型、"遵循约定"型、"为组织利益"型、"多名成员实施"型，本书将在第六章"黑社会性质组织成员的刑事责任"详细分析。

再次，《2015 年纪要》从实质的角度界定了前述四种情形的共同特征，即它们都是围绕着组织利益、组织宗旨而展开的，与维护和扩大组织实力之间具有密切关联。接着，《2015 年纪要》还对"遵循约定"型所包含的情形进行了扩充，如果组织成员多次实施性质类似、缘由相同的违法犯罪活动，它们切实增强了该组织的影响力，组织者、领导者对这些活动知情但未明确阻止，则这些活动能够被认定为是按照组织惯例实施的，进而归属于组织所犯的罪行。其理由在于，组织者、领导者对成员实施的各类违法犯罪活动具有概括的故意，成员在按照前述方式实施违法犯罪活动的情况下，处于组织者、领导者能够预见的范围之内。黑社会性质组织的意志，很大程度上需要通过发挥了核心作用的组织者、领导者来彰显，在组织者、领导者对成员开展的违法犯罪活动予以纵容、放任的情况下，表明这些活

---

[1] 王爱立：《中华人民共和国刑法释义》，法律出版社 2024 年版，第 523 页。

动不与组织的意志或宗旨相悖。①

最后，《2018 年意见》修改了《2009 年纪要》中"为组织利益"型的部分文字表述，使得其包含的范围有所扩大。例如对于组织成员实施犯罪的目的，《2018 年意见》将"排除竞争对手"修改为"打击竞争对手"，从文义解释的角度而言，"排除"需要达到使竞争对手完全退出的程度，形成黑社会性质组织"一家独大"的局面，而"打击"则不以竞争对手完全退出为必要，只要客观上对竞争对手的生产、经营等活动造成了负面影响即可，其包含的范围更为广泛。又如《2018 年意见》在"树立非法权威"这一目的之后，又增加了三种情形，即让组织强化非法影响、让组织提升犯罪能力、为组织寻求"保护伞"，这能够更全面地体现为组织利益而实施违法犯罪行为的各类具体表现形式，使"组织利益"不至于在司法实践中仅成为一种抽象的概念。

（二）违法犯罪的类型与次数

"多次进行违法犯罪活动"是黑社会性质组织向外界展示自身实力的重要途径，有关的司法解释对其中的要素不断扩充，使得其认定尺度在司法实践中呈限缩趋势。首先是《2009 年纪要》指出，不仅要从行为次数的角度来界定，而且要从违法犯罪行为所造成的危害来界定，即根据行为的性质与严重程度，是否能够达到黑社会性质组织危害性特征中的有关条件，这也表明行为特征能够为危害性特征的认定提供重要参考。其次，《2015 年纪要》进一步规定，黑社会性质组织所实施的犯罪应具备多样性，在仅触犯少量罪名的情况下，在认定组织性质时应从严掌握。这不仅是为了便于与专门从事某种犯罪的犯罪集团相区分，而且也符合危害性特征中的相关认定条件，例如黑社会性质组织为了实现对经济、社会生活的有效控制，需要通过多元化的手段来实现这一目标，其中涉及的犯罪类型也具备多样性。

有关的指导案例也指出，行为特征在黑社会性质组织的四个特征中处

---

① 戴长林，朱和庆：《〈全国部分法院审理黑社会性质组织犯罪案件工作座谈会纪要〉的理解与适用》，载最高人民法院刑事审判第一、二、三、四、五庭主编：《刑事审判参考》第 107 集，法律出版社 2017 年版，第 141 页。

于最显性的位置，在认定时既要结合违法犯罪行为的实施过程，即行为人所采取的手段、总体上实施的次数，又要结合违法犯罪行为所起到的作用，即对当地群众的危害程度。① 由此可见，前述两个司法解释通过不断丰富"多次进行违法犯罪活动"的内涵，能够使司法机关更准确地把握违法犯罪行为的强度，使行为特征与其他特征在司法认定过程中更好地衔接起来。

二、行为特征所包含的要素

刑法第二百九十四条规定的黑社会性质组织的行为特征，是指"以暴力、威胁或者其他手段，有组织地多次进行违法犯罪活动，为非作恶，欺压、残害群众"。由此可见，行为特征主要应当从"暴力、威胁手段的必要性""违法犯罪活动的有组织性"与"犯罪次数与危害后果"三个方面来把握。

（一）暴力、威胁手段的必要性

《2018 年意见》第九条指出，暴力或以暴力相威胁，始终是黑社会性质组织实施违法犯罪活动的基本手段，并随时可能付诸实施，"其他手段"也需要以暴力、威胁的现实可能性为依托。由此可见，黑社会性质组织所采取的手段日益呈现多元化的趋势，其中的"暴力""威胁"始终是两种最常见且具有必要性的手段，而且暴力手段是保障其他手段有效性的重要条件。

1. 暴力、威胁手段的含义与作用

暴力手段是指有组织地施加有形的暴力，直接对被害人的生命健康权益造成侵害，从而迫使其屈从于黑社会性质组织的意志，这里的"暴力"应从刑法语义中最广义的角度来理解。暴力程度可以从两个角度判断，其一是行为手段的残虐性、激烈性，足以严重威胁他人的人身安全，其二是行为手段的反复性、持续性，使被害人遭受长期的折磨，陷入极度恐惧的

---

① 刘振会：《吴学占等人组织、领导、参加黑社会性质组织案——如何整体把握黑社会性质组织的四个特征》，载最高人民法院刑事审判第一、二、三、四、五庭主编：《刑事审判参考》第123 集，法律出版社 2020 年版，第 7 页。

心理。①

威胁手段是指通过言语的方式以恶害相通告，如果被害人不同意黑社会性质组织提出的特定要求，则将遭受暴力手段的侵害，这能使被害人面临精神上的压力。换言之，黑社会性质组织是一个具备稳定结构的暴力协作系统，充分具备实施暴力犯罪的能力，并能够随时将其予以现实化。② 被害人出于保障自身人身安全、避免陷入危险状态的考量，往往会被迫同意前述要求，自身的合法权益也因此遭受侵害。

在实施犯罪的过程中，组织成员往往相对于被害人形成了优势地位，实践中主要体现为人员数量、所使用的犯罪工具这两个方面。相关的调查表明，在黑社会性质组织采取的暴力手段中，使用砍刀、猎刀等管制刀具的比例高达 86.5%。③ 这一方面能够对被害人施加心理压力，利用组织成员所具备的工具、人数上的优势，削弱被害人的抵抗意志，确保犯罪行为的顺利实施，另一方面，在组织成员当众持械伤人的情况下，能够使目击到该犯罪的当地民众认识到该组织的实力，在当地民众将犯罪事实口耳相传的过程中，该组织的社会影响力也在无形中得以提高。此外，当地民众在今后遇到组织成员滋事的情况下，出于自身安全的考虑，往往会更容易向该组织作出妥协，这使得该组织更容易形成对当地的非法控制状态。

2. 暴力手段具备重要地位的原因

"暴力"之所以成为黑社会性质组织的一项重要特征，是因为它既体现在该组织对外的违法犯罪过程中，又体现在该组织的内部等级关系建构中。

一方面，在黑社会性质组织对外攫取经济利益的过程中，需要通过暴力手段，彰显自身在人员调动能力、犯罪工具配备等方面的优势，使当地民众被迫屈从于该组织所建立的非法秩序之下。换言之，在黑社会性质组织的不同发展阶段，对于暴力手段的依赖程度虽然会有所区别，但当该组

---

① 陶旭蕾：《黑社会性质组织行为特征之法教义学分析》，载《中国刑警学院学报》2021 年第 4 期，第 49 页。

② 沈振甫：《论黑社会性质组织首要分子的刑事责任》，载《政法学刊》2021 年第 2 期，第 44 页。

③ 陈世伟：《黑社会性质组织犯罪的新型生成及法律对策研究》，法律出版社 2016 年版，第 243 页。

织的利益面临实际威胁时，暴力手段始终是维护利益、解决纠纷的重要途径。例如在该组织的发展初期，由于需要向当地民众展示自身实力，在当地树立不容挑战的权威地位，往往会铤而走险地公然实施较多的暴力犯罪。当该组织形成一定的规模之后，获取利益的渠道更为多样，对社会各领域的渗透程度不断提高，即使在实施暴力犯罪的频率较低的情况下，也能维持该组织的稳定发展，因此该组织出于趋利避害的考量，所采取非法手段的隐蔽性、欺骗性也随之加强。当然，在当前对黑恶势力打击呈现常态化高压态势的情况下，不宜仅根据该组织发展的不同时期，认定其手段是否需要较为明显地体现出暴力性、公开性。①

另一方面，组织者、领导者在对组织内部规章制度的执行过程中，需要通过暴力手段对不服从规章制度的成员予以惩戒，制止成员任意地脱离该组织的控制，从而提高成员对该组织规章制度的认可与服从程度。例如公司化的黑社会性质组织在内部管理上具有暴力化的特征，主要通过违法、犯罪手段，对违反纪律规则的组织成员实施制裁，而非通过经济奖惩、人事任免等合法的手段进行内部管理。② 此外，在对新加入的组织成员的考察过程中，该组织通过要求其参与暴力犯罪的实施，不仅能够评估其实施犯罪的能力与意愿，而且能够使其背负与犯罪相关的烙印，增强对组织的依附性。具体而言，这些组织成员因留有前科，不仅难以再度回归社会，通过应聘进入其他单位维持生存，而且他们担心在脱离组织的情况下，受到来自被害人的打击报复，遂被迫依附于该组织以求生存。

因此，在组织发展过程中对暴力手段的前述运用方式，能够潜移默化地对全体成员产生影响。从犯罪学的角度来看，暴力意识、帮派意识是黑社会性质组织中的犯罪亚文化的主要组成部分，③ 前者包含评价、使用两个层次的内容。崇尚暴力亚文化的组织成员，不仅乐于宣扬暴力手段所具备的优势，并将其贯彻到对组织者、领导者意志的执行过程中，而且将其视

---

① 于阳，陈培云：《涉黑犯罪"软暴力"法律适用问题研究》，载《天津法学》2020 年第 2 期，第 36 页。
② 贾凌：《刑事案例诉辩审评——黑社会（性质）组织犯罪》，中国检察出版社 2013 年版，第 138 页。
③ 何秉松：《中国有组织犯罪研究》，群众出版社 2009 年版，第 493 页。

为解决纠纷、减少阻碍的首选措施。根据该组织之外的人员对于暴力手段的支持程度，组织成员或是与他们建立更紧密的联系，或是对他们疏远排挤，从而有效地筛选、拉拢志同道合的人员加入该组织。①

3. 暴力、威胁之外的其他手段的认定

除了暴力、威胁这两种最为常见的手段之外，"其他手段"的范围较为广泛，在司法实践中的表现形式更为多样。这些兜底性的手段，需要以暴力、威胁手段为基础，以干扰、破坏正常的经济社会生活秩序为目的，具体可以从对被害人发挥影响的方式、造成的实际结果这两方面予以认定。

一方面，实施这些手段的目的是干扰被害人正常的生产经营、生活起居，利用被害人势单力孤、不敢反抗的处境，通过有组织地施加持续性的滋扰，使被害人的相关合法权益处于不能正常行使的状态，从而对其形成一定程度的心理强制。② 例如在黑社会性质组织面向在校学生非法放贷的过程中，通过持续性地施加电话及短信骚扰、影响借款人的正常生活起居、破坏借款人的人际关系等手段，谋求对其形成心理强制。黑社会性质组织在非法放贷的过程中，往往会在证据收集、债务累积等方面形成固定的流程，当借款人无力还款时，该组织便利用自身在证据上掌握的优势，以看似正当的理由进行催债，并对借款人实施人格上的侮辱，强行给借款人树立"言而无信""老赖"等负面形象。而且随着该组织将欠债事实散布到借款人的同学、亲友之间，在借款人无力为自己的状况辩解的情况下，将遭受更多的无端指责与误解，他们无法从亲友处获得心理上的认同与支持，只能独自面对来自该组织的压力，这容易诱发自杀、自残、精神异常等严重后果。③

另一方面，"其他手段"还需要在法益侵害的程度上，与暴力、威胁手段具有相当性。④ 虽然"其他手段"在概念上与暴力、威胁手段存在区别，

---

① 吴宗宪：《西方犯罪学》，法律出版社 2006 年版，第 369 页。

② 陈世伟：《黑社会性质组织基本特征的实践展开》，载《河南大学学报（社会科学版）》2012 年第 1 期，第 44 页。

③ 刘辉：《校园"套路贷"案件的司法认定》，载《中国检察官》2020 年第 5 期，第 20 页。

④ 陈小彪，曹婷婷：《黑社会性质组织行为特征之界限机能与司法认定》，载《四川警察学院学报》2021 年第 2 期，第 20 页。

但始终是以该组织已经形成的影响力、施加暴力手段的能力为依托的。例如组织成员假借谈判、协商的名义，在向对方展示自己组织成员身份的情况下，在谈判、协商过程中取得优势，进而使对方产生恐惧心理，或是通过许诺给予一定的好处，让对方作出让步。又如组织成员介入他人之间的纠纷，以裁决者、调解者的身份在纠纷各方之间斡旋，但实际上是受到了其中一方的请托，利用该组织的权势向另一方施压，最终得出明显不公平的纠纷解决方案。

一个值得探讨的问题是，如果黑社会性质组织利用公权力排挤竞争对手，能否认定为行为特征中的"其他手段"？对此应区分情形进行认定。第一，在黑社会性质组织通过开设公司从事经营活动的过程中，如果与其他竞争对手开展业务的方式相似，经营过程中的违法违规情况也基本一致，例如双方的公司均在当地开展混凝土供应业务，都偶尔存在一些违法生产的现象，但主要是通过正常的经营活动获得利益，黑社会性质组织却利用对监管部门工作人员所施加的不当影响，使他们选择性地查处违法生产的问题，或故意在执法过程中宽严有别，而且其他公司慑于该组织的社会影响力，不敢对该组织采取反制措施，该组织因此得以逐渐排挤其他竞争对手，最终非法控制了当地的相关业务，则可被认定为"其他手段"。第二，如果黑社会性质组织针对竞争对手在经营中确实存在的问题，通过安排公司员工向监管部门举报、投诉等正当途径，使竞争对手按照法定的处罚依据、处罚程序受到查处，且该竞争对手也有能力通过同样的手段，使该组织所开设的公司基于相关违法违规事实受到查处，则前述行为只属于在开展经营活动过程中，用于维护经营性利益的正当手段，不应与黑社会性质组织的违法犯罪活动相混淆，不属于行为特征中的"其他手段"。

4. 威胁手段与软暴力手段的区分

从威胁手段与软暴力手段的共同点来看，它们都是以黑社会性质组织施加暴力手段的能力为保障的，但二者之所以被划分为不同的类别，是因为组织、领导、参加黑社会性质组织罪对于手段的分类方式具有特殊性，以及二者与暴力手段之间联系的紧密程度存在差别。

首先，本节所讨论的"威胁"不能包含软暴力手段。而在其他罪名中，"威胁"可能存在不同的定性，例如在强迫交易罪中，其所包含的手段属于

"暴力、威胁"二者择一的列举式规定，因此如果以软暴力的手段实施该项罪名，显然只能认定为"威胁"的性质。而在组织、领导、参加黑社会性质组织罪中，由于在这两种手段之外，还有"其他手段"作为兜底，其中就包含了软暴力手段。因此，这两种手段的界限具有专门探讨的必要性。

其次，二者在与暴力手段的紧密程度上存在区别。相较而言，威胁与暴力手段之间的联系更为密切，行为人以表达将要施加暴力的言语内容、展示足以造成人身伤害的凶器等方式，使被害人意识到暴力手段具有实施的紧迫性。换言之，这一手段本身就以暴力为基本内容，只是因为尚未达到一定的条件，所以不属于对被害人直接施加暴力。[1] 而软暴力手段则是根据其自身所蕴含的干扰、破坏能力，对被害人造成实质性的心理强制，从而阻碍其意愿的正常实现、权利的正常行使，主要倚仗的是黑社会性质组织已经积累的影响力、组织成员因前科而产生的恶名，因此与暴力手段之间的联系较弱，其有利于增强违法犯罪行为的隐蔽性与欺骗性。[2] 虽然在被害人意图依靠自身的力量，抗拒、排除组织成员造成的不良影响时，组织成员可能会转而使用暴力手段实现预期目的，但此时的暴力手段只是处于后置性、保障性的地位。

（二）违法犯罪活动的有组织性

《2009 年纪要》指出，暴力性、胁迫性和有组织性，是黑社会性质组织行为方式的主要特征。此处的"有组织性"，能够全面地涵盖该组织所实施的各类违法犯罪活动，它与组织特征、经济特征中的相关概念都存在一定的交集。一方面，在经济特征中，黑社会性质组织攫取经济利益的途径虽然具有多元性，但如果通过违法犯罪行为获利，则这些行为可被包含于本节中的"组织"，因为行为特征中的"有组织性"是对各类违法犯罪活动的抽象和提炼。另一方面，组织特征中的"组织"，主要是指组织内部结构、等级关系、规章制度等方面的严密性，而行为特征中的"组织"是通过违

---

[1]　赵建勋：《试论黑社会性质组织犯罪中的"软暴力"》，载《江西警察学院学报》2020 年第 2 期，第 95 页。

[2]　江长青，熊纬辉：《侦办黑社会性质组织犯罪案件的难点与对策——以福建省三明市为例》，载《中国刑警学院学报》2017 年第 1 期，第 45 页。

法犯罪活动予以体现的。换言之，组织特征中的"组织"是对成员的组织，行为特征中的"组织"是对违法犯罪行为的组织，后者虽然也需要依托于严密的组织结构、高效的信息传达与执行能力，从而确保违法犯罪活动能够顺利进行，但主要体现为犯罪参与者之间的关系、犯罪意志的来源、利益的实际归属这三个方面的内容。①

行为特征中的"有组织"，意味着用于保障非法秩序形成、巩固的非法活动，均能归责于黑社会性质组织，而不属于成员个人承担责任的行为，其具体包括三个方面的含义：

其一，犯罪参与者之间形成了明确的职责划分，由黑社会性质组织中不同层级的成员分别负责指挥、实施，由组织财产为犯罪提供保障，从而明显地区别于个人依靠自身力量实施的犯罪。此外，级别较低的成员必须完全按照高级别成员的要求开展活动，往往会根据所积累的经验形成固定的分工，否则将按照该组织内部的规约遭受处罚。由此可见，这些犯罪体现出了严密的组织性、高度的统一性、完备的计划性，大多以维护组织利益为实施目的。② 例如暴力、威胁手段的有组织性，体现为犯罪实施过程中的严密计划性与强制性，而且在犯罪实施完毕之后，黑社会性质组织能够有计划地帮助具体实施者逃避处罚。③

其二，犯罪的发生起因、具体实施均体现了黑社会性质组织的意志，既可以是按照全体成员普遍遵循的内部规章、不成文的约定、该组织一贯的行为准则实施犯罪，又可以是经过了组织者、领导者等核心成员的认可、授意而实施犯罪。如果组织成员在日常生活中与他人因琐事而产生矛盾，为了维护个人利益而实施故意伤害等犯罪行为，则未体现该组织的意志。

其三，黑社会性质组织从犯罪活动中获得了利益，主要是指获取经济方面的利益，也包括提高社会影响力、强化非法控制状态等无形的利益。

---

① 王鹏祥，陶旭蕾：《黑社会性质组织犯罪组织性的法教义学分析》，载《河北法学》2019年第8期，第123页。

② 何荣功：《黑社会性质组织"行为特征"的认定》，载《中国检察官》2013年第1期，第25页。

③ 陶旭蕾：《黑社会性质组织行为特征之法教义学分析》，载《中国刑警学院学报》2021年第4期，第50页。

如果组织成员以个人名义临时接受他人的雇佣，负责为他人调停纠纷、维护生产秩序，并将所得利益完全用于个人事项，则该成员在执行前述任务过程中所实施的犯罪行为，与其所在的组织之间缺乏关联。

从行为特征中的"有组织"的三个方面的含义而言，此处的"组织"并不以组织者、领导者实际参与了犯罪，或是认可了成员实施犯罪的相关事实为必要，如果组织成员为实现组织利益、按照组织内部认可的约定实施犯罪，也属于此处的"组织"，对于组织者、领导者在其中的指使、参与情况则未作要求。

（三）犯罪次数与危害后果

《2018 年意见》第十条将刑法第二百九十四条中的"为非作恶，欺压、残害群众"解释为"侵犯不特定多人的人身权利、民主权利、财产权利，破坏经济秩序、社会秩序"。由此可见，"为非作恶，欺压、残害群众"在行为特征中具有结果要素的性质，也是危害性特征在行为特征中的反映，"群众"是泛称而非特指，其范围包含违法者与竞争对手。① 黑社会性质组织所实施的违法犯罪活动，需要累计达到了较多次数，且造成了严重的危害后果。这意味着该组织在发展过程中，实施的违法犯罪活动数量较多、频率较高。

《2009 年纪要》则指出，如果仅开展了违法活动，未开展犯罪活动，则不符合黑社会性质组织的行为特征。这表明，"违法犯罪活动"并不意味着违法、犯罪呈现为择一的关系，而是以犯罪活动为必要条件。"违法"则侧重于犯罪过程中对相关法律的违背，某个犯罪集团在仅实施了违法行为的情况下，尚不符合黑社会性质组织的行为特征。因为违法行为、犯罪行为反映了不同程度的社会危害，所能实现的控制、影响效果也有所不同，司法实践中需要对"违法犯罪活动"从以下两个角度来掌握：

第一，"违法犯罪活动"所侵害的对象通常具有不特定性，而非基于与黑社会性质组织所具备的单一社会关系而产生。例如在最高人民法院 2016 年再审的有关案例中，被告人孙某虽带领成员实施了十多起犯罪事实，但

---

① 陈小彪，曹婷婷：《黑社会性质组织行为特征之界限机能与司法认定》，载《四川警察学院学报》2021 年第 2 期，第 22 页。

被害人均与其存在一定的经济纠纷，双方基于钢材销售业务而产生纠纷。法院认为，前述犯罪事实并未涉及不特定的群众，所造成的人身伤害后果不明显，而且存在重复处罚的问题，故认为本案不符合行为特征。①

第二，"违法犯罪活动"的实施过程要具有公开性。这包括两个层面的含义，其一，违法犯罪活动的发生地点，至少要有一部分处于公共场合，而且这是组织成员主动追求、有意为之的；其二，当组织成员在公共场合开展违法犯罪活动时，一定区域或者行业内的群众对该违法犯罪活动的威胁及实害后果具有一定的认识，并且从中能够感受到黑社会性质组织的压制，产生了一定的恐慌情绪。②

三、行为特征认定中的关键性问题

在行为特征的认定过程中，需要从内外两方面考察与之相关的问题。

首先从内部角度而言，涉及行为特征所包含的要素在司法实践中认定尺度的把握，主要是行为特征中的"其他手段"与"多次进行违法犯罪活动"的认定。

在"其他手段"之中，"软暴力"是一项重要的表现形式，需要结合有关的司法解释，以及具体案件中行为人所实施的软暴力手段是否具有长期性、多样性、有组织性，对软暴力手段进行限缩认定。

在认定"多次进行违法犯罪活动"时，如果涉案的黑社会性质组织仅实施了少量犯罪行为，而且实施了较多违法行为，能否认定其具有黑社会性质？学界理论与有关的司法解释对此存在争议，需要进一步厘清。

其次从外部角度而言，涉及行为特征所可能面临的重复评价问题。行为特征既属于黑社会性质组织的法定特征之一，又集中反映了黑社会性质组织所开展的多种犯罪行为，根据刑法第二百九十四条第四款，"组织、领导、参加黑社会性质组织罪"与黑社会性质组织在成立之后实施的多种具

---

① 最高人民法院（2016）最高法刑再 2 号刑事判决书。
② 李楠：《黑恶势力犯罪行为特征实证研究——以河南省 100 起涉黑恶案件为分析样本》，载《人民司法》2021 年第 34 期，第 77 页。

体犯罪行为应当数罪并罚，在这一过程中，行为特征是否会出现重复评价的现象？下文将围绕这些问题展开研究。

（一）软暴力手段成立范围的界定

1. 软暴力手段的表现形式以及造成的后果

《关于办理实施"软暴力"的刑事案件若干问题的意见》（以下简称《"软暴力"刑案意见》）第一条对"软暴力"的含义作出了界定。[1] 这是"软暴力"首次作为独立称谓被写入规范性文件，《"软暴力"刑案意见》第四条进一步规定，黑社会性质组织行为特征中的"其他手段"包含了软暴力手段在内。在黑社会性质组织发展的初期，主要通过暴力手段实现预期目的，而黑社会性质组织在发展成熟之后，仅需通过软暴力手段即可获取相应的利益。[2]

从《"软暴力"刑案意见》第二条的规定来看，软暴力手段的表现形式以及造成的后果包括：

第一，干扰了生产经营活动以及社会秩序。组织成员采取在他人营业场所聚众闹事、静坐占场、驱赶顾客及从业人员、阻碍通行，以及捏造事实向有关部门恶意举报等方式，使被害人正常的经营活动无法正常进行，或是使正常的社会秩序受到干扰。

第二，干扰了被害人的生活起居、阻挠被害人参加社会活动。组织成员采取堵塞被害人出入住宅的通道、在被害人住宅门口张贴侮辱性标语，以及焚烧纸钱、泼洒油漆、封堵锁眼、非法侵入住宅等方式，使被害人的正常生活秩序受到干扰，或是在被害人主办或参加婚庆等社会活动的过程中，组织成员对正在进行的活动予以干扰、阻挠，或以当众针对被害人辱骂、围堵等方式，损害被害人的名誉。这一系列行为，容易引发被害人自杀、精神失常、家庭破裂等严重后果，从而对其正常生活造成较大的影响。

---

[1] 《关于办理实施"软暴力"的刑事案件若干问题的意见》第一条指出，"'软暴力'是指行为人为谋取不法利益或形成非法影响，对他人或者在有关场所进行滋扰、纠缠、哄闹、聚众造势等，足以使他人产生恐惧、恐慌进而形成心理强制，或者足以影响、限制人身自由、危及人身财产安全，影响正常生活、工作、生产、经营的违法犯罪手段"。

[2] 何佩芸，刘超：《黑社会性质组织犯罪的特征及司法认定——以贵州省 20 个案例为分析样本》，载《四川警察学院学报》2020 年第 3 期，第 55 页。

第三，以揭露隐私、传播疾病等方式，对被害人施加了心理威慑。对于拒不按照黑社会性质组织的要求给付财物、实施特定行为的被害人，组织成员通过偷录、偷拍等方式窥探被害人的隐私，并扬言要将获取的信息在网络空间、被害人的工作单位及居住地点等场所散布，或是在与被害人纠缠的过程中，安排多名患有艾滋病等疾病的人员到场，利用这些疾病传染性强、难以治愈的特性，扬言要将其传染给被害人。在网络空间中，软暴力可以分为胁迫型、滋扰型两种类型，前者侧重于利用负面、虚假的信息，对被害人实施威胁、要挟，后者侧重于通过发布谣言、揭露隐私等方式，干扰被害人的工作、生活安宁。①

第四，妨碍了被害人所涉及纠纷的公平解决。组织成员以"调解""维权"等名义，应纠纷一方的邀请，以该组织所拥有的实力及威望向对方施压，迫使对方作出让步，通过给付财物、退出竞争等方式，使相关的纠纷得以平息。

2. 软暴力手段与暴力手段的关系

软暴力手段虽然既没有直接对被害人施加人身侵害，又不是通过损毁、破坏财物来实现对被害人的心理强制，但这并不意味着其与暴力手段形成了对立的关系。反之，这两种手段在适用的优先顺序、对于暴力的表现方式上存在着紧密的联系。

一方面，组织成员总是优先使用软暴力手段，当该手段不能达到预期效果时，再转而对被害人施加暴力侵害，暴力的来源既可以是现实的暴力，又可以是预备的暴力，还可以是黑社会性质组织在形成过程中积累的原初暴力。② 例如黑社会性质组织在先前解决同类问题时曾经使用过暴力，具备了与暴力相挂钩的名声，而在这次行动的过程中，组织成员也预先准备了施加暴力的工具，使被害人察觉到了施加暴力的危险。③ 黑社会性质组织出

---

① 张力：《网络软暴力行为的司法认定》，载《中国人民公安大学学报（社会科学版）》2021年第2期，第43页。

② 李学良：《黑社会性质组织认定中阶层逻辑的适用——兼论"恶势力"与"软暴力"》，载《中国刑警学院学报》2021年第2期，第44页。

③ 陈小彪，曹婷婷：《黑社会性质组织行为特征之界限机能与司法认定》，载《四川警察学院学报》2021年第2期，第21页。

于降低经济成本的考量，更倾向于采取软暴力手段实现非法目的。当该组织直接采取暴力手段时，将产生名目繁多的支出项目，例如购买犯罪工具、为在犯罪过程中受伤的组织成员提供救治、帮助组织成员逃避法律追究等。相较而言，采取软暴力手段不仅能够大幅减少前述各项支出，而且不易于给组织成员造成较大的精神压力。对于为保障基本生活而加入组织的成员，其显然更愿意通过人身危险较小、追责风险较低的方式实现预期目标，如果因实施暴力犯罪而造成被害人伤亡，一些组织成员可能会因此而面临精神上的冲击与良心上的谴责。[1]

另一方面，从实质上来看，这两种手段分别从隐性、显性两个方面，彰显了黑社会性质组织所具备的施加暴力侵害的能力。[2] 在组织成员发挥软暴力手段效果的过程中，不仅需要通过组织成立早期已经采取的暴力手段，加深被害人的恐惧心理，而且需要以将来尚未实施的暴力手段为保障。换言之，这两种手段所产生的作用能够相互叠加，即使在示威、哄闹等看似不具有暴力色彩的手段实施过程中，组织成员也通过种种迹象，向被害人暗示了实施暴力手段的可能性。

3. 软暴力手段成立范围的界定

软暴力手段所具备的隐蔽性，给司法认定带来了一定的难度。有学者将隐蔽性归纳为三个方面：第一，行为手段难以直接被认定为符合犯罪的相关特征。行为人有意采取"打擦边球"的方式，使相关的手段在实施过程中，表面上似乎仅违反了社会公德，或仅属于治安违法行为；第二，获利途径呈现出合法的假象。黑社会性质组织在向经济领域渗透的过程中，以开展市场交易、开采矿产资源、承建工程项目等合法名义获取利益，但在参与前述活动的过程中，为取得特定的准入地位，或为实现产品销路畅通，组织成员以软暴力手段对其他经营者进行了排挤、干预；第三，这些手段所造成的后果难以被具体量化。在行为人使用暴力手段的过程中，所造成的后果能够通过被害人所遭受人身侵害的程度、财产的损失情况予以

---

[1] 林毓敏：《黑社会性质组织犯罪中的暴力手段及软性升级》，载《国家检察官学院学报》2018 年第 6 期，第 61 页。

[2] 卢建平：《软暴力犯罪的现象、特征与惩治对策》，载《中国刑事法杂志》2018 年第 3 期，第 91 页。

认定，而软暴力手段主要是从心理暗示、精神状态等方面对被害人施加威慑，所造成的后果具有抽象性，也缺乏足够的证据对这些手段的后果予以证明，进而无法认定这些手段所造成负面影响的范围、持续时间。[①]

除此之外，网络空间中的软暴力手段呈现出了新的表现形式，也给司法认定带来了新的挑战。不同于传统的软暴力，纯线上实施的软暴力手段，排除了实务中多见的非法侵入住宅、跟踪贴靠、贴报喷字、拉挂横幅等通过线下途径与被害人存在物理接触的软暴力形式，而是表现为通过电话、短信、微信等信息网络媒介或特殊技术软件威胁、恐吓、滋扰被害人或其亲友、通讯录联系人。网络空间中软暴力的实施者与被害人之间，也发生了两个转变：第一，实施之时不存在现实的接触，维持双方联系的纽带有且仅有信息网络，且这一纽带具有虚拟性，极其不稳定；第二，暴力侵害是否延伸至现实生活中具有不确定性。虽然实务中以现实的暴力侵害作为威胁、恐吓之内容的情形十分常见，但鲜有案件真正发生了现实的暴力侵害，更多的仅停留在虚拟空间内。[②]

因此，司法实践中亟须对软暴力手段的成立范围予以界定，具体可从以下几个方面展开：

第一，应明确软暴力手段的有组织性。由于恶势力也可能采取软暴力手段实现其目的，因此需要立足于对黑社会性质组织相关特征的考察，从而明确这类手段是以黑社会性质组织已经形成的影响力、施加暴力手段的能力作为保障的，尤其是在黑社会性质组织的发展初期，能够通过有组织地实施暴力活动，为该组织今后的发展塑造长期性的影响，此时利用的是暴力手段的远期效应。相较而言，恶势力在使用软暴力手段的过程中，则更多地依靠暴力手段的近期效应。[③] 此外，黑社会性质组织的软暴力手段还体现了鲜明的有组织性，实施者通过统一着装、显露文身等方式，使被害

---

① 林乔：《黑社会性质组织犯罪中"软暴力"的认定》，载《人民司法》2018 年第 29 期，第 25 页。

② 王秀梅、李采薇：《网络软暴力入罪的客观分析》，载《河南警察学院学报》2022 年第 1 期，第 44 页。

③ 杨智宇：《论黑社会性质组织犯罪中"软暴力"行为的限缩认定》，载《太原理工大学学报（社会科学版）》2019 年第 6 期，第 47 页。

人感受到行为的有组织性，从而陷入恐惧的心理中，进而弱化与黑社会性质组织相对抗的信心。软暴力手段始终要以黑社会性质组织已经形成的影响力、施加暴力手段的能力作为保障，否则在被害人能够采取措施反制软暴力手段，并消除其产生的不良影响的情况下，难以因此而受到心理强制、遭受经济损失。①

与之相对应，当黑社会性质组织的成员为实现个人利益而采取软暴力手段时，在实施起因上显得自发、随意，在表现形式上较为零散，由于缺乏有组织性，而且难以达到与黑社会性质组织相称的暴力强度，因此不应将其视为软暴力手段。实践中，主要应从实施手段时所使用的名义、是否体现了该组织的有关意图、该组织是否获得了基于该手段所产生的利益等方面，分析软暴力手段是否由黑社会性质组织所实施。②

第二，应考察软暴力手段是否具有长期性、多样性，从而对被害人造成足够的威慑，或使其维权途径无法正常行使。在施加心理强制的效果上，软暴力不逊于硬暴力，但也要承认，软暴力的危害程度不及硬暴力，存在与硬暴力非等值性和非相当性的特点。③ 因此，仅在短期内实施数量较少的软暴力行为，尚难以达到对被害人造成心理强制的程度。具体而言，黑社会性质组织的软暴力手段一方面需要体现多样化的行为类型，从而彰显黑社会性质组织实施犯罪的能力，另一方面需要在实施次数、持续时间上逐步积累，从而向被害人施加强烈的心理压制，在量变的基础上实现质变，最终达到精神强制的程度。

第三，应考察软暴力手段是否与犯罪行为相关联，并产生了明显的实害后果，以及黑社会性质组织向被害人施加暴力侵害的可能性。有关的指导案例指出，应以2018年《关于办理黑恶势力犯罪案件若干问题的指导意见》第十一条规定的八种危害后果为依据，黑社会性质组织所实施的软暴

①　杨智宇：《论黑社会性质组织犯罪中"软暴力"行为的限缩认定》，载《太原理工大学学报（社会科学版）》2019年第6期，第49页。

②　陈峰：《黑社会性质组织"软暴力"行为的样态重述与司法应对》，载《上海法学研究》2020年第2期，第95页。

③　黄京平：《软暴力的刑事法律意涵和刑事政策调控——以滋扰型软暴力为基点的分析》，载《新疆师范大学学报（哲学社会科学版）》2019年第6期，第103页。

力行为，应当造成两种以上的危害后果，而且它们不能仅具有违法行为的性质，其中至少应有一部分能定性为犯罪行为。① 由于软暴力手段与暴力手段能够随时转化，而且黑社会性质组织成员对这一转化趋势有明确的认识，主观上并不排斥，因此若被害人拒不屈从于组织成员所采取的软暴力手段，而组织成员也没有向被害人进一步施加暴力侵害的征兆，则不应认定为软暴力手段，前述征兆主要是通过组织成员在言语上、行为上的具体表现，以及该组织内部的规章制度予以反映。网络空间中的软暴力也是如此，需要以现实的暴力作为保障，无论从客观事实层面，还是从被害人主观感受层面，都存在随时转化为现实的暴力的可能性。② 相较而言，恶势力的软暴力手段则不必以暴力作为后盾，不需要在采取软暴力手段的过程中具备随时施加暴力侵害的可能性。③

在判断黑社会性质组织是否具有向被害人施加暴力侵害的可能性时，可以从两个方面展开。一方面，如果实施软暴力手段的黑社会性质组织成员携带了能够用于施加暴力侵害的工具到场，或是倚仗己方人数上的优势，故意以推搡、辱骂等容易激化矛盾的方式对被害人挑衅，则表明组织成员已经在实施软暴力手段之时就做好了施暴的准备。另一方面，如果该组织通过内部规章制度约定，在对外开展非法活动的过程中要"先礼后兵"，或是要求成员积极维护该组织的权威，如果在实施软暴力手段的过程中遭遇阻碍，要坚决以暴力手段予以反击，则组织成员能够直接依据前述得到组织内部共同认可的规章制度，按照该组织惯常的行为模式与手段，在通过软暴力手段难以达到预期效果的情况下，自主决定施以暴力手段。

（二）仅实施少量犯罪行为时的行为特征认定

对于"多次进行违法犯罪活动"能否从整体上理解，从而将实施少量

---

① 李秀康：《龚品文等人组织、领导、参加黑社会性质组织案——如何准确把握黑社会性质组织行为特征中对"软暴力"的强度要求以及"占股分利"模式下的组织特征》载《刑事审判参考》第 123 集，法律出版社 2020 年版，第 12 页。

② 王秀梅、李采薇：《网络软暴力入罪的客观分析》，载《河南警察学院学报》2022 年第 1 期，第 48 页。

③ 黄京平：《黑恶势力利用"软暴力"犯罪的若干问题》，载《北京联合大学学报（人文社会科学版）》2018 年第 2 期，第 10 页。

犯罪行为、较多违法行为的情形纳入其中？相关的司法解释对于这一要素，呈现出了扩张认定的趋势。

《2009 年纪要》的制定者在相关的理解与适用一文中指出，黑社会性质组织若要在经济、社会生活领域树立非法秩序，则以开展了多种犯罪为必要，如此才能严格地区分黑社会性质组织与专门开展某些特定犯罪的犯罪集团。①

而《2015 年纪要》却指出，涉案犯罪组织仅触犯少量具体罪名的，是否应认定为黑社会性质组织要结合其他方面的特征综合判断，严格把握。从《2015 年纪要》的规定来看，"触犯少量具体罪名"既可能是实施的犯罪数量较多，但犯罪类型较为单一，又可能是犯罪行为的总体数量较少，因而涉及的罪名数量也较少。当实施犯罪活动的次数较少，或是犯罪类型较为单一时，至少应在参与者的规模、活动持续时间、违法犯罪严重程度等方面有突出表现，方能使该组织符合危害性特征。这意味着在"实施少量犯罪行为、较多违法行为"的情形下，行为特征的认定具备理论上的可能性。而且从文义解释的角度而言，刑法第二百九十四条并未在"多次"之下，对违法、犯罪活动各自应符合的最低次数作进一步的界定。

有学者支持《2015 年纪要》中的前述观点，认为黑社会性质组织"多次进行违法犯罪活动"不应当全部表现为违法行为，其中至少有一次犯罪行为，否则难以反映有组织犯罪的严重社会危害性。② 也有学者持更宽泛的理解方式，认为黑社会性质组织"多次进行违法犯罪活动"，既可以理解为三次以上的犯罪行为，又可以理解为三次以上的违法行为。③ 该学者认为，由于认定黑社会性质组织需要结合四个方面的特征进行综合考量，因此如果黑社会性质组织在主要实施违法行为的情况下，根据其他方面的具体表现，能够认定该组织完全符合法定的四个特征，该组织有能力通过多种渠

---

① 中华人民共和国最高人民法院刑三庭：《〈办理黑社会性质组织犯罪案件座谈会纪要〉的理解与适用》，载最高人民法院网，https：//www. court. gov. cn/shenpan/xiangqing/6612. html。

② 杨学成：《析黑社会性质组织"行为特征"的司法认定》，载《人民法院报》2012 年 2 月 1 日第 6 版。

③ 陈世伟：《黑社会性质组织基本特征的实践展开》，载《河南大学学报（社会科学版）》2012 年第 1 期，第 45 页。

道持续性地获得收入、确立非法控制状态，且组织结构、层级构成、人员数量等方面均符合黑社会性质组织的有关要求，则即使仅实施了多种违法行为，也能够成立黑社会性质组织。还有学者认为，如果黑社会性质组织长期以违法行为对被害人予以滋扰，从而逐渐使其被迫屈从于该组织的意志，相较于直接施加人身侵害、限制人身自由等足以构成犯罪的行为，虽然对被害人形成心理强制的过程可能更为缓慢，但从效果上看，它们是殊途同归的。因此，在黑社会性质组织的成员实施次数较多的违法行为，次数较少的犯罪行为时，其所体现的人身危险性不容忽视，能够被认定为符合行为特征。[①] 在对黑社会性质组织从严惩治的司法理念下，前述观点体现了从宽掌握行为特征认定标准的倾向。

但本书认为，"多次"是质与量的统一，应当对黑社会性质组织行为特征的解释作出一定的限制，以实施了多次、多种犯罪活动为必要。理由在于：

第一，如果黑社会性质组织仅实施了少量的犯罪行为，却实施了较多的违法行为，则由于违法行为所产生的非法影响较弱，造成的损害结果较小，难以达到刑法第二百九十四条有关行为特征的"欺压、残害群众"这一状态。例如有关指导案例指出，在认定行为特征时，黑社会性质组织的非法活动一般应触犯多个罪名。[②] "多个罪名"显然是以实施较多的犯罪次数为前提的，如果涉案犯罪组织实施的大部分行为仅是违法行为，则不仅无法判断犯罪行为的类型是否具有多样性，而且将使黑社会性质组织难以树立非法权威。

第二，在行为特征之外，黑社会性质组织还需要同时符合组织特征、经济特征与危害性特征，不应孤立地认定各个特征，而是需要将四个特征融会贯通。以危害性特征为例，它与行为特征之间存在着结合与约束关

---

① 于阳，陈培云：《涉黑犯罪"软暴力"法律适用问题研究》，载《天津法学》2020 年第 2 期，第 37 页。

② 周斌：《符青友等人敲诈勒索，强迫交易，故意销毁会计账簿，对公司、企业人员行贿，行贿案——如何把握黑社会性质组织行为特征中的暴力性》，载最高人民法院刑事审判第一、二、三、四、五庭主编：《刑事审判参考》第 107 集，法律出版社 2017 年版，第 52 页。

系。① 有关的指导案例已经明确，黑社会性质组织的违法犯罪活动，无论是行为性质、实施次数还是后果的严重程度，均以非法控制目的为着眼点。对于经济、社会生活的非法控制，不太可能依靠少数几种犯罪便能实现，例如在黑社会性质组织控制集贸市场的过程中，需要通过暴力性犯罪对市场主体施加心理强制，通过行贿、妨害公务等犯罪对抗公共职权，通过强迫交易等犯罪扰乱市场的交易规则。② 而从危害性特征与行为特征之间的关系来看，前者强调黑社会性质组织通过非法活动所达到的结果或状态，后者强调非法活动的具体内容，二者之间具有紧密的联系。因此，行为特征也应将实施了多次、多种犯罪活动作为必备的成立条件。

与此同时，要摒弃司法实践中将同一性质的行为评价为不同罪名的现象，从而造成拔高认定的误区。一方面，由于我国同种数罪不并罚，在犯罪集团实施的行为类型较为单一的情况下，往往会面临评价不足的问题，有的司法机关通过认定为多个罪名来化解。例如主要通过暴力手段讨债获取经济利益的犯罪集团，在司法实践的认定过程中，其讨债的行为分别被认定为敲诈勒索、强迫交易、寻衅滋事、聚众斗殴等多个罪名，但这些讨债行为在实施目的、造成的危害上都基本一致，不应作出不同的刑法定性。另一方面，在单一类型的犯罪行为被认定为多个罪名的情况下，容易形成拔高认定的误区。由于黑社会性质组织一般需要实施多个犯罪行为、触犯多个罪名，前述司法实践中的处理方式，营造了犯罪行为多样化的假象，容易造成犯罪集团被不当地定性为黑社会性质组织。因此，应始终围绕法定的构成要件认定涉案事实，避免发生罪名适用的不一致问题，进而消解人为"拔高"认定黑社会性质组织的现象。

（三）与行为特征相关的重复评价问题

由于刑法将组织、领导、参加黑社会性质组织的行为专门予以处罚，本节将之称为第一类罪行；而黑社会性质组织在成立之后，需要实施一些

---

① 陈小彪，曹婷婷：《黑社会性质组织行为特征之界限机能与司法认定》，载《四川警察学院学报》2021 年第 2 期，第 23 页。

② 张敏娜：《焦海涛等人寻衅滋事案——如何根据违法犯罪活动的多样性把握黑社会性质组织的认定标准》，载最高人民法院刑事审判第一、二、三、四、五庭主编：《刑事审判参考》第 107 集，法律出版社 2017 年版，第 44 页。

具体的犯罪行为，本节将之称为第二类罪行。刑法第二百九十四条第四款规定，"犯前三款罪又有其他犯罪行为的，依照数罪并罚的规定处罚"，这意味着第一类、第二类罪行属于法定的数罪并罚情形。由于在认定第一类罪行的过程中，需要评判是否完全符合组织、行为、经济、危害性这四个方面的特征，其中的行为特征又与第二类罪行密不可分，因此在第一类、第二类罪行数罪并罚的过程中，便面临着是否发生了重复评价的问题。

刑法中的"禁止重复评价原则"是从罪刑均衡原则中派生出来的，它根源于法的正义性，既可以从立法、司法的层面予以划分，从而体现刑事立法与司法的公平与正义；又可以从定罪、量刑的阶段予以划分，从而避免对不法内涵与罪责内涵的重复考量，但核心都涉及具体案件中对于定罪量刑事实的评价问题，不能对其进行两次以上的实质规范评价。

有学者认为，如果将禁止重复评价的对象限定为"构成要件行为"，则由于行为特征不属于第一类罪行中的"构成要件行为"，而具体犯罪行为属于第二类罪行中的"构成要件行为"，而且这些具体犯罪行为不能被第一类罪行所包含，因此不存在重复评价的问题。[①] 然而，由于行为外的事实也可能涉及重复评价，例如在我国犯罪构成中的定性、定量认定要素兼而有之的情况下，行为所造成的结果对于定罪、量刑均有影响，具有重复评价的可能性，而且行为之外事实因素的重复评价能够避免，因此禁止重复评价的对象不以构成要件行为为限，实际上包括一切影响定罪量刑的事实。[②]

1. 学界关于重复评价的观点综述

第一种观点认为，刑法第二百九十四条第四款的规定违反了"禁止重复评价原则"，第一类罪行与第二类罪行相当于同一行为，前者处于预备阶段，后者处于实行阶段，二者不能同时进行评价。[③] 解决这一问题的根本方法在于，在立法上将第一、第二类罪行予以分离，同时取消相关的数罪并

---

① 陈兴良：《论黑社会性质组织的行为特征》，载《政治与法律》2020年第8期，第83页。

② 聂慧苹：《禁止重复评价之刑法展开与贯彻》，载《中国刑事法杂志》2015年第3期，第48页。

③ 陈建清，胡学相：《我国黑社会性质组织犯罪立法之检讨》，载《法商研究》2013年第6期，第131页。

罚规定。① 该观点的问题在于，立法中有关第一、第二类罪行数罪并罚的规定，并不必然地是由于疏漏而造成，更多地考虑到黑社会性质组织对于正常社会秩序的危害，以数罪并罚体现从严惩治的态度。之所以将组织、领导、参加黑社会性质组织的行为设立为独立的犯罪类型，是预备行为实行行为化的体现，并起到了加重处罚的作用。因此，组织、领导、参加黑社会性质组织的行为，只是前提行为而非预备行为，例如行为人加入该组织与后续实施其他犯罪之间不存在密切的时间关联。②

第二种观点认为，该情形在一定程度上突破了禁止重复评价原则，但基于其他因素的考虑，仍可以作为一种例外的情形而得到适用。③ 应当根据司法经验，将黑社会性质组织所经常涉及的犯罪行为予以总结，将它们排除在并罚的情形之外，对它们直接按照第一类罪行处罚。这一解决思路的问题在于，对于黑社会性质组织所涉犯罪行为的总结具有不周延性。由于黑社会性质组织总是将自身势力向着更广泛的社会领域渗透，其中不乏新兴的科技领域，因此其所采取的非法手段富于变化、层出不穷，触犯的相应罪名也有不确定性，难以进行全面的概括。

第三种观点认为，对于与具体犯罪构成要件之间关联性不强的手段，例如跟踪、滋扰等"软暴力"手段，应尽可能地将其作为黑社会性质组织的行为要素对待，从而将相关的事实归入第一类罪行中予以评价，在司法适用的过程中实现与第二类罪行的分离。④ 该观点面临的问题是，难以对这些手段与具体犯罪之间关联性的强弱作出界定。事实上，行为人对特定手段的选择，往往是影响其能否实现预期目标的一项重要因素，因此在对第二类罪行予以评价时，行为人所采取的手段对于定罪量刑也有一定的影响，司法实践中应将手段纳入考量，方能实现罪刑相当。

---

① 石经海：《黑社会性质组织犯罪的重复评价问题研究》，载《现代法学》2014 年第 6 期，第 102 页。

② 张成东：《黑社会性质组织成员实施其他犯罪行为的罪数认定——基于〈刑法〉第 294 条第 4 款的分析》，载《警学研究》2021 年第 1 期，第 56 页。

③ 王恩海：《组织、领导、参加黑社会性质组织罪中并罚的适用标准》，载《法学》2009 年第 9 期，第 159 页。

④ 李高伦：《软暴力犯罪的认定与定位问题研究》，载《武汉公安干部学院学报》2018 年第 4 期，第 24 页。

第四种观点认为，应当以第一类罪行的认定为基础，以第二类罪行的认定为补充，对罪状中的"其他犯罪行为"采取限制解释的态度，它包含两种含义：其一，如果该组织所实施的犯罪已经被用于认定第一类罪行，则在达到有关特征的最低认定标准之后，应将未被用于评价前述罪行的相关犯罪，归入第二类罪行予以评价。[1] 例如组织者、领导者在实施已达罪量要求的犯罪之外，还实施了未达罪量，尤其是通常并不处罚的性质一般的犯罪的未遂，如盗窃、诈骗数额较大的未遂，这时可考虑将这些因未达罪量而本来不处罚的"犯罪"（定性意义上）行为，评价为黑社会性质组织的行为特征。[2] 其二，如果依据已有的犯罪事实，已经足以认定该组织的各项特征，从而符合第一类罪行，但在案件审理过程中又发现遗漏的犯罪事实，则应当将这些遗漏的事实归入第二类罪行，并将两类罪行予以并罚。[3]

该观点的不足之处在于，未考虑到对第一类罪行评价的综合性。具体而言，对于该组织所实施的各项犯罪，应当整体地、综合地考量它们所造成的影响，而非根据该组织各项特征中关于实施犯罪数量的最低要求，人为地划定第一类罪行中应评价犯罪的范围，否则将造成评价的不充分。

一方面，即使按照前文所述的观点，在认定黑社会性质组织各个特征的过程中，如果该组织实施了四项或者更多的犯罪行为，也可能需要从中选择不同的犯罪事实用于认定，而且在选择的过程中，对于选择的优先性缺乏明确的判断依据。这就导致在认定该组织各个特征的过程中，对于犯罪事实的选择可能会出现混乱，进而难以确定那些应当归入第二类罪行的犯罪。

另一方面，在未将该组织所实施的各项犯罪均纳入第一类罪行的情况下，虽然对于组织性质的认定影响不大，但在认定第一类罪行中的组织成员刑事责任的过程中，容易出现评价不足的问题。因为那些未被列入评价

---

[1] 何佩芸，刘超：《黑社会性质组织犯罪的特征及司法认定——以贵州省20个案例为分析样本》，载《四川警察学院学报》2020年第3期，第55页。

[2] 陈洪兵：《组织、领导、参加黑社会性质组织罪的"口袋化"纠偏》，载《东岳论丛》2023年第4期，第182页。

[3] 于阳，陈培云：《涉黑犯罪"软暴力"法律适用问题研究》，载《天津法学》2020年第2期，第39页。

范围的犯罪，其所造成的结果或影响，对于该组织整体实力的提升具有促进作用，也需要由具体参与其中的组织成员承担责任。如果将它们排除在评价范围之外，不仅将低估该组织的整体实力、社会影响力，而且对于参与策划、实施犯罪的组织成员，也不能根据这些犯罪造成的影响、实施的数量，充分地评价组织成员在该组织中具备的地位、发挥的作用，进而导致组织成员在第一类罪行中的责任评价不够充分。

2. 定性、定量分别探讨的解决思路

本书认为，刑法第二百九十四条第四款的规定未违反"禁止重复评价原则"，而是彰显了全面、整体评价犯罪行为的理念。有学者指出，"禁止重复评价"并非当然禁止，只是一种附条件的禁止，[①]如果在对某一事实情节进行评价的过程中，分别以不同的对象、不同的角度为切入点，则不属于重复评价。[②]

在重复评价问题的消解过程中，有必要将定性问题与定量问题分别探讨。在组织、领导、参加黑社会性质组织罪中，涉及两个问题：第一，涉案的犯罪组织能否被认定为具备黑社会性质，此为定性问题；第二，在具备黑社会性质的情况下，对于其中的组织者、领导者以及其他组织成员，应如何根据他们在该组织中的地位、参与犯罪的数量、在犯罪中发挥的作用，按照组织、领导、参加黑社会性质组织罪中相应的刑罚幅度予以处罚，此为定量问题。此外需要注意的是，不应简单地将第一类罪行视为该组织开展具体犯罪活动的"预备阶段"。具体而言，第一类罪行、第二类罪行不仅在构成要件上存在区别，而且具有相对独立的社会危害性，不应从立法层面对它们之间的数罪并罚提出疑问。有学者指出，组织、领导黑社会性质组织已经被刑法设定为实行行为，对具体犯罪的组织、领导行为属于第二类罪行的范畴，因此刑法是在分别评价这两种组织、领导行为的基础上

---

① 周光权：《论禁止重复评价——以刑满后发现同种余罪的处理为切入点》，载《人民检察》2012 年第 9 期，第 5 页。

② 乔玥鸣：《试论黑社会性质组织犯罪中的重复评价问题》，载《西部学刊》2021 年第 6 期，第 52 页。

再数罪并罚。①

如果独立地考察第二类罪行，则由于其并不属于仅能由黑社会性质组织专门实施的犯罪，因此实质上仅属于普通的共同犯罪。但在将第一、二类罪行结合起来考察的情况下，第二类罪行还体现了涉黑性质，体现了更严重的刑事违法性。因此，第一类罪行具备独特的法益侵害性，两类罪行分别具备若干自然意义上的行为单数，在其中的多个行为单数未被刑法拟制为单个构成要件的情况下，应当按照"实质竞合"作为并罚处理。②

因为一旦行为人成立了黑社会性质组织，就表明其对合法社会秩序、公众生活安宁构成了抽象危险，其中"组织、领导"对于该组织的存续与发展具有全局性的意义。"参加"虽然在重要性上不及前者，但也具备不可或缺的作用，倘若只有"组织、领导"，则决策者制订的各项计划难以具体落实，而且由于缺乏级别较低成员的持续参与，黑社会性质组织也难以发展壮大。在此基础上，本书接着对第一类罪行中的定性、定量问题展开探讨。

首先应从黑社会性质组织的特征认定方式展开。在将某一犯罪集团定性为黑社会性质组织的论证过程中，虽然也涉及对该犯罪集团所实施的具体犯罪的考察，但主要涉及的是相关犯罪的有无问题，以及这些犯罪能否支持各个特征的成立。换言之，主要是将该犯罪集团所实施的具体犯罪作为判断素材，以其发生的数量、造成的影响以及后果等客观事实，用于分门别类地认定黑社会性质组织的各个特征，最终从整体上判断是否符合刑法有关黑社会性质组织的界定方式。从这个角度而言，行为特征是以抽象、概括的方式体现犯罪行为，而非具体地评价犯罪行为。

由于黑社会性质组织所实施具体犯罪所造成的影响、后果，也需要用于各参与者刑事责任的认定，因此需要探讨是否涉及重复评价的问题。

一方面，从黑社会性质组织的社会影响力的成因来看，其具有"多因一果"的特征。非法活动所造成的影响、后果，可以区分为违法、犯罪行

① 陈明华，王政勋：《组织、领导、参加黑社会性质组织罪研究》，载《中国刑事法杂志》2000年第4期，第47页。

② 聂立泽，刘林群：《黑社会性质组织犯罪数罪并罚不违反禁止重复评价原则》，载《南都学坛（人文社会科学学报）》2020年第2期，第80页。

为分别认定，并非仅由犯罪行为单独形成。除了这些非法活动之外，黑社会性质组织社会影响力的成因还有其他因素，例如组织内部的规章制度能够得到有效执行，从而使成员对该组织形成了较强的归属感，进而有意愿和能力实现组织者、领导者制订的计划；又如黑社会性质组织不仅通过一系列违法犯罪行为对诸多被害人形成了心理强制，还依赖国家工作人员的包庇，使被害人无法正常维权，从而对该组织更为畏惧。

另一方面，由于在对黑社会性质组织相关特征的认定过程中，是将该组织所实施的各项犯罪予以综合考察，而不是在逐一认定这些犯罪的后果的基础上，确定能否构成相关的特征，因此对于这些犯罪后果的认定具有宏观性，与根据具体的犯罪事实认定责任范围、程度，存在一定的区别。

例如在对行为特征的考察过程中，不仅要求黑社会性质组织实施了犯罪行为，而且犯罪行为以多次、多种为必要。但在达到前述要求之后，犯罪的具体参与人数、各参与者的身份以及责任能力，则对于行为特征成立与否不再产生关键性的影响，但在第二类罪行中，犯罪的具体参与人数、各参与者的身份以及责任能力，则对罪名、罪数、罪责的认定有重要的影响。

又如在对经济特征的考察过程中，不仅需要考察黑社会性质组织获取利益的途径，而且需要考察各项途径所获利益的具体数额，前者就涉及对于该组织所实施犯罪的分类问题。例如当黑社会性质组织实施了多起开设赌场行为时，首先需要厘清该组织从各项开设赌场的事实中所获的利益，其次需要将它们予以累加，作为该组织通过开设赌场这一手段所实现的获利总额。换言之，之所以需要分析该组织的各项获利途径，主要目的是据此判断，该组织所攫取的利益是否足以维持日常存续与发展，从而符合经济特征中的相关成立条件，而不是为了判断相关犯罪各参与者的刑事责任。

其次应从组织成员刑罚裁量的角度展开。在组织、领导、参加黑社会性质组织罪中，应当以各成员在该组织中的地位、担负的职责为依据，在量刑时作区分处理，因为刑法是按照组织成员的不同级别确定的刑罚幅度。但在确定行为人具体属于哪一级别的组织成员时，需要考察其在加入该组织之后，以该组织为依托所实施的犯罪，这就涉及了对第二类罪行是否存在重复评价的问题。对此，有必要通过分离相关事实的判断，以避免出现重复评价。有学者指出，"组织、领导"在第一类罪行与第二类罪行中具备不同的含义，作用与功能存在差异，前者着眼于宏观层面，表现为制定有助于该组织维系与发展的路线、宗旨等，后者着眼于微观层面，表现为在具体犯罪中的策划、指挥等行为，因此刑法中有关第一类罪行、第二类罪行数罪并罚的规定，是为了对不同类型的"组织、领导"行为实现全面评价。①

在司法认定过程中，有必要将行为人参与该组织建设、从该组织获得酬劳、参与犯罪具体数量的事实，与行为人在犯罪中所发挥作用的事实相分离，前者归入第一类罪行的判断过程中，后者则归于第二类罪行。

第一，可根据行为人加入黑社会性质组织的时间、与组织者、领导者之间关系的紧密程度、在该组织中担负的具体职责，判断其在该组织内部的威望与地位，进而按照刑法规定的成员类别，对行为人在该组织中所属的级别予以初步界定。随后可根据行为人在该组织中的获利情况、对该组织所涉犯罪的参与情况，验证前述结论是否准确，因为黑社会性质组织从成立以来，其实施犯罪的数量总是会经历由少到多的过程，在分配相关利益的优先程度方面，也是按照成员的级别予以确定，加入黑社会性质组织较早的成员，其参与的犯罪数量不断积累，往往能够在利益分配格局中占据优势地位，有更多的机会通过出资、参股等名义，从该组织中获得丰厚的报酬。

第二，从行为人在相关犯罪中所起的作用来看，因为我国并未规定专门的涉黑犯罪，黑社会性质组织所实施的各项犯罪，从本质上而言都属于普通的共同犯罪，归责原理也与之无异。例如行为人在该组织发展的不同时期，分别参与了多项不同的犯罪，即使它们所涉的罪名存在重合之处，也需要分别按照各项事实，对行为人的责任进行考察。因为在不同的犯罪事实中，即使它们都是按照该组织统一制定的模式实施的，影响行为人罪责的因素也不可能完全一致，各项犯罪的参与者也存在区别，组织成员在不同犯罪事实中发挥的作用也不尽一致。

---

① 张成东：《黑社会性质组织成员实施其他犯罪行为的罪数认定——基于〈刑法〉第294条第4款的分析》，载《警学研究》2021年第1期，第62页。

　　这种根据不同事实逐一认定行为人责任的做法，与第一类罪行存在明显的区别，因为第一类罪行侧重于统计犯罪的实施总量、整体上造成的影响，既不注重考察各参与者在个案中的表现，又不涉及对这些参与者责任的判断。总而言之，通过宏观、微观这两种不同的视角，对黑社会性质组织所实施的具体犯罪予以认定，并将与犯罪相关的考察因素分别拆分到第一类、第二类罪行中，就能够有效解决数罪并罚过程中的重复评价问题。

第四章
黑社会性质组织的危害性特征及其认定

一、危害性特征认定标准的变迁历程

由于黑社会性质组织以控制、危害社会为目的，因此危害性特征属于黑社会性质组织的本质特征，其充分彰显了黑社会性质组织对社会的严重对抗性，以及对社会秩序的破坏性，反映了黑社会性质组织所影响的区域或行业的规模及深度。[①] 刑法第二百九十四条所规定的危害性特征，着重提及了"在一定区域或者行业内"以及"形成非法控制或者重大影响"，反映了间接的、不特定的、抽象的侵害对象和后果。[②] 在黑社会性质组织四个特征的认定过程中，危害性特征处于最为关键的地位，它全面地反映了非法秩序的形成途径与存续状态，以及正常的社会管理秩序、行业管理秩序因此而遭受的不良影响。

在有关的司法解释中，危害性特征所包含的一些要素也发生了变迁，反映了不同时期司法实践对于黑社会性质组织的认定尺度，这主要体现在对刑法第二百九十四条所规定的"一定区域""一定行业"以及"形成非法控制或者重大影响，严重破坏经济、社会生活秩序"的理解上，可以从以下两点展开：

[①] 蔡智玉：《黑社会性质组织经济特征的法律意义及调查认定》，载《人民法院报》2021 年 08 月 26 日第 6 版。

[②] 刘振会：《吴学占等人组织、领导、参加黑社会性质组织案——如何整体把握黑社会性质组织的四个特征》，载最高人民法院刑事审判第一、二、三、四、五庭主编：《刑事审判参考》第 123 集，法律出版社 2020 年版，第 2 页。

（一）区域与行业的认定标准

"一定区域"与"一定行业"体现了黑社会性质组织非法控制和影响的范围，有关的司法解释将它们的认定标准不断具体化。

首先，《2009 年纪要》指出，"一定区域"的大小是相对的，不能将其理解为某一特定的空间范围，"一定行业"则与市场经济活动有关，黄、赌、毒等非法行业也可纳入其中，但不包括侵犯财产权益的违法犯罪活动。

其次，《2015 年纪要》在此基础上进一步指出，"一定区域"不仅要从空间范围的角度来衡量，还要结合其所承载的社会功能来理解，需要考察人口数量以及流量、当地经济规模等因素，对于处于社会基层的乡镇、街道、较大的村庄等，也能被认定为"一定区域"。"一定行业"的认定则与"一定区域"之间存在关联，是存在于后者之中的同类生产、经营活动。强调行业"同类性"的实质，便在于强调"一定行业"是经营者之间相互存在竞争关系的生产、经营活动。由此可见，《2015 年纪要》进一步揭示了"一定区域"与"一定行业"之间的关联性，通过借鉴"一定区域"所涉及的考察因素，为"一定行业"的认定提供了依据，例如根据个案中的从业人员的数量、涉案行业的总体规模，判断是否符合"一定行业"的认定标准。

最后，《2018 年意见》沿袭了前述两项司法解释的规定，维持了对"一定区域"与"一定行业"的解释方式。

（二）危害性特征表现形式的具体化

"形成非法控制或者重大影响，严重破坏经济、社会生活秩序"集中地反映了非法秩序的存续状态，有关的司法解释将其中的情形不断具体化。

首先，《2009 年纪要》规定了八种情形，例如对当地群众形成心理强制、对生产经营形成垄断、插手民间纠纷、干扰基层群众自治组织的工作秩序等。但为了体现黑社会性质组织破坏经济、社会生活秩序的严重程度，《2009 年纪要》所规定的后几种情形大多以"造成严重影响"为成立条件。《2009 年纪要》的制定者指出，过于具体的规定将丧失灵活性，难以反映"非法控制"的本意，因此这八种情形仅属于较为原则性的规定，对于"造成严重影响"，要结合违法犯罪活动的实施次数、危害程度、影响范围、群众安全感是否下降等因素考察。①

其次，《2015 年纪要》未对这八种情形予以扩充，但细化了相关的认定条件，并且使"形成非法控制或者重大影响"的司法认定尺度趋于限缩。《2015 年纪要》指出，这八种情形不是相互独立的关系，实践中往往相互交织，因此在认定危害性特征时，应当具备其中两种以上的情形。此外，《2015 年纪要》还根据八种情形的具体发生领域，对"造成严重影响"的认定标准予以补充和细化，增强了其在司法实践中的可操作性。在侵害他人人身安全的情况下，需要致人重伤或致多人轻伤，在非法敛财的情况下，需要在 20 至 50 万元的幅度内确定最低数额标准，在造成直接经济损失的情况下，直接经济损失除了财产损失、被害人被迫接受不公平交易导致的损失，还包括被害人面临停产、减产、破产以及由此承担违约责任而产生的损失，其数额需要达到 100 万元以上，《2018 年意见》沿袭了这些经过细化的规定。

从危害性特征与行为特征相衔接的角度而言，《2015 年纪要》所体现的认定危害性特征的限缩趋向是合理的。例如黑社会性质组织在实施敲诈勒索罪、聚众扰乱社会秩序罪之后，这些个罪所造成的危害后果能够独立地符合前述八种情形之一，由于认定行为特征以黑社会性质组织实施了多次、多种犯罪为必要，因此这些犯罪所引发的后果也将与前述八种情形中的多种情形产生关联，这意味着危害性特征在认定的过程中，也需要符合其中两种以上的情形。

二、危害性特征所包含的要素

刑法第二百九十四条规定的黑社会性质组织的危害性特征，是指"通过实施违法犯罪活动，或者利用国家工作人员的包庇或者纵容，称霸一方，在一定区域或者行业内，形成非法控制或者重大影响，严重破坏经济、社会生活秩序"。由此可见，危害性特征主要应当围绕"通过违法犯罪活动或

---

① 中华人民共和国最高人民法院刑三庭：《〈办理黑社会性质组织犯罪案件座谈会纪要〉的理解与适用》，载最高人民法院网，https：//www.court.gov.cn/shenpan/xiangqing/6612.html。

利用包庇、纵容""一定区域或者行业""非法控制或者重大影响"这三个要点来把握，具体可以概括为手段、范围与程度。

首先在手段上，黑社会性质组织以违法犯罪活动保障非法秩序的形成与巩固，其间可能还涉及公权力对黑社会性质组织的庇护、纵容；其次在范围上，黑社会性质组织在一定的地域或行业建立了非法秩序。这一非法秩序使国家无法完全实现对社会的管理、控制，也削弱了政府对基层的掌控能力。① 随着黑社会性质组织以自主制定的治理规则，取代了合法的社会秩序，当地民众对法律规范的认同程度也将随之下降，并不再信赖法律规范对于社会关系的调节效果，进而影响法规范的适用效力。② 通过构建非法秩序攫取利益，既是黑社会性质组织反社会性的集中体现，又是黑社会性质组织目的性的最终体现。换言之，其实施犯罪的目的是增强组织实力、树立非法权威，并在此基础上实现利益最大化。相较而言，一般的共同犯罪、恶势力犯罪集团都是围绕成员个人的利益而展开的，参与者在实施犯罪的过程中，对于所在犯罪团体的利益缺乏考量；最后在程度上，黑社会性质组织所营造的控制、影响应达到较为严重的程度。

（一）通过实施违法犯罪活动或利用"保护伞"

刑法第二百九十四条仅将"利用国家工作人员的包庇或者纵容"规定为选择性的要件，因此在黑社会性质组织逐步建立非法秩序的过程中，是否受到国家工作人员的包庇、纵容，即是否借助于"保护伞"保障该组织的稳定发展，不是认定该特征的必要条件。而"通过实施违法犯罪活动"已在行为特征中详述，故本章不再赘述。

1. 获得包庇、纵容的具体表现形式

从"包庇""纵容"这两项词语的含义而言，国家工作人员主要涉及三种行为表现：其一，掩护该组织的存续，防止其受到相关职能部门的查处，或是在自身行使职权的过程中，故意对该组织的非法活动从轻处理。黑社

---

① 戴锦澍：《黑社会性质组织非法控制特征的认定》，载《北京航空航天大学学报（社会科学版）》2023 年第 4 期，第 190 页。

② 周光权：《黑社会性质组织非法控制特征的认定——兼及黑社会性质组织与恶势力团伙的区分》，载《中国刑事法杂志》2018 年第 3 期，第 54 页。

会性质组织与地方官员、执法人员、司法工作人员等相互勾结、相互利用的政治伴生现象屡见不鲜，这是黑社会性质组织寻求公权力庇护的根本出发点，也是其得以开展各项活动的重要保障。[①] 其二，掩护该组织的非法活动，为参与其中的组织成员开脱法律责任。这是该组织实现对成员的充分保护、维持组织结构稳定性的必然要求。其三，为该组织树立非法秩序提供帮助，或任由该组织在当地发展壮大，而不正确履行法定职责。前者主要是指国家工作人员利用职权打击当地其他的经营者，例如不当地要求他们停止开展经营活动，或根据并不存在的事由对他们处以罚款。后者主要是指，在该组织排挤其他竞争对手、欺压当地民众的情况下，相关国家工作人员不依法保护被害人的权益。

从以上三个方面来看，黑社会性质组织所寻求的"保护伞"应当具有稳定性、长期性，且该组织会不断追求向更高级别的公权力机关渗透，从而进一步拓展自身安全发展的空间。而随着相关的国家工作人员与该组织的联系日益密切，二者甚至会出现相互影响、彼此同化的现象，逐渐成为利益共同体。[②] 如果黑社会性质组织向国家工作人员行贿与前述三个方面的内容无关，则在认定其是否受到包庇、纵容的过程中，应当持慎重的态度。例如在最高人民法院2016年再审的有关案例中，黑社会性质组织所投资的公司与他人发生商业纠纷，进而就此事提起民事诉讼。组织者、领导者孙某为争取对己方有利的审理结果，遂向该案审判人员行贿，使之作出了不公正的裁决。法院认为，由于该项事实仅使黑社会性质组织在经营合法业务的过程中，不当地获得了经济利益，未对黑社会性质组织控制前述民事案件所涉行业发挥促进作用，因此不应认定为受到了审判人员的包庇、纵容。[③]

原则上，国家工作人员包庇、纵容的行为与其职责之间应具备关联性。但国家工作人员能否以包庇、纵容不属于其职权范围为由，不承担包庇、纵容黑社会性质组织罪的刑事责任？有学者主张，对于包庇的行为，可不

---

① 张远煌主编：《犯罪学》，中国人民大学出版社2022年版，第112页。

② 李保洋：《审慎原则视角下关于公职人员涉黑涉恶犯罪若干问题的探讨》，载《警学研究》2020年第1期，第27页。

③ 最高人民法院（2016）最高法刑再2号刑事判决书。

与国家工作人员的职权产生关联，但纵容行为必须基于其本职工作或权限。① 理由在于，纵容行为表现为不作为的形式，在已经超出行为人的职权范围，且行为人未获得专门授权的情况下，由于公权力需要依法取得授权才能行使，因此行为人即使表现出了纵容的特征，也不需要予以刑事处罚。但本书对此持反对态度，在行为人以纵容的方式帮助黑社会性质组织时，既可能通过怠于履行本人的职责予以实现，又可能利用其职权或地位形成的便利条件，要求其他负有相关职责的人员对该组织"网开一面"。

此外，较为特殊的是公安机关工作人员。无论他们处于哪一类岗位，都具有防止、惩治犯罪，维护公民权益的义务。② 因此，当他们被黑社会性质组织收买时，不受到公安系统内部职责分工的限制。例如在有关的指导案例中，被告人吕某在某公安局的装备财务处工作，仅属于内勤人员，但在被黑社会性质组织拉拢之后，不仅利用管理装备过程中的便利，向黑社会性质组织的组织者、领导者刘某提供枪支配件，使后者得以修复手枪并继续使用，而且在刘某借助公安机关的立案侦查打击报复对手陈某的过程中，吕某多次受刘某之托，催促公安机关负责具体侦办的人员，使得该案的办理进度得以加快，后又在得知刘某涉嫌杀害陈某之后，对此隐瞒不报。此外，刘某在宴请吕某的过程中多次吸食毒品，吕某对此未予制止、揭发。法院认为吕某未履行法定职责，已构成包庇、纵容黑社会性质组织罪。③

2. 国家工作人员提供包庇、纵容的认定

在前文所述的包庇、纵容的三个方面的内容中，并不要求国家工作人员对黑社会性质组织的各个特征有明确的认识。人民法院案例库的入库案例"陈某阳、张某洲包庇黑社会性质组织案"裁判要旨指出，正是由于黑社会性质组织在认定上的严格性、形式上的多样化，使得实施包庇、纵容

---

① 李保洋：《审慎原则视角下关于公职人员涉黑涉恶犯罪若干问题的探讨》，载《警学研究》2020 年第 1 期，第 30 页。

② 参见 2012 年公布的《中华人民共和国人民警察法》第二条："人民警察的任务是维护国家安全，维护社会治安秩序，保护公民的人身安全、人身自由和合法财产，保护公共财产，预防、制止和惩治违法犯罪活动。"

③ 邓海兵：《刘学军、刘忠伟、吕斌包庇、纵容黑社会性质组织案——包庇、纵容黑社会性质组织犯罪案件中的相关具体应用法律问题》，载最高人民法院刑事审判第一、二、三、四、五庭主编：《刑事审判参考》第 107 集，法律出版社 2017 年版，第 117 页。

行为的行为人很难明确认识到其包庇、纵容的对象是黑社会性质组织及其活动，只要行为人知道或者应当知道包庇、纵容的是从事违法犯罪活动、具有一定规模的组织，至于该组织是否明确系黑社会性质组织，包庇时该组织是否已成型为黑社会性质组织，均不影响定罪量刑。①

但司法实践中对于前述"知道或者应当知道"内容的认定，存在一定的难度。一方面，黑社会性质组织出于自我保护的需要，往往不会将其非法活动的具体内容向充当"保护伞"的国家工作人员明确告知，国家工作人员直接参与这些非法活动的可能性也较小；另一方面，即使该组织因面临被查处的风险，而寻求"保护伞"的庇护，出于保护相关国家工作人员的考量，也不会在与之沟通的过程中留下明显的证据。

因此，当相关国家工作人员否认前述"知道或者应当知道"的内容时，需要从三个方面考察：

其一，黑社会性质组织向其输送利益的有关事实，因为利益的输送通常伴随着权力的寻租。黑社会性质组织大多通过形式上合法的途径，将其所获利益提供给国家工作人员，例如先利用所控制的公司开展合法的经营活动，再根据国家工作人员名义上所具备的股东身份，向其发放一定比例的经营收益。此时不仅要考察国家工作人员是否有实际的投资、投资之后是否擅自将资金撤出、所获收益与其投资额是否相称，而且要根据该公司其他股东的证言，考察所谓的"经营收益"是否属于用于行贿的财物。

其二，其是否主动实施了庇护黑社会性质组织发展、帮助组织成员逃脱刑事责任的行为。因为国家工作人员在运用职权、影响力帮助该组织的过程中，首先需要大致了解该组织非法活动的类别，从而确定能否仅通过自身的职权即可满足该组织的有关要求，如果不能，再转而寻求其他国家工作人员的帮助。其运用自身的职权始终具有优先性，因为可以实现对包庇、纵容行为的自主掌控，在知情者较少的情况下，还能减少被他人举报、被司法机关察觉的风险。总而言之，如果其在掌握了黑社会性质组织非法活动基本情况的基础上，主动实施了向组织成员提供有关情报、干扰有关部门正常履职的行为，则表明其知道或者应当知道该组织是从事违法犯罪

---

① 广东省高级人民法院（2006）粤高法刑一终字第 694 号刑事裁定书。

活动的组织，仍予以包庇、纵容。

　　需要注意的是，不能仅因为国家工作人员包庇、纵容的对象系黑社会性质组织中多人实施的共同犯罪，就当然地认定该国家工作人员构成包庇、纵容黑社会性质组织罪。应当从"主客观相一致"的原则出发，严格依据证据判断行为人主观上认知可能性。如果多名黑社会性质组织成员共同实施的犯罪，不能认定为该组织所犯罪行，则仅属于这些组织成员个人实施的"组织外犯罪"，在没有证据证实国家工作人员主观上认识到对方系从事违法犯罪活动的组织的情况下，该国家工作人员不构成包庇、纵容黑社会性质组织罪，如果徇私枉法，对明知是有罪的人而故意包庇不使他受追诉的，则构成徇私枉法罪。

　　例如在人民法院案例库的入库案例"邢某徇私枉法案"中，邢某原为新北派出所所长，薛某等四人是某黑社会性质组织的成员。邢某在明知薛某等四人砸被害人周某的保时捷车辆可能涉嫌犯罪的情况下，主动过问案件并暗示办案民警要谨慎处理，后直接插手该案办理。薛某对该案不予受案、立案，不依法调取证据，不对车损情况进行评估、鉴定，直接找被害人周某进行违法强制调解，迫使被害人周某违背意愿接受对方赔偿后结案，薛某等四人当时未被追究刑事责任。

　　法院认为，邢某虽然主观上明知薛某等四人实施了砸车行为，但是，保时捷车辆被砸案系薛某与周某感情纠纷引发的案件，且该案被生效裁判文书认定为薛某黑社会性质组织外的犯罪行为，并非有组织犯罪。从邢某的主观方面来看，公诉机关提供的现有证据并不能证实邢某在包庇、纵容薛某等人时，明知该组织系从事违法犯罪活动的组织。故公诉机关指控邢某犯包庇、纵容黑社会性质组织罪不能成立。邢某对明知有罪的人而故意包庇，不使其受追究，构成徇私枉法罪。①

　　其三，其在履职过程中经常接触的违法犯罪活动类型。如果国家工作人员在履职过程中能够大量接触到特定的违法犯罪活动，有充足的机会调查、了解黑社会性质组织是否涉及了这些违法犯罪活动，却故意对黑社会

---

① 天津市第三中级人民法院（2022）津 03 刑初 25 号刑事判决书。

性质组织予以纵容，则足以表明其主观心态。例如黑社会性质组织召集多名卖淫人员，集中安排她们在该组织开设的宾馆、洗浴中心、足疗会所提供服务，从而涉嫌组织卖淫罪。但负有查处这一违法犯罪行为之职责的民警却对此不闻不问，任由该组织通过该方式牟利。在司法实践中，可根据公安机关内部的职责划分、该民警的出警记录等证据，对涉案民警应履行的职责予以核实。

3. 包庇、纵容不是危害性特征必备要件的原因

人民法院案例库的入库案例"张某超等组织、领导、参加黑社会性质组织案"裁判要旨指出，"利用国家工作人员的包庇或纵容"并不是黑社会性质组织的必备特征，它只是黑社会性质组织犯罪实现非法控制的途径之一。对仅有非法保护而没有违法犯罪的组织，不能以"黑"定性。但反之，如果存在违法犯罪而没有非法保护的，只要具备其他特征，仍然可以认定为黑社会性质组织。①

一方面，即使在没有获得包庇、纵容的情况下，黑社会性质组织也能够通过其他手段保障组织发展过程中的安全，例如为组织成员安排合法的社会身份、增强犯罪手段的隐蔽性与非暴力性等。在司法实践中，来自于组织外部的庇护往往表现形式隐蔽、相关证据难以留存，导致对相关人员的追查难度较大，因此不宜将"包庇、纵容"作为认定黑社会性质组织的必备要件，否则容易不当地缩小打击面。

另一方面，国家工作人员的庇护只是黑社会性质组织发展的外部有利条件之一，而内部条件才对该组织的发展起到了决定性作用，例如该组织所拥有的经济实力等，只有在该组织能够不断攫取利益的情况下，才能持续性地向公职人员输送利益，进而获得长期的庇护。当黑社会性质组织拥有前述庇护时，其行为特征也会因此受到一定的影响，表现为对暴力手段的依赖程度有所下降。因为该组织已经不再需要通过频繁地使用暴力手段，与当地的其他犯罪集团争夺霸权地位，而是能够在公权力的庇护之下，对其他的犯罪集团予以打击、排挤，并以隐蔽性较强的手段实现该组织发展的预期目标。

---

① 广东省揭阳市中级人民法院（2009）揭中法刑一终字第 14 号刑事判决书。

（二）在一定区域或行业建立非法秩序

1. "一定区域"的认定

《2018 年意见》第十一条指出，黑社会性质组织非法控制和影响的"一定区域"大小具有相对性，不以达到特定的空间范围为限。黑社会性质组织所影响的地域范围、行业领域，都是相对性较强的概念，并不以达到特定的地域面积、行业数量为必要，实践中二者常常呈现出交叉关系。"地域范围"一般是以该组织长期活动的区域、组织成员的经常居住地为基础，以具体的街道、村镇、小区等当地民众集中居住的地点为依托，进而将非法秩序强加到作为个体的当地民众之上。

当黑社会性质组织在现实社会中构建非法秩序时，需要对"一定区域"的含义作出界定。虽然相关的司法解释并未明确地对物理意义上的地域范围作出具体界定，但仍以占据了一定的空间、能够实现某些类别的社会功能为必要，不应采取较为限缩的认定态度，例如在该组织仅控制了一家宾馆、一处娱乐会所的情况下，不应视为被非法秩序所影响的"一定区域"，至多仅属于该组织用于开展日常活动的场所。由于黑社会性质组织的目的并不是占据地域本身，而是对该地域中生活的民众、地域内形成的社会关系进行干涉，因此实践中可从这一地域内经常活动的人数、人流量、经济发展水平等因素，判断是否足以符合危害性特征中的有关条件。具体而言，"一定区域"应当包含三个方面的要素：

首先是系统性，这一区域应当包含了一定的社会成员，在相关职能部门、社会机构的管理之下，按照一定的秩序运作，呈现为经济、文化、制度等多个要素相互作用的动态系统，并具备一定的社会功能。[1] 黑社会性质组织往往是从对区域内某项社会功能的掌控入手，实现对产品、服务供应的垄断。例如通过掌控某综合市场中的肉制品供应，实现了对该市场的部分产品交易功能的控制，同时侵犯了市场内其他肉制品加工者、经营者的合法权益。

其次是开放性，这一区域不应持续性地处于封闭的状态，而是需要不

---

① 王学俭，张哲：《互通与契合：公民社会与社会生态空间关联研究》，载《西北师大学报（社会科学版）》2014 年第 5 期，第 85 页。

断地与外部社会产生联系，进行人员、信息等方面的交换。这也使得黑社会性质组织能够不断向社会各领域渗透，并将自身的犯罪亚文化扩散、影响至更广阔的社会范围，不断吸引认同该组织的文化、价值观的社会闲散人员加入。

最后是秩序性，这一区域原本能够按照合法的秩序良好运作。这一秩序主要体现为社会成员约定俗成的文化习惯、共同遵守的规章制度，有关的政府职能部门通过有效发挥管理、监督职责，能够确保这一秩序得以持续运作，并对区域内的社会成员发挥长期、稳固的约束与影响。但黑社会性质组织却瓦解、破坏了原有的秩序，按照自身的理念重新构建了新的秩序，以此体现出一定的反社会性。①

在界定了现实社会中"一定区域"含义的基础上，还需要关注司法实践中出现的新情况。随着互联网的日渐普及，一些黑社会性质组织通过互联网开展非法放贷活动，在发放款项之前就要求借款人提供手机通讯录、工作单位信息、涉及个人隐私的照片等，当其不按期履行还款义务时，该组织先以公布前述信息相要挟，进而将涉及借款人隐私的照片、短信等内容，向其手机通讯录中的好友、电子邮件中的常用联系人发送，这些信息中可能还包含该组织自行捏造的侮辱性内容。从物理空间上看，这些借款人不仅不在同一地域范围内居住，而且与黑社会性质组织的经常活动范围之间也相距甚远。

因此，在互联网技术日趋发达的背景下，不仅应从物理空间的角度认识本节中的地域范围，还应当考虑与某一社会群体相关联的生活秩序受到影响的程度。② 例如根据社会群体内相应人际关系的形成原因，人们既可能基于居住地点相近、活动范围在一定区域内重合等原因，进而产生地缘上的联系，又可能基于在同一单位工作、与他人从事同一类型的职业，从而产生业缘上的联系，还有可能基于血亲、姻亲关系，在宗族意识的引导下，与他人基于亲属关系而加深联系，前述人际关系都有可能因黑社会性质组

---

① 魏东，赵天琦：《黑社会性质组织第四项特征的刑法解释》，载《法治研究》2019 年第 5 期，第 49 页。

② 王怡：《网络"非接触式"黑社会性质组织罪危害性解析》，载《检察日报》2020 年 6 月 23 日第 3 版。

织通过网络实施的滋扰行为而受到损害，地缘群体、业缘群体、血缘群体的正常生活秩序都将因此受到干扰。

例如在有关的案例中，汤某甲领导的黑社会性质组织从 2017 年 9 月至 2018 年 7 月间，累计向全国 30 个省、自治区、直辖市的 10852 名被害人虚假放贷 8000 余万元，收款 15000 余万元，违法犯罪所得高达 7000 余万元，通过软暴力手段催收 10000 余笔贷款，抽样取证 259 名被害人中就有 140 余人被软暴力手段催收，230 余名被害人亲朋被滋扰。经查证的被害人中，3 人自杀身亡，3 人自杀未遂，3 人患抑郁症，14 人被迫退学或休学、辞职。被害人相对集中在四川、云南、陕西、重庆、湖北等地高校，对该区域内的高校生活、教学秩序稳定造成重大影响，已经符合黑社会性质组织的危害性特征。①

2. "一定行业"的认定

"一定行业"是指黑社会性质组织对于特定的行业类别形成了控制状态。被该组织影响的特定行业经营者，他们的经营地点不受到区域范围的严格限制，只要他们可能干扰该组织在当地对特定行业的控制权，都可能成为该组织的打击对象，例如某黑社会性质组织为实现对当地殡葬服务行业的控制，对位于不同街道的多名从业者进行打击，一并控制了这些区域的业务。相较于对一定地域范围的控制，黑社会性质组织对行业的控制是其得以发展的必要条件，而且该控制状态与该组织的经济特征有一定的联系，随着该组织的实力逐渐壮大，其操控更多行业的能力、意愿也会随之加强，客观上也需要通过将该组织的势力向更多行业渗透，以更多的经济来源维持该组织的运营。

从"一定行业"本身的性质而言，其不受到合法性的限制，只要与生产、流通等市场环节相关联，而且黑社会性质组织能够通过控制这些行业，稳定地获取收益，即可认为达到了该组织构建非法秩序的预期目的。对于开设赌场、组织卖淫等非法行业，虽然在经营过程中可能遭遇监管部门的查处，但一方面由于在这些行业内部缺乏统一的力量对相关资源予以整合、

---

① 陈龙，王昌举，罗国伟：《网络"套路贷"涉黑案件办案思路——以汤某甲等人组织、领导、参加黑社会性质组织案为例》，载《中国检察官》2023 年第 6 期，第 11 页。

规范，基本处于零散经营、无序发展的状态，因此更容易受到实力较强的黑社会性质组织的操控，甚至成为黑社会性质组织获取经济利益的主要来源；另一方面，虽然这些行业本身并不受到法律保护，但相关从业者的人身、财产权益却可能受到黑社会性质组织的不当侵害。例如该组织通过殴打不愿意退出经营的其他赌场经营者，实现对开设赌场的垄断，或是通过限制人身自由、强行索要财物的方式，对处于该组织控制之下，但没有能力按期缴纳保护费的卖淫人员施加侵害。前述人员的人身、财产权益，显然属于刑法的保护范围。

（三）非法控制、重大影响的严重程度

1. "非法控制"与"重大影响"的联系与区别

《2015年纪要》指出，"重大影响"是对与一定行业相关的准入、退出、经营、竞争等经济活动形成较大的干预和影响能力。《2009年纪要》的制定者在相关的理解与适用一文中指出，"非法控制"和"重大影响"均反映了黑社会性质组织对经济、社会生活的干预度和影响力，二者没有本质性的区别，只是在控制程度上存在差异。①

刑法所规定的"非法控制"与"重大影响"，前者出现在具备竞争性的区域、行业，后者则通常发生在社会生活领域，而且不以具备竞争性为前提，因此可以视为对前者的一种替代。二者在侵害相应对象权益的表现形式上虽各有侧重，但均属于该组织通过非法手段，主动地从客观、主观两方面对被害人施加支配力的具体体现，因此二者具有客观性、公开性，均能成为认定危害性特征的标准，并未形成互相排斥的关系。

例如《2009年纪要》与《2018年意见》均规定了一种情形，即合法利益受损的多名群众，不敢通过正当途径对黑社会性质组织予以举报、控告。一方面，这反映了黑社会性质组织对当地群众维权途径予以限制的状态，就其程度而言，属于"重大影响"，另一方面，如果黑社会性质组织对负责处理举报、控告的国家工作人员予以收买，导致一部分敢于提出举报、控告的群众也面临着投诉无门的困境，使得已经提出的举报、控告无法达到

---

① 中华人民共和国最高人民法院刑三庭：《〈办理黑社会性质组织犯罪案件座谈会纪要〉的理解与适用》，载最高人民法院网，https：//www.court.gov.cn/shenpan/xiangqing/6612.html。

预期的效果，则属于"非法控制"。① 总体而言，黑社会性质组织一般都具备"非法控制"的要素，这在司法认定过程中具有优先性，在不能认定这一要素的情况下，则需要转而考察是否形成了"重大影响"。因此"非法控制"居于主要地位，"重大影响"居于补充地位。

具体而言，"非法控制"的本质是支配，体现为对一定区域或行业具有安排、配置和管理的实际能力。② 黑社会性质组织在对势力范围进行有效划定的基础上，能够广泛地实现对所控制对象的排他性支配。该组织通过对试图建立非法秩序的其他黑社会性质组织、试图与该组织争夺市场的其他经营者予以打击，从而成为特定行业、领域非法秩序的唯一受益者，并对处于非法秩序之下的对象实现有效控制。例如黑社会性质组织通过成立公司开展放贷业务，拉拢当地的司法工作人员，在与处于竞争关系的其他小贷公司同时对被害人享有债权的情况下，通过不当途径取得优先受偿的地位，不仅使该组织所控制的公司得以充分实现债权，还使得前述具有竞争关系的小贷公司无法足额收回贷款，最终只得放弃与该组织所控制的公司竞争。此时，可从其他经营者受到损失的具体数额，以及是否因此引发其他经营者的抗议，进而造成群体性事件等角度，衡量非法控制的危害性。

而"重大影响"更侧重于利用黑社会性质组织在当地已经形成的非法权威，以及对特定行业的渗透程度，在与其他犯罪集团、处于竞争关系的其他经营者共存的情况下，间接地对特定行业施加影响，虽然未达到任意控制、支配的程度，但经营的规模较大，涉及的客户人数较多，在行业内的地位较高，足以对其他从业人员进行干预或施加影响，且持续时间较长，③ 产生了破坏性的重大影响。④

还有一个值得探讨的问题是，在行为特征已经规定了"为非作恶，欺

---

① 中华人民共和国最高人民法院刑三庭：《〈办理黑社会性质组织犯罪案件座谈会纪要〉的理解与适用》，载最高人民法院网，https://www.court.gov.cn/shenpan/xiangqing/6612.html。

② 陈兴良：《论黑社会性质组织的非法控制（危害性）特征》，载《当代法学》2020年第5期，第28页。

③ 曹吴清，司明灯：《张志超等组织、领导、参加黑社会性质组织案——如何理解和把握黑社会性质组织罪的非法控制特征》，载最高人民法院刑事审判第一、二、三、四、五庭主编：《刑事审判参考》第74集，法律出版社2010年版，第54页。

④ 陈兴良：《套路贷犯罪研究》，载《法制与社会发展》2021年第5期，第25页。

压、残害群众"的情况下，危害性特征中的"形成非法控制或者重大影响"是否涉及重复评价的问题？本书对此持否定态度，因为行为特征着重于从构成要件行为与结果的角度，以概括、提炼的方式评价黑社会性质组织所实施违法犯罪行为的性质。而危害性特征则是从违法犯罪行为所产生的宏观效果的角度进行认定，虽然在一定程度上与行为、结果存在关联，但也能脱离于行为和结果而独立存在，因此在对行为特征、危害性特征分别认定的过程中，并不违反刑法中的重复评价原则。①

2. 区分"非法控制"与"重大影响"的意义

通过区分"非法控制"与"重大影响"，对于司法实践中具体认定与非法秩序相关的危害，能够起到一定的引导与分流作用。如果黑社会性质组织经常活动的区域较为集中，且该区域的经济体量较小、相关行业的经营者数量较少，则其对相关行业的控制表现得较为明显，可适用"非法控制"的标准来判断。

反之，在前述区域的经济体量较大、经营者数量较多、相关交易较为活跃的情况下，难以认定该组织已达到控制相关行业的状态，因此需要判断该组织是否造成了"重大影响"，例如行业内其他经营者是否知晓组织者、领导者的存在，对其开展相关业务、实施非法手段的能力是否认同，以及行业内的其他公司是否主动攀附、依靠该组织，以确保自身能够稳定开展经营活动。② 此外，该组织在施加控制、影响的过程中，不要求实施非法活动的地点、干扰的行业较为集中。例如在黑社会性质组织利用信息网络实现危害性特征时，即使实施非法活动的地点、干扰的行业较为分散，但组织成员通过线上、线下相结合的违法犯罪活动，足以造成重大影响，对正常秩序形成严重侵害，则亦符合刑法所规定的控制、影响程度。③

3. "非法控制"与"重大影响"严重程度的判断

对于"非法控制"与"重大影响"的严重程度，不应仅从行为造成的

---

① 陈兴良：《论黑社会性质组织的非法控制（危害性）特征》，载《当代法学》2020 年第 5 期，第 31 页。

② 曹红虹：《"套路贷"犯罪中恶势力与黑社会性质组织的审查认定》，载《中国检察官》2020 年第 5 期，第 10 页。

③ 参见最高人民法院、最高人民检察院、公安部、司法部《关于办理利用信息网络实施黑恶势力犯罪刑事案件若干问题的意见》第 13 条。

实际后果、所引发的社会反响予以判断，还应综合考虑多方面的因素。具体而言，结合《2015 年纪要》与《2018 年意见》中的内容，可从以下角度来判断：

第一，黑社会性质组织对于暴力手段的依赖程度、侵害对象的数量以及引发的后果。如果该组织长期拥有管制刀具、枪械等犯罪工具，要求成员在执行组织者、领导者意志的过程中，应当随时携带这些犯罪工具，将其用于排除潜在的威胁、对被害人施加心理强制，则说明该组织对暴力手段的依赖程度较高，成员也更容易在实施违法犯罪行为的过程中，对于更广泛的对象造成人身伤害的后果。

第二，黑社会性质组织实施违法犯罪活动的公开程度，以及对社会秩序、群众安全感造成的负面影响。如果该组织频繁地在集市、餐馆、车站等公共场所及营业场所实施故意毁坏财物、故意伤害他人等行为，则由于所产生的危害后果较为直观、容易被当地民众广泛知晓，因此能够较为明显地提升该组织的影响力，使该组织构建的非法秩序得以更稳固地存续。

第三，黑社会性质组织所实施的违法犯罪活动是否具有持续性，以及因此造成的负面影响。在该组织为维持非法控制状态，从而持续性地实施相关行为的情况下，既有可能因行为本身而扰乱社会秩序，又有可能为保障这些行为的顺利实施，从而通过其他附随性的行为扰乱社会秩序。前者例如，该组织长期招纳患有传染病的人员加入，在向当地个体经营者索要保护费的过程中，以将疾病传染给被害人相威胁，迫使对方基于恐惧心理而作出妥协。后者例如该组织在控制当地采砂业务的过程中，为便于将开采的砂石随时运出，遂对采沙场附近的街道实施管制，安排组织成员在关键位置把守，只允许该组织控制的车辆出入，这将妨碍当地民众的正常出行。

第四，黑社会性质组织从其所控制的行业中获取的利益，以及该组织所经营业务的总体规模。在该组织对相关行业形成了垄断地位时，或是借助于该组织在名声、财产等方面的优势，使得所经营的业务在当地形成了较大规模时，不仅能通过该途径稳定地攫取利益，而且能使该组织在行业内的影响力得以提高，形成了一定的深度与广度。

第五，黑社会性质组织对于公权力的依赖、影响程度。该组织除了对非法秩序内部所控制的对象施加影响之外，还会从维护组织安全发展的角度出发，对处于非法秩序外部的公权力施加影响，例如通过行贿、聚众闹事等方式，影响相关公权力机关的决策及执法过程。

三、危害性特征认定中的关键性问题

在对危害性特征所包含的要素进行司法认定的过程中，关键在于对"形成非法控制或重大影响"的理解与适用，《2009 年纪要》《2015 年纪要》《2018 年意见》所规定的认定标准一脉相承、不断细化，这些司法解释一共列举了八种情形，其中有三种值得进一步探讨：

第一，在市场经济中的商业竞争频繁发生的背景下，黑社会性质组织对生产、经营活动形成垄断，或对经济活动形成重要影响，与经营者之间的常规业务竞争应如何界分？

第二，在黑社会性质组织依附于基层群众自治组织，安排成员在其中任职的情形下，前述三个司法解释虽然将其列为危害性特征的表现形式之一，但并未通过"造成严重影响""造成重大影响"等要件进行限定，司法实践中应如何把握这种情形的认定尺度？

第三，《2015 年纪要》在解释"多次干扰、破坏国家机关、行业管理部门、基层群众自治组织的工作秩序"这一情形时，将多次得到国家机关工作人员的纵容作为该情形的一种重要表现形式，而且黑社会性质组织在这一过程中所采取的手段也具有多样性，例如收买、要挟、威胁等。那么，国家机关工作人员对黑社会性质组织的纵容包括哪些具体情形？下文将围绕这些问题展开研究。

（一）谋求非法控制与业务竞争之间的界分

《2018 年意见》第十一条第二款指出，黑社会性质组织对特定行业的生产、经营活动形成垄断，或者对准入、经营、竞争等经济活动形成重要影响，可以认定为刑法第二百九十四条中的"形成非法控制或重大影响，严重破坏经济、社会生活秩序"的表现形式之一。前述规定与《2009 年纪要》《2015 年纪要》一脉相承，《2015 年纪要》指出，"形成重要影响"是指黑社会性质组织对经济活动呈现出较强的影响和干预能力，或者具有以下情节之一：第一，在行业内拥有的市场份额较大；第二，依托于该行业，以非法手段获取利益，数额巨大；第三，致使该行业内的经营单位、个体户遭受损失 100 万元以上。

前述规定为业务竞争情形下的"形成非法控制或重大影响"提供了明确的认定依据，但仍需要基于危害性特征所包含的要素，明确其与正当的业务竞争之间的界限。例如某公司与当地的另一公司发展规模相当、产品质量相近，两家公司均有意向特定的买家供应产品，在竞争过程中发生冲突，其中一家公司的负责人遂安排员工，针对另一公司的员工实施了一些违法犯罪行为，使另一公司退出了涉及这一产品供应业务的竞争。那么，在该公司被认定为与黑社会性质组织存在关联的情况下，应从哪些方面判断其是否符合危害性特征呢？本书第一章从"组织关系依托于经济实体时的认定"的角度，探讨了组织特征与经济实体内部正常管理之间的区别，但这是从黑社会性质组织内部角度进行的考察，而本章则基于危害性特征的认定，从外部角度进行考察，主要是根据涉黑经济实体是否对外实施了违法犯罪行为，以及是否对外构建了非法秩序。

首先，应考察该公司违法犯罪行为所涉及的对象，以及这些对象所采取的应对措施。一方面，如果违法犯罪行为仅涉及较为特定、单一的对象，例如某几家与该公司实力相当的对手，违法犯罪行为未对当地的其他从业者造成不良影响，且这些行为仅为争夺市场供应、扰乱对方经营而实施，则由于该公司的违法犯罪行为的危害对象具有特定性，尚不足以使其完全地对该行业形成控制，从行业整体情况来看，未对与之相关的市场准入、自主经营等事项造成不良影响，消费者的自主选择权未受到不当限制，因此该公司不是为了在该行业形成完全的垄断状态而实施这些行为。另一方面，如果该公司的竞争对手为了争夺市场，也对该公司实施了违法犯罪行为，使得该公司的正常生产、经营受到了不良影响，或是这些竞争对手在自身权益受到损害的情况下，向有关部门举报、控告，使得该公司因此受到了相应的处罚，具体实施违法犯罪行为的员工也因此被追责，则表明其他经营者的正常维权途径未遭受干扰、妨碍，甚至该公司本身也是遭受侵害的对象，尚未形成"称霸一方"的状态，因此不符合危害性特征。

其次，应考察该公司客观上所垄断业务的广泛程度。对此主要应当从三个角度考察：

第一，其他经营者、当地消费者受到影响的程度。例如当地的其他经营者因该公司形成的垄断而无法将产品售出，被迫退出当地市场，消费者则因该公司形成的垄断状态而丧失对相关产品的选择权，或是在选购其他经营者所销售的产品时，遭受该公司员工的殴打或威胁。反之，如果该公司所涉及的违法犯罪行为，仅基于保障某些特定的产品供应业务而实施，例如向该公司所在城市的某居民小区、某办公大楼提供产品，其他经营者在当地其他地区的产品、服务的正常供应未受到影响，消费者也能在对比价格、质量等因素的情况下，自主购买不同的产品，则由于该公司尚不足以对当地这类产品的供应形成完全的支配，总体上对经营秩序的影响程度较低。

第二，处于产业链上游、下游的公司受到影响的程度。如果该公司处于产业链中的上游，负责向处于下游的公司提供原材料，则在该公司形成了市场垄断的情况下，下游的公司由于在选购原材料时丧失了对产品类型和数量的选择权，无形中增加了生产成本，减少了可生产的产品数量，这些成本最终将转嫁给消费者承担。反之，如果该公司处于产业链中的下游，则将导致处于上游的公司在销售渠道减少的情况下，无法顺利地将生产的原材料向下游公司销售，这将限制原材料的生产及销售规模。

第三，相关的政府职能部门能否正常行使职权。该公司如果要完全控制商品、服务的供销渠道，或是以较大的市场份额对所处行业施加不当影响，则在打击其他经营者、提高该公司经营规模之余，还需要对相关的政府职能部门施加不当影响，导致其难以正常行使职权，进而使该公司顺利实现垄断。例如政府职能部门的工作人员在接受该公司利益输送的情况下，利用职权帮助该公司逃避查处，或是该公司擅自以帮助政府职能部门检查违法经营行为的名义，安排员工成立所谓的"市场稽查队""交通秩序管理队"，要求当地的经营者遵守该公司制定的规则，并且政府职能部门的负责人得知这一情况后，未作任何干预。

最后，应综合考察该公司的存续时间、整体实力、实施犯罪的次数等方面的情况，具体可从以下几个方面分析：

第一，该公司应当具备较长的存续时间，实施的犯罪次数较多，且具备多种类型。如果该公司成立时间较短，往往会面临着员工规模较小、发展程度较低的情况，此时，公司所实施的违法犯罪行为的类型、次数往往也较少，且发生的时间较为集中。例如在有关的指导案例中，被告人王云娜成立了某保温材料厂，为争夺市场份额，以非法手段打击竞争对手。该厂存续时间仅有十个月左右，在其中两个月的时间里，较为集中地实施了四项犯罪，而且只涉及故意伤害、寻衅滋事这两项罪名。法院认为，该单位相关人员实施犯罪的次数、频率较少，后果的严重程度较低，不足以长期、稳定地向相关行业施加控制或影响，尚不符合危害性特征。[①]

第二，考察该公司的经营活动与非法活动之间的关系。如果该公司只是为了提高产品的销量、增加经营过程中的收益，并通过非法手段实现这一目的，则其自从成立以来，就应当按照预先设定的经营范围从事相关的生产、销售活动，以稳定的营收模式实现公司的可持续运营。在这一过程中，虽然可能为了争夺市场而采取非法手段，但这些非法手段始终是依附于正常的经营活动而存在的，需要服从、服务于该公司在特定市场进行商业竞争的需求，因此仅属于一种偶然的、附随性的现象，不会成为该公司惯常、稳定的获取利益的形式。[②] 正如本书在第一章关于"组织关系依托于经济实体时的认定"的探讨中所提及的，如果黑社会性质组织借用公司的名义营造出形式上合法的假象，并以该名义实施相关非法活动时，这些非法活动的内容不会受到公司经营范围的限制，其效果也不限于对经济秩序造成破坏，还可能涉及一定区域内的社会管理秩序。从司法实践中的情况来看，这些公司表面上所从事的行业范围，与其设立之时得到核准的范围会存在一定的出入，公司的纳税申报数额也与其开展的经营活动难以对应。

第三，该公司应当具备一定的实力，从而能够以此为依托，向相关的行业施加非法影响。如果涉案公司并未通过排挤、打击当地其他经营者，从而实现对产品供应、销售等事项的完全支配，则不能被认定为具有垄断

[①]　石明辉：《王云娜等人故意伤害、寻衅滋事、非法拘禁、敲诈勒索案——如何根据"非法控制或重大影响"的内在要求准确认定黑社会性质组织的危害性特征》，载最高人民法院刑事审判第一、二、三、四、五庭主编：《刑事审判参考》第 107 集，法律出版社 2017 年版，第 79 页。

[②]　黎宏：《刑法学》，法律出版社 2012 年版，第 802 页。

地位，此时应着重认定其所造成的影响，以及在施加影响的过程中是否使用了非法手段，例如向当地的其他经营者以保护费、摊位管理费等名义索取费用，或是按比例从经营所得中抽取提成。

反之，如果通过合法手段形成行业内部影响力的，不应作为危害性特征的判断因素。例如运输行业的十余名经营者为发挥各自优势、提高竞争能力，以联合经营的方式，组成了一个规模较大的经济实体，专门从事长途货运业务。各经营者自愿提供一定的资金用于联营体的日常管理，并在经营过程中形成了明确的职责划分。该联营体相较于当地其他的同业经营者，更容易节约经营成本、提高运输效率，其在行业内也能形成较为显著的影响力。但由于该联营体是在自愿、合法的基础上组成的，而且是通过合法的经营活动、明确的职责分工形成竞争优势，因此不属于危害性特征中的"重大影响"。在具体案件中，可根据与当地相关行业发展状况相关的统计报告、相关行业协会公布的历年数据、该公司财务相关数据，认定涉案公司在该行业中的地位以及市场份额。

（二）依附于基层群众自治组织时的危害性特征认定

1. 黑社会性质组织向基层渗透的成因

《2018 年意见》第十一条第七款指出，黑社会性质组织利用自身的非法影响，协助组织成员或者他人在基层群众自治组织中担任一定职务，可以认定为刑法第二百九十四条中的"形成非法控制或重大影响，严重破坏经济、社会生活秩序"的表现形式之一。前述规定与《2009 年纪要》一脉相承，这里的"担任一定职务"，是指组织成员或者他人在基层群众自治组织中履行职务，并且负有组织、领导、监督、管理的职权。[1]

从前述现象的成因而言，主要是基层群众自治组织的管理力度减弱，从而给黑社会性质组织向其中渗透提供了空间，具体可以从两方面展开：

其一，部分地区对基层群众自治组织建设的重视力度不足。在优先发展经济的政策导向下，如果社会治安管理、行业规范化整顿、基层群众自治组织建设未能齐头并进，将在基层群众自治组织的管理过程中形成若干"真空地带"，给黑社会性质组织提供可乘之机，使其能够以非法控制取代

---

① 中华人民共和国最高人民法院刑三庭：《〈办理黑社会性质组织犯罪案件座谈会纪要〉的理解与适用》，载最高人民法院网，https：//www.court.gov.cn/shenpan/xiangqing/6612.html。

正常的社会治理。

例如黑社会性质组织的组织者、领导者在平时关心村民的生活状况，并定期给村民发放福利，从而树立自身的社会威望，进而在村委会选举过程中当选重要职位。随后，其又通过各种手段安排多名该组织中的骨干成员进入村委会，从而在一定程度上实现了对村委会的控制，虽然这些组织成员在任职的过程中，也正常履行了与职务相对应的各项职权，但主要目的是依靠履职过程中的便利，帮助黑社会性质组织谋取利益并树立非法秩序。例如组织成员利用基层群众自治组织的职务所具备的社会影响力，兼并、打击当地某行业的经营者，实现对该行业的控制。

其二，部分在基层群众自治组织中任职的干部，缺乏对黑社会性质组织非法活动的识别能力，未能准确认识到该组织所开展活动的非法性质，或是难以判断非法活动的实施主体。此外，还有的干部虽然认识到了前述非法活动，但未持重视的态度，不及时采取有力的措施进行管控，或是客观上受限于专业队伍建设程度不足、业务经费有限等因素，难以一劳永逸地杜绝黑社会性质组织所造成的危害。当黑社会性质组织将自身势力渗透到多个领域，甚至在政治领域拥有"保护伞"之后，其对抗查处的能力也大幅提高，使得相关职能部门在对其惩治时显得有心无力。例如该组织非法控制了当地的支柱产业，以停止将相关产品向外界供应相要挟，要求相关职能部门对该组织的非法活动不予查处、打击。

2. 组织成员任职于基层群众自治组织时的危害性认定

当组织者、领导者通过向选民行贿、逼迫其他候选人退出竞争等不正当手段，在村委会、居委会等基层群众自治组织中担任重要职务，随后继续安排该组织中的骨干成员向这些基层群众自治组织中的其他职位渗透，从而在一定程度上掌控了基层群众自治组织时，应从哪些方面认定危害性特征？对于这一问题，司法实践中存在一定的争议，主要的分歧在于黑社会性质组织能否通过基层群众自治组织，实现对"一定区域"或"一定行业"的非法控制。

有一部分判例持支持的观点，[1] 例如在河北省元氏县人民法院 2020 年

---

[1]　参见河北省元氏县人民法院（2020）冀 0132 刑初 24 号刑事判决书、福建省仙游县人民法院（2019）闽 0322 刑初 298 号刑事判决书。

审理的有关案例中，黑社会性质组织的组织者、领导者李某在某村党支部以及村委会选举过程中，通过指定候选人、伪造选民信息等方式，当选该村的党支书兼村委会主任，并在任期届满后以同样的手段再次当选。李某在任职期间，打击不听从黑社会性质组织命令的干部，并安排组织成员任某、殷某在村两委中任职，从而使该组织获取了村两委的主要权力，掌握了该村的财政收支。李某还大肆拉拢宗族势力以及其他社会闲散人员加入黑社会性质组织，并利用职权为该组织谋取经济利益。先是以运作"民管会"的名义，将部分村民的土地流转至李某控制之下的某农业公司，通过夸大公司占地面积等手段套取政府补贴；而后利用组织成员在村委中的职务及影响力，收购了该村所在县城的唯一一家供热公司，将经营过程中所获利益用于维持该组织的发展，并擅自降低供暖标准与期限，使得城区居民的日常生活受到了不良影响。此外，李某在村两委任职过程中也有正常履职的行为，通过翻修道路、整修灵堂、完善水源供应等事项，使该村的村容村貌产生了较大改观。

然而，并非所有依附于这些基层群众自治组织实施违法犯罪活动的情形，都能从实质上被认定为符合危害性特征。在有关的指导案例中，身为村委会主任的张某安排多名团伙成员加入村委，又带领这些成员实施了非法拘禁、组织卖淫等犯罪行为，还为了维护本村家具城的利益，故意干扰竞争对手的正常经营，主要表现为向竞争对手强行索要财物、煽动当地群众聚众闹事、阻拦竞争对手对经营场所的正常施工，张某将非法获得的财物交由团伙成员保管，并从中取出一部分发放给了参与聚众闹事的当地群众。与此同时，张某也以村集体的名义，在经过集体讨论的情况下履行了一些村委会主任的职责，例如安排治安联防人员收取过路费、成立锣鼓队并有偿在村内开展多次表演、向当地的一些工厂索要道路维修以及污染治理相关的费用。在开展前述业务的过程中，虽然涉及向他人收取相关费用、报酬的问题，但这些资金都入了村委的账，且除了收取过路费之外，其他事项都有合法依据。法院认为，张某等人涉嫌的非法拘禁、组织卖淫犯罪与村委之间缺乏关联，村委直接涉及的犯罪事实较少，在能够依法履行对本村管理职能的情况下，其犯罪行为不具有常态性、一贯性。另外从非法所得的去向来看，主要是入村委账户、归张某的犯罪团伙自行分配这两种途径，不足以体现张某等人树立非法秩序的意图。①

通过对比前述两种司法实践中的观点，首先需要明确的一个前提是，不能直接将涉案的基层群众自治组织认定为具有黑社会性质。理由如下：第一，黑社会性质组织的成员只是利用他们在村委会、居委会中掌控的职务，对该组织攫取经济利益、树立非法权威起到促进作用，而不是以开展非法活动为目的成立了这些基层群众自治组织。第二，即使组织者、领导者利用自己在基层群众自治组织中担任的职务，又大量安排其他组织成员加入，也不能完全实现对基层群众自治组织的控制。候选人不仅需要通过法定的条件、程序才能在基层群众自治组织中担任职务，而且在选举、换届等机制的影响下，组织成员难以持续性地对基层群众自治组织发挥影响。此外，基层群众自治组织的等级架构、权力运行方式也需要遵守相关的法律规定，行为人难以对基层群众自治组织中各环节、各领域的工作人员完全地发挥影响，这就决定了其所开展的非法活动，总是在一定程度上呈现出与基层群众自治组织相分离的趋向。第三，基层群众自治组织对当地负有一定的基层管理职责，行为人即使想借助于其所担任职务的影响力，使黑社会性质组织更为便利地开展非法活动，也需要考虑到对于职务的安全性、稳定性的维护。如果其在任职期间完全不履行法定职责，不仅会引起当地民众的不满，从而使行为人难以持续性地通过竞选实现连任，而且会增大相关违法犯罪行为被司法机关查处的风险。

其次，应当根据黑社会性质组织所实施犯罪的具体类别，认定其与基层群众自治组织职能之间的关联性。一方面，组织者、领导者往往会利用其在基层群众自治组织中的职权，以管理集体财产、维护村民利益的名义，擅自将集体土地低价转让给组织成员承包。此外，组织者、领导者还可能利用与其职权相对应的组织、号召能力，在需要向被害人施压的情况下，以编造谣言、金钱利诱等方式煽动不明真相的当地民众参与，从而形成人数上的优势。另一方面，由于组织者、领导者在基层群众自治组织中担任

---

① 薛美琴：《张更生等故意杀人、敲诈勒索、组织卖淫案——如何区分黑社会性质组织和有违法犯罪行为的单位》，载最高人民法院刑事审判第一、二、三、四、五庭主编：《刑事审判参考》第 74 集，法律出版社 2010 年版，第 107 页。

的职务具有一定的社会地位，因此其能够借此向政治领域渗透，利用工作关系结交、拉拢相关职能部门的工作人员，请求他们包庇、纵容该组织的非法活动。此外，在打压、兼并该组织所从事行业的其他经营者的过程中，组织者、领导者常以该合法身份向对方施压。

反之，如果行为人主要是通过与基层群众自治组织的法定职能无关的违法犯罪行为树立非法秩序，则表明二者之间的联系较弱。例如组织者、领导者为了拓宽该组织的获利渠道，自主制定了与特定行业相关的管理制度、处罚规定，安排组织成员以敲诈勒索的手段，向从事生产作业、交通运输的人员索取财物。在该情况下，能够顺利取得财物的关键在于黑社会性质组织本身的影响力大小，而非组织者、领导者在基层群众自治组织中担任的职务，因为这一事项已经超出了基层群众自治组织的管理职责。当被害人明知基层群众自治组织不享有处罚权限的情况下，如果组织成员以基层群众自治组织的名义实施处罚，则不仅难以使被害人相信处罚名义的正当性，也容易引发被害人的抵触情绪，即使组织者、领导者在基层群众自治组织中具有较高的地位，也难以对被害人形成足够的威慑。

最后，应从非法活动的影响范围来判断是否符合危害性特征。一方面，这些非法活动需要体现影响对象的广泛性，至少应当使基层群众自治组织辖区内的民众因畏于黑社会性质组织的权势，而不敢行使权利，或是使该组织实现了对当地重要产业的控制；另一方面，应考察非法活动对当地民众利益的影响。第一种情况是组织成员直接欺压当地民众，意图对当地民众起到普遍的威慑效果。但这种方式容易使黑社会性质组织受到当地民众的广泛抵制，也难以借助乡邻关系不断壮大组织规模，因此较少被使用；第二种是黑社会性质组织通过非法手段获取利益之后，又将其中的一部分以该组织的名义发放给当地民众，从而使一部分民众认可该组织的存在，甚至协助该组织干扰其他经营者的正常经营。这破坏了当地正常的社会管理状态，使民众只能通过依附于黑社会性质组织来获得保障基本生活的财物，无法通过合法途径真正地改善生活条件，而且该发放财物的行为具有不可持续性，发放财物的数额也具有不确定性，对当地民众的合法权益仍形成了一种隐性的侵害。

（三） 得到国家机关工作人员纵容的表现形式

《2015 年纪要》在解释"多次干扰、破坏国家机关、行业管理部门、基层群众自治组织的工作秩序"这一情形时，将"多次得到国家机关工作人员的纵容"作为该情形的一种重要表现形式，而且黑社会性质组织在这一过程中所采取的手段也具有多样性，既包括提供物质利益实施拉拢、收买行为，又包括对国家机关工作人员施加威胁。《2000 年解释》则将"纵容"解释为国家机关工作人员未依法行使职责，对黑社会性质组织实施的非法活动予以放纵。根据人民法院案例库的入库案例"黄某华等组织、参加黑社会性质组织，陈某阳、张某洲包庇黑社会性质组织案"的裁判要旨，包庇行为只能出自直接故意，而纵容行为则既可以是直接故意，也可以是间接故意，即采取一种听之任之的态度，只要行为人知道或者应当知道是从事违法犯罪活动的组织，仍予以包庇、纵容，即可认定为包庇、纵容黑社会性质组织罪，不要求行为人明知该组织系黑社会性质组织。① 在此基础上，实践中还有必要结合国家机关工作人员对黑社会性质组织纵容的具体情形进行分析。

在国家机关工作人员未依法履行职责，且主观上明知纵容了从事违法犯罪活动的组织的情况下，能够使黑社会性质组织更为顺利地建立非法秩序。有关的指导案例指出，在认定国家机关工作人员是否明知时，不仅要考察行为人对纵容对象的形态、规模、成员、行为内容的了解情况，而且要考察其与组织成员交往的密切程度。② "纵容"一般表现为消极的不作为，但也可以通过作为的形式体现，既可能发生在黑社会性质组织实施非法活动、不断挑战正常社会秩序的过程中，又可能发生在黑社会性质组织使用非法手段扰乱行业秩序、逐渐形成垄断的过程中。从纵容的一般表现形式而言，黑社会性质组织能够通过向国家机关工作人员输送利益，从而获取他们的庇护、纵容，或是利用该组织所控制的企业在当地所具备的重要经

---

① 广东省高级人民法院（2006）粤高法刑一终字第 694 号刑事裁定书。

② 茹鹏，黄兰蔚：《张礼琦包庇、纵容黑社会性质组织案——如何准确把握包庇、纵容黑社会性质组织罪的主客观方面、罪数处断及追诉时效》，载最高人民法院刑事审判第一、二、三、四、五庭主编：《刑事审判参考》第 123 集，法律出版社 2020 年版，第 53 页。

济地位，使当地政府在重视该企业的发展状况的情况下，对该组织依托于企业所实施的相关非法活动，持一定程度的纵容态度。除了上述两种形式之外，黑社会性质组织还可能以其他的手段获取国家机关工作人员的纵容，应从黑社会性质组织实施的有关犯罪行为入手，判断是否取得了国家机关工作人员在查处犯罪、解决纠纷、监督生产、维护社会秩序过程中的纵容，具体表现为以下四种形式：

第一种是利用黑社会性质组织的社会影响力与发展规模，使用该组织所拥有的财产，擅自以"教育基金会""慈善基金会""弱势群体协会"等名义设立相关机构，以此对组织的非法活动予以掩饰，并以这些机构的名义向有关部门施压，从而起到保护组织成员、维护组织经济利益等方面的作用。例如在广东省和平县人民法院 2015 年审理的有关案例中，组织者、领导者叶某利用某村"教育基金会"的名义，对黑社会性质组织的违法犯罪活动予以掩饰，自行制作了与基金会有关的印章、牌匾等，并以该基金会需要处理日常事务为由，占据了村委会的部分办公室。在他人已经承建了涉及该村的道路维修项目的情况下，叶某以"教育基金会"的名义向镇政府施压，要求只能由"教育基金会"负责承建。原承建人迫于压力退出了该项目，该黑社会性质组织又与镇政府重新签订了道路维修合同，并在合同中虚增施工所需价款，获利六万余元。①

第二种是在收买司法工作人员之后，让他们利用司法权力，为"套路贷"相关犯罪实施过程中的索债行为提供帮助。例如黑社会性质组织在催讨债务的过程中，能够在司法工作人员的帮助下迅速立案，并且借助诉讼保全的方式查封被害人的不动产。对于黑社会性质组织提供的担保物，被收买的司法工作人员不按照正常流程予以查封，使得该组织仅使用少量担保物多次申请保全。而且在庭审过程中，司法工作人员也对被害人提出的辩解与异议置之不理。被害人不仅面临着败诉的心理预期，而且遭受着来自于该组织的心理威慑，为避免不动产被法院拍卖，被害人只能同意调解，

---

① 广东省和平县人民法院（2015）河和法刑初字第 55 号刑事判决书。

被迫接受该组织提出的勒索财物的要求。① 从行为性质而言，"纵容"主要表现为放纵黑社会性质组织的非法活动，即使国家机关工作人员在此基础上进一步实施帮助行为，也不影响"纵容"的认定。在前述例子中，黑社会性质组织利用司法途径非法获取被害人的财物，被收买的司法工作人员不但不予以阻止或揭发，反而利用职权积极帮助黑社会性质组织，如果因此导致公共财产、国家和人民利益遭受重大损失，则该司法工作人员既构成纵容黑社会性质组织罪，又构成滥用职权罪，应从一重罪处断，按照纵容黑社会性质组织罪定罪处罚。

第三种是安排组织成员对秉公执法的国家机关工作人员予以打击报复，从而使他们不敢或不愿查处黑社会性质组织的违法犯罪行为。例如在平凉市中级人民法院 2019 年审理的有关案例中，穆某、张某在领导黑社会性质组织发展的过程中，带领成员实施了两起妨碍公务的犯罪行为。第一起是该组织为骗取征地补偿款，在拟拆迁的土地上抢修、抢建违章建筑，受到城市管理部门、国土资源管理部门的联合执法人员董某等人阻止。穆某不仅不停止抢修、抢建，反而召集了更多的组织成员到场。这些组织成员驾车堵住了执法车辆，还放出狼狗对执法人员进行恐吓。穆某随后声称执法人员无权管理此事，要求他们向领导汇报，最终使得执法人员因心生恐惧，未对该组织的抢修、抢建事实予以查处。第二起是该组织为虚增前述违章建筑的面积，在国土资源管理部门工作人员郭某等人测量土地面积的过程中，故意采取踩踏、折叠等手段破坏量尺，意图以此增大测量面积，进而提高补偿款的数额。郭某坚持照常进行测量工作，却遭到该组织以跟踪滋扰、故意伤害等方式报复，只能被迫撤离现场，并最终按照该组织的要求虚增了测量面积，使该组织成功骗取了补偿款。②

第四种是黑社会性质组织通过已掌握的对国家机关工作人员不利的信息，实施威胁或要挟，要求国家机关工作人员纵容该组织的违法犯罪活动，否则该组织就将前述信息公之于众。由于担心该组织公开披露前述信息，

① 胡森，崔倩如：《为涉黑套路贷公司提供保护伞的行为认定》，载《中国检察官》2021 年第 8 期，第 61 页。

② 甘肃省平凉市中级人民法院（2019）甘 08 刑终 56 号刑事裁定书。

相关的国家机关工作人员出于保障自身利益的考量，只能对该组织所实施的违法犯罪活动予以纵容。但在该情形下，黑社会性质组织仍然需要以具备较大的社会影响力为基础，这一方面能够拓展获取前述信息的渠道，另一方面能够使相关的国家机关工作人员不敢轻易地举报该组织，或动用职权对该组织予以打击。

四、黑社会性质组织四项特征之间的关系

黑社会性质组织的四项特征是相互联系的部分，它们能够集合成为整体，使作为整体的黑社会性质组织发挥"整体大于部分之和"的效果。司法实践中，应注重分析这四项特征之间的关系，以整体性的视角对它们予以审视。因此，首先需要在理论上厘清它们之间的联系，相关的问题可概括为三点：第一，相同的术语在不同的特征中，其含义、范围是否存在区别？第二，在黑社会性质组织的发展过程中，四个特征是按照怎样的逻辑顺序前后关联起来的？第三，哪项特征是黑社会性质组织最为显著的标志？下文将围绕这几个问题依次展开。

（一）相关术语在各特征中的不同内涵

1. "组织"的含义

在组织、经济、行为这三项特征中，虽然它们所包含的内容都体现了"有组织性"，但"组织"在前述三者中的表现形式有所区别，可分别概括为"对内"与"对外"。① 一方面，在组织特征中，"组织"是指组织内部结构体现了明显的等级关系，并通过组织内部共同遵守的规约，长期地保障已经形成的等级秩序，因此"组织"的对象是各级组织成员；另一方面，在经济、行为这两方面的特征中，"组织"更侧重于表现黑社会性质组织在实施违法犯罪行为、攫取经济利益过程中，所体现的组织成员之间高效配合、分工有序的状态，使该组织能够作为一个有机的整体，在树立非法秩

---

① 陈兴良：《论黑社会性质组织的组织特征》，载《中国刑事法杂志》2020 年第 2 期，第 24页。

序的过程中彰显反社会性，因此"组织"的对象是违法犯罪行为。①

2. "违法犯罪活动" 的含义

在经济特征、行为特征、危害性特征中，均涉及对"违法犯罪活动"的认定，前文中也各有提及，本节将对此作进一步的归纳。

第一，在经济特征中，虽然各类获利手段在刑法第二百九十四条中呈现出选择性的关系，但相较于合法手段而言，违法犯罪手段更加发挥着不可或缺的作用，而且不以采取了暴力、威胁手段为必要条件，即使黑社会性质组织通过比较缓和的非法手段攫取利益，也能够符合经济特征，例如开设赌场、组织卖淫等。值得注意的是，即使该组织只通过违法行为攫取利益，未实施犯罪行为且未触犯相应的罪名，也能够成立经济特征，这与行为特征、危害性特征并不冲突。因为该组织在攫取经济利益之外，还可能出于争夺地区霸权、为利益受损的组织成员维权等原因，通过犯罪行为实现前述目的，进而能够符合前述两个特征。

第二，在行为特征中，虽然黑社会性质组织开展违法犯罪活动所采取的手段纷繁复杂，但暴力、威胁始终是最为常见且具有必要性的手段，暴力手段能够充分地保障其他手段的有效性，而且在对违法犯罪行为次数的界定过程中，应以实施多次、多种犯罪为必要。

第三，在危害性特征中，也以实施了犯罪行为作为必要条件。换言之，"违法"与"犯罪"在该特征中并不呈现择一的关系，虽然黑社会性质组织可能通过多样化的手段建立非法秩序，但犯罪行为在其中发挥着不可或缺的作用，"违法"则仅发挥着次要作用，其含义更侧重于犯罪过程中违背了相关法律规定。

3. "其他手段" 的含义

虽然经济特征、行为特征都涉及"其他手段"这一兜底性的规定，但二者的侧重点各有不同，分别侧重于合法、非法两个方面。具体而言，前述兜底性规定的解释，需要与黑社会性质组织通过"其他手段"所要达到的目的相联系。

因此，在经济特征中，主要关注的是黑社会性质组织通过哪些渠道增

---

① 何秉松：《中国有组织犯罪研究》，群众出版社 2009 年版，第 236 页。

强自身的经济实力，在已经明文列举了"违法犯罪活动"的情况下，其他手段主要表现为合法的形式，例如该组织通过公司的经营活动、矿产资源的开采及销售活动获取利益，或是接受来自组织外部人员以"投资""赞助"等名义提供的款项。当然，虽然这些获利途径在形式上合法，但该组织往往采取了非法的手段取得行业准入资格、打压其他经营者，或是使购买者违背真实意愿，按照该组织提出的价格、质量等条件进行交易。

而在行为特征中，"其他手段"则必然反映了法律的否定性评价，因为其始终是与黑社会性质组织所开展的违法犯罪活动相关联的，即使所采取的手段不断翻新、日趋隐蔽，也不能否定其非法的性质。例如多名组织成员采取在远处缓慢地尾随被害人的方式，持续性地向其施加心理压力，但并未直接使其人身或财产权益遭受损害，只有在被害人试图反抗时才转而对其施加暴力侵害。虽然前述尾随行为并未直接构成犯罪，但这一扰乱他人生活安宁的做法是不被法秩序所认可的。

（二）各特征之间的有机统一联系

黑社会性质组织的四个特征既需要依托于特定的因素进行认定，又形成了有机统一的关系，共同反映了黑社会性质组织的总体特征。在认定各特征之间相互关系的过程中，有必要遵循从行为到结果、从形式到实质的判断思路，这既符合行为的实施过程，又符合黑社会性质组织的发展规律。① 组织、经济、行为这三个特征，均为危害性特征的实现提供了支持，分别反映为人员基础、物质保障、行为表现这三个方面。从这个意义上而言，组织、经济、行为这三个特征与危害性特征之间，形成了由表及里、前因后果的关系，而危害性特征具有综合性，从最低效果的角度限定了前三个特征的质与量。②

在理解四个特征相互关系的过程中，首先需要以经济特征、组织这两个特征为起点，分析它们对行为特征的影响。就这两个特征而言，前者处

---

① 李学良：《黑社会性质组织认定中阶层逻辑的适用——兼论"恶势力"与"软暴力"》，载《中国刑警学院学报》2021 年第 2 期，第 42 页。

② 蔡智玉：《黑社会性质组织经济特征的法律意义及调查认定》，载《人民法院报》2021 年08 月 26 日第 6 版。

于最为基础的地位，是黑社会性质组织得以维持自身存续、不断开展各项活动的重要前提。① 但由于该组织所拥有的经济实力并非一成不变，因此不能仅以孤立的、静态的视角认识这一特征。当该组织拥有了一定规模的启动资金，进而能够维持成员的稳定，并自主地开展各项非法活动之后，总是趋向于通过各类途径提升自身所拥有的财产总额，并使成员在该组织的财产分配过程中获利，因此，经济特征不仅是该组织发展的根本依托，而且还是该组织发展的一项基本目标。此外，组织特征也为各项非法活动的开展提供了重要的支撑，通过组织结构体系的日趋完善、成员规模的不断扩充，黑社会性质组织能够将自身蕴含的实力更高效地向外界予以转化，从而对更为广泛的社会领域发挥影响。从组织特征对行为特征的影响方式来看，黑社会性质组织首先需要"独树一帜"，制定能够被全体成员所认可的、足以反映出组织特征的内部规章，在其中确立该组织运作的宗旨与目标，明确地表达反对现有社会秩序的态度，再以此为指导开展各项非法活动。其次，该组织内部建设的完善程度，不仅会对组织成员的管理、犯罪工具的调度产生影响，而且对于组织者、领导者意志的执行效率也有一定的影响。在该组织内部赏罚分明、管理严格的情况下，成员不敢任意地脱离该组织，在执行该组织指令的过程中也将更为积极。

其次，在经济特征、组织特征的影响之下，黑社会性质组织能够通过行为特征实现一系列非法目的，并最终建立起一种有利于该组织的非法秩序，以此体现危害性特征，这是该组织发展的终极目标。② 从这个意义上而言，行为特征与经济特征之间表现为一种目的关系。③ 行为特征可以理解为，该组织通过充分调动自身所拥有的资源，以一种持续性的、易于被受影响的对象所感知的方式，将该组织在成员数量、财产数额、执行效率等方面所具备的优势，借助于一系列非法活动予以"变现"。但在这一过程

---

① 陈兴良：《论黑社会性质组织的经济特征》，载《法学评论》2020 年第 4 期，第 2 页。

② 苏敏：《王平等组织、领导、参加黑社会性质组织案——如何认定黑社会性质组织罪的经济特征》，载最高人民法院刑事审判第一、二、三、四、五庭主编：《刑事审判参考》第 74 集，法律出版社 2010 年版，第 83 页。

③ 陶旭蕾：《黑社会性质组织行为特征之法教义学分析》，载《中国刑警学院学报》2021 年第 4 期，第 54 页。

中，危害性特征对行为特征发挥着一定的制约作用，因为黑社会性质组织并不是在任意实施多项非法活动的情况下，就能完全符合危害性特征中的相关内容。从这些非法活动的实施宗旨来看，它们需要紧密围绕该组织扩大影响力、树立权威地位的客观需求而进行，而不能完全基于日常琐事、偶发矛盾而产生，否则由于受到侵害的对象有限、所造成的社会影响较小，难以使该组织树立权威地位，或实现对特定行业的完全掌控。换言之，各项非法活动应当从整体上体现出规划的周密性、长期性，能够服务于与该组织发展有关的总体性目标。

例如黑社会性质组织先通过与他人合作经营采砂公司，掌握了与开采砂石有关的技术，再通过与合作对象"协商"的方式，迫使他们接受该组织提出的条件，退出对该公司的管理活动。该组织在实现了对前述采砂公司的完全控制之后，又通过殴打其他采砂从业者、故意毁坏他人的生产工具等方式，实现对当地采砂业务的垄断。最后，该组织联络当地有使用砂石需求的工厂，威胁他们只能从该组织控制的公司处购买砂石，且必须按照该组织开出的高额价格购买。通过前述一系列非法手段，该组织最终在当地的砂石开采、销售领域，形成了由其自身所独享的利益格局。而从该组织所实施的一系列非法手段之间的关联性来看，它们环环相扣、联系紧密，在先实施的非法活动帮助该组织树立了自身的社会地位，从而使得在后的非法活动能够顺利开展，该组织的社会威望也得以逐步提升。经过一段时间的积累之后，该组织便可通过暴力特征更弱、预期风险更小的手段实现非法目的。

最后，行为特征是实现危害性特征的必由之路，危害性特征为黑社会性质组织稳定地攫取经济利益创造了条件，而经济利益的分配又受到组织特征的制约。在人民法院案例库的入库案例"黄耀某等29人参加黑社会性质组织案"中，法院指出：在黑社会性质组织应具备的四个特征中，直接对被害人权益造成侵害的行为，往往体现在行为特征和非法控制特征当中，这两个特征也恰恰是黑社会性质组织早期形成的标志。①

从黑社会性质组织的发展过程而言，称霸一方、建立非法秩序虽然是

---

① 广东省高级人民法院（2020）粤刑终1355号刑事附带民事裁定书。

其发展过程中的重要目标，但构建非法秩序在本质上是为了更方便地攫取经济利益。当该组织能够任意地影响处于非法秩序之下的个体时，其攫取经济利益所面临的阻碍也将不复存在。组织成员由于在这一非法秩序之下，能够相对安全、稳定地获得利益，因此也愿意通过开展更多的非法活动，积极地巩固、强化这一非法秩序。从前述过程来看，行为特征并不因该组织建立了非法秩序而逐渐陷入停滞，使该组织在现有的秩序中"坐享其成"，反之，为了应对外界对于非法秩序的挑战，以及进一步开拓该组织的获利渠道，行为特征需要贯穿于该组织发展的整个过程，以使该组织能够不断地向外界展示自身的实力，从而让非法秩序的挑战者、反对者均望而却步。

·因此，行为、危害性、经济这三个方面的特征，在逻辑顺序上存在着递进的关系，且行为特征在黑社会性质组织的发展过程中具有连贯性。从前述递进关系中的最后一个环节来看，该组织对于所获财物的分配，将会受到组织日常运营、成员等级这两个方面的制约。一方面，利益分配的数额需要与组织成员的级别、职务相联系，从而既体现出按照各成员贡献的大小分配利益的原则，进而充分调动他们参与组织事务的积极性，又体现出骨干成员与一般成员之间的等级差异，使该组织内部的现有结构保持稳定；另一方面，利益总是需要先归于黑社会性质组织的支配之下，再在此基础上向各级成员进一步分配。换言之，黑社会性质组织本身并不是一个名义上的、抽象性的概念，而是一个需要通过持续性地攫取利益，方能获得存续与发展的实体。这就决定了组织者、领导者需要从所获利益中预留出必要的份额，为该组织将来的发展奠定基础，并利用这些财物壮大组织规模、拓展势力范围，进而提升该组织实施非法活动的能力。总而言之，组织者、领导者需要根据该组织的自身结构与发展需求，精准、高效地利用所获得的利益。

（三）危害性特征的关键性地位

在判断前述四个特征中的哪一项最为关键时，需要从内、外两方面同时考量。从内部角度而言，是指它们能否在重要程度上作出区分。从前文对于四个特征之间关系的探讨可知，它们在黑社会性质组织运作的过程中需要相互配合，缺一不可。而且从司法实践中的情况来看，在具体的黑社会性质组织中，各个特征的完备程度可能不尽一致，有的特征能够明显地通过该组织的一系列行为予以彰显，有的特征则在表面上未与规范性的认定依据逐一对应，需要结合多方面的证据详加考察。因此，各个特征对于黑社会性质组织发展的重要程度，在个案中可能会存在差异。

学界对此亦是众说纷纭，第一种观点认为，组织特征的地位最为关键，黑社会性质组织需要具备足够的人数、形成较为严密的结构，才能持续性地开展非法活动，并维持已经构建起来的非法秩序。① 第二种观点认为，应将行为特征作为关注的重点，将"有组织的暴力"置于关键性的地位。行为特征是最明显的外化特征，② 当黑社会性质组织对外开展非法活动时，总是需要通过实施暴力手段，让被害人直观地感受到该组织的实力。因此，这些暴力手段的支持、保护，是该组织树立非法权威的必备条件。③ 第三种观点认为，雄厚的经济实力是黑社会性质组织存续和发展的必备条件，因此经济特征处于最关键的地位。④ 第四种观点认为，应当从黑社会性质组织的名称入手，"黑社会性质"本身就反映了与公权力机关发生对抗，并在此基础上夺取社会控制权的意愿与能力，因此危害性特征处于最关键的地位，黑社会性质组织所具备的非法控制力，会随着其不断发展成熟而加强。⑤ 该组织通过逐步树立非法权威，能够有效地削弱政府职能部门的管理能力，并对正常的社会生活、市场交易造成严重破坏，因此刑法对其专设条文予以打击。⑥ 第五种观点采取综合说，其在第一种观点的基础上，将行为特征也纳入进来，认为只有将组织、行为这两个特征相结合，才能全面地说明

---

① 李文燕，田宏杰：《黑社会性质组织特征辨析》，载《中国人民公安大学学报》2001 年第 3 期，第 6 页。

② 石经海，李佳：《黑社会性质组织本质特征之系统性理解与认定》，载《法律适用》2016 年第 9 期，第 52 页。

③ 何秉松：《中国有组织犯罪研究》，群众出版社 2009 年版，第 231 页。

④ 李永升：《黑社会性质组织犯罪的特征和认定》，载《江苏警官学院学报》2003 年第 1 期，第 139 页。

⑤ 贾凌：《刑事案例诉辩审评——黑社会（性质）组织犯罪》，中国检察出版社 2013 年版，第 190 页。

⑥ 陈世伟：《黑社会性质组织基本特征的实践展开》，载《河南大学学报（社会科学版）》2012 年第 1 期，第 41 页。

黑社会性质组织的本质，并彰显其所造成的危害。① 第六种观点主张"平行并列"说，认为四个特征在逻辑结构上是平行的，虽然在具体个案中可能会有某一特征较为突出的情况出现，但不应从主次之分的角度考察这些特征，而是应当从总体上综合考量。②

本书认同前述第四种观点，但主张从黑社会性质组织与一般犯罪集团相区分的角度，根据各个特征所发挥的标识作用，从中确定危害性特征的关键性地位。具体可以从两个方面展开：

一方面，相较于一般犯罪集团，黑社会性质组织能够形成更大的社会影响力，且各项犯罪之间具有一定的关联性，都是围绕着树立非法秩序这一重要的目标而产生的，需要在犯罪类别上体现多元性。一般犯罪集团所实施犯罪之间的关联性则较小，多是围绕着一些零散的、随机的犯罪目标而实施，根据成员所掌握的信息、所具备的能力，确定某几项可供集团长期实施的犯罪，其在犯罪内容的多样性程度上，显然不及黑社会性质组织，因而也难以将影响力扩大至更广阔的范围，进而确立自身的非法权威。由于一般犯罪集团没有"称霸一方"的野心，因此通常不会排斥、打压其他犯罪集团，反而可能形成相互合作的关系，成员之间也能基于实施不同的犯罪而相互交换、流动。反之，黑社会性质组织在树立霸权地位的过程中，总是伴随着对其他犯罪集团的打压，因此容易发生针对后者的聚众斗殴、故意伤害行为。

其二，在一般犯罪集团中，也可能符合组织、行为、经济这三个特征中的某几个方面，只是在完备性上不及黑社会性质组织。一般犯罪集团的内部结构严密程度较低、获取经济利益的渠道较少、行为手段较为单一，例如在内部结构的严密性方面，一般犯罪集团也可能基于加强对成员的管理、维护犯罪过程中的保密性等原因，首要分子通过向成员许诺给予高额报酬，让他们保持对首要分子地位的认同，并在犯罪过程中听从统一调遣，因此呈现出一定的等级关系，首要分子也能有效地将命令予以单向传达，

---

① 黄京平，石磊：《论黑社会性质组织的法律性质和特征》，载《法学家》2001 年第 6 期，第 27 页。

② 陶旭蕾：《黑社会性质组织行为特征之法教义学分析》，载《中国刑警学院学报》2021 年第 4 期，第 53 页。

但由于这些犯罪集团的等级制度不稳定、内部规章不健全，导致现有的结构体系无法持续，仅能围绕短期利益而暂时性地维持。又如在犯罪过程中的有组织性方面，在一般犯罪集团乃至一般的共同犯罪中，多少都会涉及参与者之间的分工配合、彼此协作，这与黑社会性质组织开展非法活动过程中形成的分工具有相似性，因而难以从根本上区分二者。

此时，危害性特征能够有效地将黑社会性质组织与一般犯罪集团相区分。黑社会性质组织的犯罪行为所侵犯的法益，不仅仅是普通个罪包摄的个人法益，更是国家对社会有效管理、控制彰显的集体法益，后者集中体现在危害性特征之中。[①] 有关的指导案例也指出，应当将危害性特征作为"黑社会性质"实质判断的核心，在这一特征非常典型，而其他几个特征不十分典型的情况下，例如成员人数、存续时间、获利数额等方面的情况不明显，也可以认定为黑社会性质组织。[②] 总之，危害性特征能够发挥关键性的区分作用，因为只有黑社会性质组织才能够在破坏社会秩序的基础上，既"破"又"立"，建立起以该组织为主导的非法秩序，并从中持续性地获利。

---

① 戴锦澍：《黑社会性质组织非法控制特征的认定》，载《北京航空航天大学学报（社会科学版）》2023 年第 4 期，第 190 页。

② 刘振会：《吴学占等人组织、领导、参加黑社会性质组织案——如何整体把握黑社会性质组织的四个特征》，载最高人民法院刑事审判第一、二、三、四、五庭主编：《刑事审判参考》第123 集，法律出版社 2020 年版，第 2 页。

第五章
黑社会性质组织成员的认定

一、组织成员认定标准的变迁历程

（一）认定组织成员范围与类别的意义

黑社会性质组织的成员，可以分为组织者、领导者，以及其他组织成员。在黑社会性质组织成立之后，只要该组织不停止实施违法犯罪活动，而且没有解散，就可以认为组织者、领导者持续性地实施组织、领导黑社会性质组织罪，从这个意义上而言，组织、领导黑社会性质组织罪属于继续犯，而对于其他组织成员而言，参加黑社会性质组织罪属于即成犯。①

对黑社会性质组织成员的认定，包含两个层面的意义。其一，从横向的角度而言，行为人被认定为具备黑社会性质组织的成员身份，这是其承担"组织、领导、参加黑社会性质组织罪"的刑事责任的前提，因此属于罪与非罪的问题；其二，从纵向的角度而言，当行为人组织、领导、参加了黑社会性质组织，并且参与了具体犯罪行为的实施之后，对于其在黑社会性质组织中的成员类别以及所在层级的认定，有助于确定其承担刑事责任的范围与程度。因此，对于组织成员的认定，也是分类探讨他们对于黑社会性质组织所实施的具体犯罪应如何承担刑事责任的前提，这体现了本书第五章与第六章之间的逻辑关系。

---

① 陈洪兵：《组织、领导、参加黑社会性质组织罪的"口袋化"纠偏》，载《东岳论丛》2023 年第 4 期，第 176 页。

（二）相关司法解释中的认定尺度变迁

在有关的司法解释中，组织成员的基本类别、成立范围也发生了变迁，反映了不同时期司法实践对于黑社会性质组织的认定尺度，可以从以下两点展开：

第一，对于组织成员的基本类别，有关的司法解释呈现不断细化的趋势。首先是《2009 年纪要》指出，组织成员可以划分为组织者、领导者，积极参加者，一般参加者。积极参加者又可进一步划分为三种类型，即多次积极参加黑社会性质组织违法犯罪活动的成员、积极参加较严重的犯罪活动且发挥了突出作用的成员、主管黑社会性质组织的人事或财务事项的成员。从《2009 年纪要》对于积极参加者的分类而言，前两类成员都与黑社会性质组织的违法犯罪活动之间具有密切的关联，第三类成员则不以参与实施了违法犯罪活动为条件，而是以他们是否负有特定事项的主要管理职权为认定依据。第三类成员往往得到了组织者、领导者的深度信任，与组织者、领导者之间具有密切的联系，不仅对黑社会性质组织的人、财、物发挥着主要管理职权，而且对黑社会性质组织的维系、发展起到了重要作用，这两项条件缺一不可。换言之，如果组织成员仅参与了黑社会性质组织的人事或财务事项，但整体上对黑社会性质组织的维系、发展所发挥的作用较小，则不宜认定为积极参加者。[①] 其次，《2015 年纪要》在"积极参加者"的基础上，进一步解释了"骨干成员"的含义。刑法第二百九十四条在规定组织特征时，要求"骨干成员基本固定"，但由于《2000 年解释》《2009 年纪要》均未对"骨干成员"予以明确界定，导致这一概念与"积极参加者"在司法实践中发生了混淆。《2015 年纪要》明确，骨干成员在范围上小于积极参加者，在后者中处于核心地位。为了凸显骨干成员的地位，司法认定过程中需要从两个方面把握其含义：一方面，这类成员与组织者、领导者之间关系密切，直接听命于后者；另一方面，这类成员长期在该组织中发挥着重要作用，或者多次指挥、参与了黑社会性质组织的非法活动。

---

① 中华人民共和国最高人民法院刑三庭：《〈办理黑社会性质组织犯罪案件座谈会纪要〉的理解与适用》，载最高人民法院网，https：//www.court.gov.cn/shenpan/xiangqing/6612.html。

　　第二，对于组织成员的成立范围，有关的司法解释对除外情形不断扩充。本书在第一章已经初步探讨了组织成员成立范围的问题，即行为人如果在主观上没有加入黑社会性质组织的意图，受雇到黑社会性质组织开办的公司、企业、社团任职，有关的司法解释在认定行为人是否属于组织成员时，以其是否实施了违法犯罪活动为判断标准，从《2009 年纪要》的即使实施了违法犯罪活动也不能认定为组织成员，到《2015 年纪要》的未参与或少量参与违法犯罪活动才不属于组织成员，最后到《2018 年意见》的未参与任何违法犯罪活动才不属于组织成员，这些司法解释在组织成员的成立范围上不断扩张。

　　此外，在行为人被认定为"参加黑社会性质组织罪"与组织成员身份之间的关系上，《2018 年意见》指出，二者不具备必然的关联性，即使行为人在参加黑社会性质组织之后，因未达到法定年龄等原因未被起诉或不作为犯罪处理，其仍然在组织成员的范围之内。值得一提的是，在不属于组织成员的具体情形上，《2018 年意见》对以往司法解释中列举的情形予以了进一步完善，以行为人不具备加入的意愿，实际上亦未接受黑社会性质组织的领导、管理为条件，如果行为人只是与黑社会性质组织之间存在临时性的利益纠葛，形成了被黑社会性质组织雇佣的状态，或行为人通过雇佣等方式，利用黑社会性质组织实施非法活动以维护个人利益，未与黑社会性质组织在长期交往过程中相互渗透融合，未形成长期、固定的合作关系，则行为人不应认定为组织成员。与之相似，2020 年《关于依法严惩利用未成年人实施黑恶势力犯罪的意见》第一条第（五）款也规定，如果未成年人在受到欺骗的情况下加入黑社会性质组织，并且随机地、少量地参与犯罪活动，客观上发挥的作用不大，主观上也缺乏参与组织事务的积极性，则一般不能认定为组织成员。这主要是考虑到未成年人的心智尚不健全，对是非的判断能力有限，他人的误导、欺骗在未成年人加入黑社会性质组织的过程中发挥了决定性作用，未成年人的参加行为具有非自愿性，接受黑社会性质组织的管理具有被动性。①

---

　　① 刘振会：《参加黑社会性质组织罪的司法认定》，载《法律适用》2020 年第 24 期，第 61 页。

（三）各类组织成员所发挥的作用

综合前述司法解释中的内容可知，黑社会性质组织通常会按照加入的先后顺序，以及与组织者、领导者关系的亲疏远近，形成严密的等级关系，以便更好地在犯罪过程中分工协作、传递信息，将周密的犯罪计划落实到有序的执行过程中。其中，不同类型的成员均发挥着不可或缺的作用。

一方面，黑社会性质组织的组织者、领导者，基于其在该组织创建、发展过程中所发挥的重要作用，具有较高的地位与威望，也因此对其他组织成员拥有较强的号召能力，从而能够通过制定严格的内部纪律、推行明确的奖惩制度，提高组织成员实施犯罪的效率，并使其个人的意志在该组织中得到有效推行。[①]

另一方面，负责策划行动方案、带头实施犯罪的骨干成员，通过带领一般参加者实施违法犯罪活动，能够不断扩大黑社会性质组织的影响力，使该组织逐步在当地树立非法权威。在多名组织成员的共同参与下，随着该组织所实施犯罪数量的不断提升，该组织对社会非法控制的强度与范围也将随之提高。由此一来，组织者、领导者及骨干成员制定的目标、作出的决策不仅影响着该组织的兴衰，而且他们还能通过彰显自身对于管理组织、实施犯罪的积极态度，对该组织的其他成员发挥精神层面的激励作用，调动整个组织实施犯罪的积极性，使高层的意志得以顺畅地在该组织的其他层级传达，并充分地得到贯彻落实。

因此，有必要在司法实践中对各类成员予以准确认定，并在量刑上按照他们在该组织中的级别与重要程度予以区分认定。例如在对"骨干成员"与"积极参加者"分别认定的过程中，由于"骨干成员"在刑法第二百九十四条中已经得到明确的规定，因此认定"骨干成员"能够体现黑社会性质组织的组织结构完整性、恰当性，认定"积极参加者"则是为了实现对不同组织成员刑罚裁量的适当性。[②]

---

① 张爽：《有组织犯罪文化研究》，中国人民公安大学出版社 2012 年版，第 142 页。

② 金吕钢：《朱光辉等人组织、领导、参加黑社会性质组织案——如何准确把握和认定黑社会性质组织的骨干成员》，载最高人民法院刑事审判第一、二、三、四、五庭主编：《刑事审判参考》第 107 集，法律出版社 2017 年版，第 11 页。

二、组织者、领导者的认定

(一) 组织者、领导者的产生方式

《2018 年意见》第四条指出，组织者、领导者的判断不应拘泥于形式上、称谓上的特征，既可以是通过一定的形式产生，并且有明确的职务、称谓的行为人，又可以是由其他组织成员所公认的、在事实上发挥了组织、领导作用的行为人。在对"组织""领导"的含义把握上，《2018 年意见》第四条采取了广义上的解释方式，"组织"的含义不仅包含筹备建立、主导创立黑社会性质组织的行为，而且包括将多个组织予以合并、将完整的组织分化为多个更小的组织、对组织结构予以重组的行为，"领导"的含义不仅包括对具体犯罪活动的领导，还包括参与该组织重要事项的决策，以及在该组织发展过程中协调成员关系、管理组织事务的行为。

《2015 年纪要》则明确了组织者、领导者身份的可变性。当黑社会性质组织在形成、发展的过程中，原本担任组织者、领导者的成员，可能会退出黑社会性质组织，其他组织成员也有可能随着自身地位的逐步提高，逐渐成为新的组织者、领导者，当判断是否要对组织所犯的全部罪行承担刑事责任时，应以前述成员实际担任组织者、领导者的时段为限。

例如在人民法院案例库的入库案例"谈某甲等人组织、领导、参加黑社会性质组织罪案"中，2006 年至 2009 年期间，谈某甲以开设赌场为依托，多次带领被告人丁某等多人实施聚众斗殴、寻衅滋事等违法犯罪行为，逐渐坐大成势，初步形成以被告人谈某甲为组织者、领导者，以被告人丁某、马某甲、裴某甲为积极参加者，被告人陈某甲、杨某甲、高某、陈某乙等人为一般参加者的黑社会性质组织。2012 年 6 月，谈某甲入狱，被告人丁某接手其赌场，成为新的组织者、领导者，其他组织成员继续跟随丁某实施违法犯罪活动。被告人丁某于 2020 年 11 月 18 日因犯组织、领导黑社会性质组织罪、聚众斗殴罪、敲诈勒索罪、寻衅滋事罪、开设赌场罪、故意伤害罪、抢劫罪，被西宁市湟中区人民法院数罪并罚判处有期徒刑二十年，并处没收个人全部财产，剥夺政治权利三年。2023 年，西宁市城中

区人民法院在对谈某甲定罪量刑的过程中，发现被告人丁某在 2020 年的判决宣告以后、刑罚执行完毕以前，还有漏罪尚未判决，这些漏罪属于丁某在参加黑社会性质组织前期所犯的罪。法院遂认定丁某构成开设赌场罪、寻衅滋事罪、非法拘禁罪、故意伤害罪，数罪并罚，决定执行有期徒刑八年，并处罚金人民币五万元，合并 2020 年丁某的判决当中没有执行完毕的刑罚，决定对丁某执行有期徒刑二十年，并处没收个人全部财产，剥夺政治权利三年。

西宁市城中区人民法院在判决的过程中指出：第一，在组织者、领导者曾经发生更替，并且黑社会性质组织后期的犯罪行为已被查处并判决的情况下，对该组织前期的犯罪行为，应客观评价该组织的犯罪行为的连续性，对涉黑罪名及刑事责任予以准确认定。第二，被告人丁某在加入黑社会性质组织之后，前期只是直接听命于谈某甲的"小弟"，后期丁某逐步发展成为组织者、领导者，应对其本人参与及其实际担任组织者、领导者期间，该组织所犯的全部罪行承担刑事责任。针对前期的犯罪，由于被告人丁某仅属于积极参加者，尚未成为组织者、领导者，因此仅以其参与的犯罪行为为限，要求其承担刑事责任。第三，对被告人丁某而言，该组织后期的犯罪行为已经被以组织、领导黑社会性质组织罪等罪名依法判决，丁某前期参加的犯罪行为，与后期系同一黑社会性质组织的犯罪行为，因此对其前期参加的犯罪行为，不再以"组织、领导、参加黑社会性质组织罪"重复判决。[①]

（二）对"组织""领导"的界定

从前述司法解释的有关规定可知，组织者、领导者具备广泛的权限，在黑社会性质组织中具备核心地位。在司法实践中具体认定这类成员时，根据《2018 年意见》对于"组织""领导"的解释方式，可以从以下两个方面考察：

1. 在黑社会性质组织所实施的具体犯罪中发挥的作用

相较于黑社会性质组织的内部管理活动，该组织的犯罪行为表现于外

[①] 青海省西宁市城中区人民法院（2023）青 0103 刑初 85 号刑事判决书。

部，能够较为明显地判断各参与者在其中所发挥的作用，因此其应作为优先性的判断要素。根据有关的指导案例，如果组织者、领导者从维护组织利益的角度出发，在黑社会性质组织制订、实施犯罪的计划的过程中，起到了召集成员、参与商量、主持讨论、最终决定的作用，能够将自身意志自上而下地层层传达，则即使其未具体参与犯罪行为的实施过程，仅将犯罪交由该组织中的骨干成员负责实施，其行为、意志往往也对犯罪进程的推动发挥了关键性的作用，例如使骨干成员形成实施犯罪的决意，并事先告知骨干成员实施犯罪的时间、需要达到的目标。实践中，可结合其他参与制订犯罪计划的成员的供述，来认定组织者、领导者所起到的作用。[①] 在犯罪实施过程中，组织者、领导者通过向具体实施者提供枪械、刀具等作案工具，并在必要时带领其他组织成员到现场援助具体实施者，能够有效地确保预定目标的顺利实现。犯罪行为实施完毕后，组织者、领导者为了防止事情败露，往往会指使具体实施者逃匿，要求其即使被抓获也不能如实供述。组织者、领导者还会为案件的善后工作提供资金支持。

值得注意的是，当行为人组织、领导成员实施犯罪时，应当区分"集体性领导"与"个人性领导"，只有前者才涉及组织者、领导者的认定。[②] 具体而言，"集体性领导"是指行为人以其所在的黑社会性质组织为基础，基于成员与组织之间的从属关系、上下级成员之间的等级关系，实施调度资源、协调人员、指挥犯罪等促使该组织的犯罪得以顺利实施的行为。"个人性领导"是指行为人临时利用、雇佣组织成员，为贯彻自己的个人意图而实施犯罪行为，组织成员应行为人的要求实施了犯罪。[③] 在"个人性领导"的情况下，行为人与该组织之间不一定存在从属关系，只是在前述利用、雇佣组织成员的过程中，得到了组织者、领导者的认可。

因此，在区分前述两个概念时，应从两个方面予以判断，在均能得出

---

① 李晓光，王飞，舒畅：《王江等组织、领导、参加黑社会性质组织案——如何认定黑社会性质组织及组织者、领导者对犯罪的罪责》，载最高人民法院刑事审判第一、二、三、四、五庭主编：《刑事审判参考》第74集，法律出版社2020年版，第72页。

② 叶小琴，刘彦修：《涉黑犯罪组织领导者的司法认定——以刘某等人组织、领导、参加黑社会性质组织案为中心展开》，载《法律适用》2019年第4期，第78页。

③ 刘振会：《参加黑社会性质组织罪的司法认定》，载《法律适用》2020年第24期，第61页。

肯定性结论的情况下，可认定为"集体性领导"：第一，领导者或具体实施者与该组织之间是否存在长期的、稳定的从属关系。第二，领导者的犯罪意图是否体现了该组织的意志，犯罪所获非法利益是否归该组织所有。例如在有关的指导案例中，文某作为娱乐场所的经营者，为保障经营环境的安全，遂向陈某领导的黑社会性质组织寻求庇护。该组织基于在当地树立的威望，公开宣布文某经营的娱乐场所由其保护。此外，在娱乐场所经营过程中与顾客发生纠纷时，陈某应文某的请求，将一部分组织成员专门供文某指挥，在文某的领导下向顾客施加违法犯罪手段，以促进纠纷的解决。法院认定文某未实施领导黑社会性质组织的行为，亦不具备该组织成员的身份。①

本案中，文某与陈某的领导行为具有明显区别。前者只是在特定情形下，经过黑社会性质组织领导者的授权，为了自己经营的娱乐场所的利益而指挥前述组织的成员，文某与这些成员之间不存在组织中的上下级关系，解决娱乐场所纠纷也未体现该组织的整体意志，在对滋事的顾客进行威胁、阻止对方索赔及破坏经营场所的过程中，虽然可能基于此产生不法利益，但并不归前述组织所有。例如顾客在结账时发现服务费用虚高，拒不付账并要求与娱乐场所负责人协商，文某遂安排一部分组织成员到场干涉，利用人多势众的优势，通过恐吓性的言语对顾客施加心理强制，最终迫使顾客按照娱乐场所规定的价格支付费用，前述事实涉嫌敲诈勒索罪。在这一过程中，前述虚高的费用与合理对价之间的差额，属于娱乐场所获得的非法利益，但这部分利益并未归于陈某领导的黑社会性质组织。即使该组织在日常保护娱乐场所经营秩序的过程中，收取了由文某提供的保护费，但不属于由文某指挥的特定犯罪所产生的不法利益，故文某指挥敲诈勒索罪仅属于前述分类中的"个人性领导"。

2. 在黑社会性质组织的形成、发展过程中所发挥的作用

有关的指导案例指出，在大多数的黑社会性质组织中，组织者、领导

---

① 李中原：《陈垚东等人组织、领导、参加黑社会性质组织案——如何准确认定黑社会性质组织的成员》，载最高人民法院刑事审判第一、二、三、四、五庭主编：《刑事审判参考》第107集，法律出版社2017年版，第9－10页。

者的身份往往是合二为一的，并具体负责该组织的日常管理，只有在黑社会性质组织规模较大的情况下，才有可能既有组织者，又有领导者，或者同时存在多名组织者、领导者。① 例如在人民法院案例库的入库案例"黄某等 196 名被告人黑社会性质组织犯罪案"中，被告人黄某、黄某甲、黄某乙、黄某丙是黑社会性质组织的组织者、领导者，他们领导着黑社会性质组织，称霸一方近 30 年，以暴力、威胁等手段实施违法犯罪活动 80 余起，攫取巨额非法经济利益 20 余亿元，非法持有枪支、弹药及管制刀具等，恣意实施故意伤害、聚众斗殴、寻衅滋事等暴力犯罪，手段残忍，情节恶劣，造成 2 人死亡、3 人重伤、13 人轻伤。

本案在审理过程中的争议焦点是，能否认定该黑社会性质组织具有多名组织者、领导者？法院认为，对于时间跨度长、规模大的黑社会性质组织，在黑社会性质组织发起、创建、重组等不同时期起到决策、指挥、协调、管理作用，对该组织具有控制力和影响力的被告人，均可以认定为组织者、领导者。第一，黄某为该组织的发展壮大起到最主要的作用，并实际控制、管理该组织的运营，是公认的组织者、领导者；第二，被告人黄某丙系被告人黄某、黄某甲、黄某乙的父亲，黄某丙对黑社会性质组织的发起、创建、发展、运行及部分重大违法犯罪活动均起到了决策、指挥、协调的行为，对黄某、黄某乙、黄某甲等人的分工、矛盾起到协调、管理的职能，对该组织具有控制力和极大的影响力，致使该组织存续、发展近 30 年，应认定为组织者、领导者；第三，被告人黄某乙作为黄某丙第四子，依仗其家族强势地位，多次参与或者组织打架斗殴，属于该组织创建阶段的"灵魂人物"，对于该组织的创建和积累（暴力积累、非法影响力积累、非法经济利益积累）具有极强的控制力和影响力，应认定为组织者、领导者；第四，被告人黄某甲作为黄某丙第三子，领导他人参与 1994 年致黄氏家族恶名远扬的殴打事件，之后率先购置"跑马机"等赌博设备开设赌场，为该组织的发起、创建提供了原始资金，也为该组织从"暴力型"向"牟

---

① 刘振会：《吴学占等人组织、领导、参加黑社会性质组织案——如何整体把握黑社会性质组织的四个特征》，载最高人民法院刑事审判第一、二、三、四、五庭主编：《刑事审判参考》第 123 集，法律出版社 2020 年版，第 2 页。

利型"成功转型奠定基础。后来黄某甲虽未参与该组织的管理、经营，但仍然在该组织成立的公司中占有股份，分享非法利益，并为实施犯罪活动的组织成员提供庇护，维护该组织的稳定，腐蚀、拉拢领导干部，为该组织编织关系网。黄某甲对该组织的成立起到关键作用，可以视为对该组织的发起、成立具有控制力和影响力，应认定为黑社会性质组织的组织者、领导者。[①]

为了认定组织者、领导者在黑社会性质组织的形成、发展过程中所发挥的作用，首先可以考察该组织的成立过程。例如有关的指导案例指出，能够用于认定黑社会性质组织成立的"标志性事件"，一般是组织者、领导者亲自组织，或直接参与实施的违法犯罪事实或其他重大事件。[②] 组织者、领导者往往是黑社会性质组织的发起者、创建者，从而能够利用自身长期积累的威望，使其他组织成员愿意接受其管理。

其次，还可以根据黑社会性质组织内部日常事务的运作情况来认定组织者、领导者，例如能否决定对其他成员的奖惩以及提拔、是否在事实上支配该组织所拥有的财产、是否对该组织的规章制度具有变更以及解释的权力等。

较为特殊的情形是，行为人原本是组织者、领导者，但后来因犯罪被追究刑事责任，并且已经收监服刑。如果黑社会性质组织没有因此而解散，那么在行为人入狱期间，是否仍然对黑社会性质组织具有控制能力？对此可以从三个角度予以考察：第一，组织者、领导者入狱之后，该组织的运作模式、惯例、规矩、主要人员结构等是否发生了变化。如果没有发生变化，那么原黑社会性质组织未解散，或者未衍化成新的黑社会性质组织；第二，组织者、领导者入狱之前，组织、领导黑社会性质组织的时间长短，入狱之后，在该组织中的地位、影响力、成员服从性有无变化；第三，组织者、领导者入狱后，主观上是否明知并接受组织成员对其表现出的服从与依附。可以从行为人是否与组织成员保持联系、是否接受组织成员的经

[①] 海南省高级人民法院（2020）琼刑终 48、49、50、51 号刑事判决书。

[②] 陈小飞，刘锦平：《谢培中等人组织、领导、参加黑社会性质组织案——如何准确界定涉黑组织形成的标志性事件》，载最高人民法院刑事审判第一、二、三、四、五庭主编：《刑事审判参考》第 123 集，法律出版社 2020 年版，第 10 页。

济资助、是否打听组织事务、出狱后的表现等方面予以认定。如果行为人在服刑期间对黑社会性质组织仍具有控制能力，则仍是组织者、领导者，需要对入狱期间该组织实施的犯罪承担刑事责任。

例如在人民法院案例库的入库案例"傅某等人组织、领导、参加黑社会性质组织案"中，2012 年 2 月，以傅某、皮某为组织者、领导者的黑社会性质组织初步形成，2016 年 12 月 8 日至 2018 年 9 月 4 日，皮某因犯非法拘禁罪而服刑，法院认为，皮某仍应当对该时间段该组织实施的违法犯罪活动承担组织者、领导者的刑事责任，理由是：第一，皮某服刑期间，该黑社会性质组织一直持续存在，且仍然按照皮某服刑前的组织意志和组织模式持续运转，组织惯例、规矩、主要人员结构等均未发生明显变化，仍具有明显的社会危害性。第二，皮某服刑期间，组织成员傅某、郑某等人去探监、"上账"（提供生活费），皮某与该组织的联系并未实际中断。第三，皮某服刑期间，其在该组织中的地位、影响力未发生变化，邓某等组织成员逢年过节仍到皮某家中看望皮某家属，目的是对外传递虽然皮某在服刑，但是其下面"小弟"仍在的信号，防止皮某家属被欺负。第四，皮某出狱当天，邓某等人前往迎接，当日，皮某便在家中大摆筵席，大部分组织成员均到场庆祝，也证实了皮某虽然在服刑，但是其组织者、领导者的地位并未发生变化。①

三、其他组织成员的认定

（一）组织成员的身份判断

组织者、领导者之外的其他组织成员的身份判断，可以从加入黑社会性质组织、脱离黑社会性质组织两个角度予以认定。在扫黑除恶斗争常态化开展的背景下，司法机关发现和处置了很多存续时间较长的黑社会性质组织，有的存续时间甚至超过二十年。这些黑社会性质组织有一个共同的特点，就是组织成员变化较大，一方面，旧的组织成员不断脱离，脱离者

---

① 江西省吉安市中级人民法院（2020）赣 08 刑终 291 号刑事判决书。

中甚至还有曾经的骨干成员；另一方面，新的组织成员不断加入，成为黑社会性质组织发展壮大的重要依托。为实现彻底瓦解黑社会性质组织的目的，需要准确地认定组织成员的身份。

1. 加入黑社会性质组织的认定

《2009 年纪要》的制定者在有关的理解与适用一文中指出，黑社会性质组织在吸纳成员时，一般不会举行仪式或办理手续，导致"参加"行为难以得到充分的证据予以佐证。[①] 换言之，新成员在加入黑社会性质组织时，不一定以参加入会仪式作为标志，还可能是一经有权限招收新成员的骨干成员同意，就具备了组织成员的身份，进而参加该组织的犯罪活动、接受统一管理。有关的指导案例也指出，在判断行为人的参加行为是否已实施完毕时，应以行为人与黑社会性质组织就加入的问题达成一致意见作为认定标准，不能拘泥于手续、仪式等形式上的标准。[②]

"加入"与"接受"是认定参加黑社会性质组织的两个必备要素，后者要求行为人进入了黑社会性质组织中的某个具体层级，与其他成员形成了层级上的隶属关系，并且在被领导、管理的过程中，参与了该组织的具体活动。因此，"加入"与"接受"往往在发生时间上存在间隔。[③]

在这种情形之下，司法实践中可根据行为人加入黑社会性质组织后的相关表现认定其身份。这主要是指两种情形：第一，行为人多次与他人共同实施犯罪行为，其知晓这些犯罪行为是以该组织名义实施的，而且共同实施者具备组织成员的身份。例如行为人参与有组织的违法犯罪活动，并且在这一过程中为该组织谋取利益，自己也接受了组织者、领导者提供的生活保障，愿意被该组织所豢养。[④] 第二，行为人对以组织名义下达给他的

---

① 中华人民共和国最高人民法院刑三庭：《〈办理黑社会性质组织犯罪案件座谈会纪要〉的理解与适用》，载最高人民法院网，https://www.court.gov.cn/shenpan/xiangqing/6612.html。

② 王婷婷：《陈金豹等组织、领导、参加黑社会性质组织案——如何认定参加黑社会性质组织罪中的"参加"行为》，载最高人民法院刑事审判第一、二、三、四、五庭主编：《刑事审判参考》第 74 集，法律出版社 2010 年版，第 4 页。

③ 刘振会：《参加黑社会性质组织罪的司法认定》，载《法律适用》2020 年第 24 期，第 56 页。

④ 蔡智玉：《黑社会性质组织经济特征的法律意义及调查认定》，载《人民法院报》2021 年 08 月 26 日第 6 版。

任务积极响应，或是主动地参与到了这些任务之中。

但需要进一步明确的问题是：在行为人已经认识到犯罪组织的黑社会性质的情况下，加入该组织是否以主动申请或受邀请加入为必要条件？在排除了行为人受诱骗、受蒙蔽、受胁迫而加入组织，从而不具有加入组织的真实意图的情况下，还有哪些情形可用于行为人身份的判断？有学者提出，在司法实践中，有的被告人是与黑社会性质组织有经济合作的组织成员，有的被告人仅是单纯借助、利用该组织谋取利益的非组织成员，要注意区分这两类被告人的关系，具体可从三个方面来判断：第一，是否认可组织规约是认定组织成员的关键，单纯的借势发展者不受组织规约制约，只关注自我利益，有利则聚，无利则散。第二，与黑社会性质组织之间有无相对固定的隶属关系。如果被告人与该组织的任何一个成员之间都不存在服从与被服从、管理与被管理的关系，就不能认定被告人有参加黑社会性质组织的行为。第三，是否参与实施了黑社会性质组织的违法犯罪活动。例如有的被告人有自身合法经营的生意，虽然长时间提供资金给黑社会性质组织，客观上为该组织的发展提供了重要的支持，但其除了对该组织非法讨债行为知情外，未曾介入该组织的决策、指挥和管理等内部事务，也未参与该组织的违法犯罪活动，当遭遇生意上的纠纷时，只能请求组织者、领导者安排组织成员来帮忙解决，并无自行调动组织成员的权力，则该被告人不属于组织成员。①

根据笔者对司法实践中相关案例的归纳，还可以从以下几个角度判断组织成员的身份：

第一，行为人虽然没有在形式上履行加入黑社会性质组织的程序，但与组织者、领导者存在较为密切的联系，彼此之间以朋友、兄弟等足以体现紧密关系的名义相称，在长期交往过程中足以认识到该组织的性质，当组织者、领导者向其提出实施犯罪的要求时，其能够及时予以落实，而且这些犯罪对维护该组织的利益起到了积极作用。换言之，判断行为人身份的重点，并不在于其是否加入了黑社会性质组织所经营的经济实体、是否

---

① 张立，罗雄，冯群：《黑社会性质组织组织性和危害性特征的准确把握》，载《中国检察官》2024 年第 2 期，第 77 页。

具有组织成员的称谓，而是在于行为人对组织性质的认识情况，以及与组织者、领导者之间是否形成了命令与服从的关系。

例如在青岛市市北区人民法院 2018 年审理的有关案件中，李某在领导黑社会性质组织的过程中，采取向夜市摊主收取保护费的方式获得收益，并以暴力手段作为保障。同时，李某成立了多家资产管理公司，经营对外放贷、抵押车辆等业务，以掩饰该组织的犯罪活动。涉案被告人王某、姜某等人辩称，其只是与朋友李某存在合作关系，没有加入前述公司，未在公司中占有股份，不受到公司相关纪律的约束。但法院认为，虽然王某、姜某等人未参与该组织开办的经济实体，但李某对他们有较强的管控能力，要求他们使用"钉钉"软件完成日常签到、工作汇报、问题请示等事项，如果违背李某的意志，就会受到李某的殴打，并被威胁不许报警。被告人姜某原本是夜市摊主，在该组织发展起来之后，其在经营自己的摊位之余，接受李某的要求，向其他摊主收取保护费、负责夜市摊位的对外出租，对该组织控制当地的夜市摊位起到了重要作用。当李某要求王某等被告人参与站场、斗殴时，他们均按要求参加，并收取了该组织以"站场费"等名义发放的财物。法院最终认定，前述被告人均具备组织成员身份。①

第二，行为人原本不属于组织成员，但在与黑社会性质组织产生经济上的联系的过程中，由于负有无法偿还的债务，因而在该组织的要求下，以承担组织事务的方式偿还。这种情形与成员加入组织的一般方式有所区别，即行为人一开始没有加入组织的意图，只是为了减免自身的债务，才在组织成员的建议之下参与组织事务。行为人虽然其对于所欠债务暂无偿还能力，但并非只有承担组织事务这一种解决途径，例如行为人还可通过转让自己享有的其他债权、向亲友借贷、申请延长还款期限、变卖不动产等方式，逐步结清债务并摆脱与该组织之间的纠葛。因此，行为人对于是否承担组织事务具有一定的意志自由，应在认定其具备组织成员身份的基础上，要求其承担刑事责任。

例如在光山县人民法院 2011 年审理的有关案例中，余某系黑社会性质组织的组织者、领导者，闫某因在赌博过程中欠余某的钱无法归还，遂在

---

① 山东省青岛市市北区人民法院（2018）鲁 0203 刑初 696 号刑事判决书。

余某的唆使下，在自己的家中开办赌场。闫某负责约参赌人员前来，余某负责管理赌场、操控结果、提供赌资，安排了多名组织成员在赌场帮忙，并在赌场内发放高利贷，殴打、滋扰无法按时还款的参赌人员。此外，余某为招揽生意，派组织成员打探附近其他赌场的位置，并到场闹事，阻止参赌人员在这些场所下注。

法院认为，闫某已参加黑社会性质组织，并在前述开设赌场犯罪中起主要作用。但由于闫某加入该组织的原因具有特殊性，而且未参与该组织除开设赌场之外的其他犯罪行为，因此可以酌情从轻处罚。① 又如行为人在向从事非法放贷活动的黑社会性质组织借款之后，由于无力偿还到期债务，遂在组织者、领导者的要求之下，无偿地负责向该组织非法放贷活动中的其他债务人索取个人信息、催讨到期借款，以此作为偿还债务的方式。则该行为人也具备组织成员身份，并应当对其参加的犯罪行为承担责任。

第三，行为人虽未直接加入黑社会性质组织，但在用于掩饰黑社会性质组织性质的公司、合作社等单位工作，在明知组织性质的情况下，于履职过程中实施犯罪行为，表面上仅为了维护所在单位的利益，但实质上为维护黑社会性质组织的利益起到了积极作用。从《2018 年意见》中有关排除行为人组织成员身份的相关规定来看，在行为人任职于该组织合法开办的单位时，《2018 年意见》只是要求行为人没有加入组织的意愿、未参与该组织的违法犯罪活动，至于行为人是否明知该组织的性质、是否参与了其所在单位的犯罪活动，则未进一步明确由此产生的效果。因此，在实践中一方面应立足于组织利益是否受到了影响，以及组织利益与公司利益在哪些方面存在关联，另一方面应考虑行为人对于前述关联是否知情。

2. 脱离黑社会性质组织的认定

在明确了加入黑社会性质组织的认定依据的基础上，还需要进一步探讨脱离黑社会性质组织的认定依据。成为组织成员的基本前提是"接受黑社会性质组织的领导和管理"，这可以从客观和主观两个角度来理解，客观上要求接受黑社会性质组织的领导、管理，主观上要明知自身处于被黑社会性质组织领导、管理的状态。如果行为人曾经是组织成员，之后又脱离

---

① 河南省光山县人民法院（2011）光刑初字第 203 号刑事判决书。

了该组织，此时由于其主观上已经明知该组织的性质，因此，判断其是否已经脱离该组织的关键，就在于客观上是否已经不再接受该组织的领导、管理。

有关的指导案例指出，成员是否接受黑社会性质组织的领导、管理，要看其在该组织中是否拥有相对固定的位置，可以参考其相对固定地接受哪个成员的领导，相对固定地从事什么样的行为，或者相对固定地召集某些成员从事特定活动等角度，进行综合分析、判断。① 在司法实践中，虽然组织成员所承担的具体事务不尽相同，但只要在一段时间内，该成员在该组织中的角色相对固定，其他成员对待该成员也以该角色功能为出发点，即可认为该成员在该组织中拥有相对固定的位置。

但是，某成员如果曾经参与了黑社会性质组织的犯罪活动，但之后脱离了该组织的管理，而且至追诉之时，该成员在组织内部已完全没有相对固定的位置，即可认定为已经脱离该组织，不再属于组织成员。在司法实践中还需要注意两点：第一，成员在原组织中所处的级别。对于原组织中的积极参加者，尤其是骨干成员，如果没有证据证明其明确与原组织断绝了关系，那么原则上不应认为脱离黑社会性质组织，其参加黑社会性质组织的行为仍处于继续状态。第二，是否仅属于表面上脱离组织。例如组织成员以退休、受安排离岗为理由，虽然在表面上脱离了黑社会性质组织，但该成员在原组织中处于较高的地位，如果其在"脱离"之后仍然能够对原组织成员发挥影响力，实质上继续接受原组织的经济资助或名声、势力上的支持，则不应认定为脱离黑社会性质组织。②

（二）组织成员的地位认定

《2015年纪要》在对组织者、领导者之外的组织成员进行地位认定时，采取了两个标准：其一，指挥或参与实施犯罪的次数；其二，在黑社会性

---

① 李中原：《陈垚东等人组织、领导、参加黑社会性质组织案——如何准确认定黑社会性质组织的成员》，载最高人民法院刑事审判第一、二、三、四、五庭主编：《刑事审判参考》第107集，法律出版社2017年版，第9－10页。

② 李中原，熊灵芝：《黄耀宏等二十九人参加黑社会性质组织案——对脱离黑社会性质组织成员的追诉期限如何确定》，载最高人民法院刑事审判第一、二、三、四、五庭主编：《刑事审判参考》第133集，法律出版社2023年版，第57页。

质组织中发挥作用的大小与持续时间。例如对于"骨干成员"的界定，《2015 年纪要》明确，这类成员属于积极参加者中的一部分，在该组织中处于重要地位，具备该身份需多次指挥、参与实施该组织的违法犯罪活动，或持续性地在负责组织事务的过程中发挥重要作用。这表明骨干成员在黑社会性质组织的层级结构中，具备承上启下的支柱地位，既接受着组织者、领导者的直接领导，又指挥、管理着级别更低的其他组织成员，或是独立担负着该组织内部的重要事务，虽然与积极参加者处于同一量刑档次，但量刑重于后者。[①] 因此在司法实践中，应结合以下几个方面的事实判断组织成员的地位：

1. 行为人与组织者、领导者之间关系的紧密程度

当组织者、领导者与行为人的关系较为密切时，将产生两个方面的影响。一方面，组织者、领导者在初步创立黑社会性质组织后，为了快速扩充该组织的实力，往往会优先邀请与之关系密切的人加入，使行为人成为最早加入该组织的成员。之后该组织再吸收其他社会闲散人员、有前科的刑满释放人员加入，按照加入时间的早晚确定他们在该组织中的级别；另一方面，由于行为人基于其与组织者、领导者个人之间的密切关系，更容易得到组织者、领导者较高程度的信任，又由于加入该组织的时间较早，因此更有可能被安排承担重要职责。在这一过程中，行为人相较于其他组织成员，掌握着更多的组织信息与社会资源，也更有能力在该组织的犯罪过程中发挥更大的作用。

例如在岳阳市中级人民法院 2020 年审理的有关案例中，廖某、许某带着同乡的闲散人员在城区游荡，伺机实施犯罪。后由于许某被判刑，廖某又拉拢了好友蔡某等人，共同商量建立黑社会性质组织，还拉拢了许某曾经的一些手下加入。后该组织通过在公共场所对赵某实施故意伤害行为，被当地群众所知晓，当地群众根据该犯罪集团主要成员所在乡的名称，称之为"红花会"。名声打响之后，该组织吸引了大量社会闲散人员加入，按照加入组织的先后顺序划分等级，组织者、领导者之外的骨干成员被称为

---

① 刘振会：《参加黑社会性质组织罪的司法认定》，载《法律适用》2020 年第 24 期，第 56 页。

"哥哥",有权发展新成员,并将新成员称为"老弟"。在与当地的另一黑社会性质组织"大众帮"争夺势力范围的过程中,"哥哥"级别的成员有权向发展的"老弟"收取用于治疗成员、购买刀具、调度车辆的经费,并从这些成员中挑选身强体壮、善于搏斗的人,组成三十余人的"敢死队",负责对付"大众帮",要求他们每次打架之后都要向"哥哥"级别的成员报告结果,再逐级上报给组织者、领导者。[1]

2. 行为人对黑社会性质组织中具体事务的掌控情况

《2015年纪要》中的"在组织中发挥作用",离不开对行为人在该组织中所具体负责事项的探讨。这主要包括两方面的内容:一方面是与该组织的内部管理相关的事务,无论该组织主要实施哪种类型的犯罪,都需要以较为完善的组织建设状态作为保障;另一方面是为了保障以该组织名义开展的各类犯罪得以顺利实施,从而需要做好与之相关的传递信息、准备工具、协调人员等方面的工作。

从黑社会性质组织中事项的分类来看,主要涉及维持及拓展该组织获取财物的渠道、管理该组织的财产、管理用于实施犯罪的工具、招纳组织成员、组织成员的培训与日常考核、组织规章执行情况的监督与惩戒、传达组织者与领导者制定的犯罪计划并协调分工。前述这些事务虽然都反映了行为人在该组织中发挥的作用高于一般参加者,但由于这些事务在重要性程度上有所区别,因此在量刑时应酌情予以考虑。

具体而言,在判断这些事项的重要性时,可遵循以下从高到低的顺序:首先,与获取非法利益、管理组织财产相关的事务最为重要,这是黑社会性质组织赖以生存并壮大的经济基础。该组织其他各项事务的运行,均需要以一定的经济实力为依托。其次是与管理组织成员相关的事务。通过不断地吸引新的成员加入,并使已加入该组织的成员服从内部规章制度,该组织将有能力持续性地实施多种类型的违法犯罪活动。再次是协调组织者、领导者与具体实施者之间的关系,将那些与组织利益息息相关的重要信息,在该组织内部的各层级之间有效地予以传达,这是确保该组织执行能力、执行效率的一项重要渠道。最后是管理该组织专门用于实施犯罪的工具,

---

[1] 湖南省岳阳市中级人民法院(2020)湘06刑终1号刑事裁定书。

例如枪支、管制刀具等。这项职责主要是体现了后勤保障的性质，因此在该组织维持现有规模、策划犯罪实施的过程中，并未起到关键的作用。

3. 行为人对黑社会性质组织经济利益的掌握情况

黑社会性质组织在实现非法控制状态之后，一项重要的目标就是在组织内部分配已经取得的经济利益，因此，可以考察行为人对黑社会性质组织非法控制的行业、开办的企业的管理情况，以及在其中的分红数额、参股比例。

由于黑社会性质组织在成员数量、权力配置上呈现为金字塔式的结构，级别较高成员的数量有限、较为固定，在该组织发展过程中容易获得稳固的利益分配权，掌握各类资源的能力也较强，因此能够在不法利益的分配过程中获得更多的话语权。相较而言，该组织中地位较低的成员获得的利益较少，与他们对犯罪的具体参与情况直接相关，而不是稳定地按照固定的比例获得经济利益。此外，等级较高的成员还可对该组织非法控制的领域、处于该组织控制之下的经济实体发挥影响，利用合伙、参股等名义按比例获得利益，或是凭借营利性场所的经营管理者、公司部门的负责人等职务，在分配利益时获得更多优势。

例如在海口市中级人民法院 2019 年审理的有关案例中，甘某作为组织者、领导者，招纳与之具有亲属、狱友、同乡关系的人作为黑社会性质组织的骨干成员，又由这些骨干成员各自招募社会闲散人员作为该组织的打手、帮凶，发展成员共计三十余人。该组织通过非法控制码头、沙场、矿场，强占农用地，开设赌场等方式获得非法利益 6700 余万元，但只有甘某与骨干成员有权分红，其他成员只能获得工资报酬。以该组织开设赌场的相关事实为例，负责在赌场望风、操作设备、支付赌资的成员只能每日领取 150 元的报酬，而共同出资开设赌场的几位骨干成员则享有管理赌场资金、发放工资、获得分红的权利。①

4. 行为人参与有组织犯罪的情况

行为人在参与黑社会性质组织实施的犯罪的过程中，需要考察其是否具有召集其他成员参与的权限，以及参与犯罪的积极程度、在达成犯罪目

---

① 海南省海口市中级人民法院（2019）琼 01 刑初 56 号刑事判决书。

的的过程中所起的作用。有关的指导案例指出，"积极参加者"中的"积极"，不仅意味着行为人积极、主动地加入黑社会性质组织，而且在具体开展违法犯罪活动的过程中也体现出积极、主动的态度。① 在黑社会性质组织中，骨干成员不仅能够在该组织的发展过程中自主地招揽一些新成员，而且在犯罪过程中，骨干成员往往会带领他们一同实施犯罪，给他们下达具体的行动指令。同时，为了激发这些成员的积极性，骨干成员往往会有意识地在犯罪过程中发挥引导作用，例如率先向被害人施加暴力侵害，或是先以言语挑衅、威胁对方，再要求其他组织成员实施犯罪行为。此时，骨干成员在犯罪过程中发挥了强化犯意、挑起事端、激化矛盾的重要作用。

例如在绍兴市上虞区人民法院 2019 年审理的有关案例中，金某参加了由王某领导的黑社会性质组织，该组织通过在赌场洗码、发放赌资获取非法利益，并在催收赌债过程中实施了非法拘禁、寻衅滋事等犯罪行为。在认定金某是否属于该组织中的积极参加者时，辩方认为金某加入该组织的时间较短、参与的犯罪较少，未造成特别严重的后果，在情节较轻的情况下，应认定为该组织中的一般参加者。

但法院认为，可从三个方面确定金某的积极参加者身份：第一，从其在黑社会性质组织发展过程中所发挥的作用来看，金某受王某直接领导，加入该组织后的四年间，其多次与王某在澳门的赌场通过洗码获得佣金提成，并通过发放赌博资金获得高额利息收益，为筹集该组织发展过程中所需的资金起到了重要作用。第二，从其在该组织中具体承担的管理事务来看，金某在王某开办的娱乐会所中承担"看场子"等管理职责，使用暴力手段管理工作人员，并私下决定娱乐会所内发生的纠纷应如何处理，从而保持娱乐会所工作人员固定、经营秩序平稳。第三，从其在该组织所犯罪行中的表现来看，金某召集了多名社会闲散人员加入该组织，在王某的授意下，金某带领这些组织成员追索非法赌债，指使他们轮流看管债务人，又带头实施恐吓、殴打行为，向债务人逼债；在处理娱乐会所纠纷的过程

---

① 王志辉，逄锦温：《容乃胜等组织、领导、参加黑社会性质组织案——如何认定黑社会性质组织犯罪件中的保护伞问题》，载最高人民法院刑事审判第一、二、三、四、五庭主编：《刑事审判参考》第 23 集，法律出版社 2002 年版，第 43 页。

中，金某带头使用啤酒瓶打砸被害人，并对其拳打脚踢。综上所述，金某在攫取该组织的发展资金、增强该组织实施犯罪的能力、提高该组织的影响力方面发挥了重要作用，属于积极参加者。[①]

（三）组织成员身份的成因

黑社会性质组织犯罪作为有组织犯罪的典型表现形式，其严重的社会危害性不仅表现在犯罪行为的有组织性、被害对象的广泛性、犯罪后果的严重性等方面，而且组织成员的人身危险性也显著地高于单独犯罪人和一般共犯。[②] 因此，在黑社会性质组织犯罪的刑法治理过程中，不能局限于对黑社会性质组织的直接打击，还要从刑事政策层面进行延展性治理，例如对组织成员进行长效防控，以期实现根治。[③] 相较于组织者、领导者而言，积极参加者、一般参加者的数量与黑社会性质组织的发展规模相一致，在司法实践的认定过程中也呈现出更为复杂的状况。从特定个体加入黑社会性质组织的原因来看，主要是受到经济利益的驱使，与基于社会亚文化的心理认同。此外，有关部门未能对有前科的社会闲散人员充分履行帮扶、监管的职责，也对他们加入黑社会性质组织有一定影响。

首先，谋求经济利益是特定个体加入黑社会性质组织的一个重要原因，黑社会性质组织的逐利本质与经济发展状况具有密切的联系。随着市场经济的兴起，城市以多样化的工作机会、舒适的居住条件吸引了大量人口涌入。然而，其中一些学历较低的人员只能依靠工程建设、零件组装等体力劳动获得收入。有学者以"组织、领导、参加黑社会性质组织罪"为关键词，在中国裁判文书网随机收集了 2011 年至 2021 年十年间的 582 份一审刑事判决书涉及的 2008 名被告人，发现在这些被告人当中，文盲、本科学历、研究生学历的人数占比最低，共计 2%；高中及大学专科学历的人数占比相同，均为 7%；小学学历的人数为 339 人，占比为 17%；初中学历的人数为 969 人，占比为 48%；其余 358 人的学历情况在判决书中未提及，这表明黑

[①]　浙江省绍兴市上虞区人民法院（2019）浙 0604 刑初 927 号刑事判决书。

[②]　王良顺：《惩治有组织犯罪的基本原则与立法实现路径——以反有组织犯罪法立法为背景》，载《中国刑事法杂志》2021 年第 6 期，第 19 页。

[③]　莫洪宪：《中国犯罪参与理论的本土构建与刑事实践——以有组织犯罪为视角》，载《政法论丛》2023 年第 2 期，第 17 页。

社会性质组织成员的学历层次普遍不高，其中，初中学历的人数最多，几乎占到了总人数的二分之一。① 城市里的不同阶层之间容易出现贫富差距不均的现象，这将导致低收入群体产生对社会的不公平感，容易在心理上基于相同的地域来源、相似的社会地位而团结起来，有的通过抱团维权的方式，促成自身正当权益的实现，有的则不惜铤而走险，以组成犯罪集团、开展非法活动的方式攫取利益，并逐渐发展成黑社会性质组织。

其次，基于社会亚文化所产生的心理认同，也是吸引特定个体加入黑社会性质组织的一项重要因素，这主要体现为帮派文化、拜金主义、暴力主义，它们是黑社会性质组织滋生、发展的决定性精神力量。② 有组织犯罪文化，是指犯罪组织在存续与发展的过程中，能够得到组织成员普遍认同的思想道德观念、价值观、行为准则等。③ 其中，帮派文化又被称为帮会主义，它以秘密结社为主要表现形式，其中蕴含的观念包括抱团互助、注重义气、尊崇头目，因此能够较好地与黑社会性质组织的发展需求相契合。④此外，讲究帮派文化的犯罪集团一般会有较强的划分势力范围的意识，强调在其活动区域内，其他犯罪集团不得插手干涉，否则就是违背所谓的"江湖道义"。在帮派文化的基础上，黑社会性质组织还宣扬以拜金主义、崇尚暴力为代表的社会亚文化。⑤ 在我国经济逐渐转型、西方价值观大量输入的背景下，一些民众滋生了金钱至上、贪图享乐的错误观念，甚至在一些涉及黑社会的文艺作品的影响下，对黑社会性质组织的争霸事迹、运作规则无比推崇。这些社会亚文化在黑社会性质组织中相互交织，成为其对内增强成员认同感、对外宣扬自身理念的一项重要载体，它们能在组织成员之间起到增进内部团结、强化身份认同的重要作用。⑥

---

① 屈舒阳，代沁漪：《回顾—反思—展望：我国黑社会性质组织犯罪的实践犯罪学研究——以十年间 582 份判决书中 2008 名黑社会性质组织成员为样本》，载《云南警官学院学报》2024 年第 2 期，第 88 页。

② 蔡军：《我国有组织犯罪企业化的路径及其表现分析》，载《法学论坛》2021 年第 1 期，第 136 页。

③ 张爽：《有组织犯罪文化研究》，中国人民公安大学出版社 2012 年版，第 9 页。

④ 周庆智：《论帮派文化及其影响》，载《中州学刊》2000 年第 6 期，第 141 页。

⑤ 何金洋：《黑社会性质组织犯罪实证研究——以 15 例黑社会性质组织犯罪刑事判决书为样本》，载《辽宁公安司法管理干部学院学报》2020 年第 2 期，第 22 页。

⑥ 张保平，李世虎：《犯罪心理学》，中国人民公安大学出版社 2011 年版，第 251 页。

最后，对于有犯罪前科的社会闲散人员而言，有关部门未能有效地对他们实现帮扶与监管，也是他们加入黑社会性质组织的一个重要原因。例如对于刑满释放人员，政府应当帮助其更好地回归社会，让其能够充分发挥自身的一技之长，以合法的途径获得维持生存的必要物质条件。此外，对这类人群的心理疏导也具有必要性，政府在引导他们改过自新的过程中，也要考虑到社会公众对有前科的人员可能出现的歧视，在发生前述情况时，应及时地对刑满释放人员予以心理疏导，让他们不至于在心理上产生被排斥、被孤立之感。在黑社会性质组织所吸收的成员中，有相当一部分属于这类人员，因为黑社会性质组织能够利用他们所拥有的犯罪经验、社会恶名，使该组织所开展的非法活动能够更为顺利地进行，同时在告知被害人这些成员的前科背景之后，能够对被害人施加心理强制。

第六章
黑社会性质组织成员的刑事责任

一、成员承担刑事责任的前提与依据

就组织、领导、参加黑社会性质组织罪的主观方面而言，其体现为故意，可划分为两类成员分别认定：其一，对于组织者、领导者而言，应明知其所在的组织的黑社会性质，并且故意在其中发挥组织、领导作用。其中，"组织"可表现为倡导、发起、策划、建立等多种形式，"领导"可表现为策划、决策、指挥、协调等多种形式；[1] 其二，对于参加者而言，根据《2009 年纪要》与《2018 年意见》中的规定，他们明知或应知参加的组织具备一定规模，由多名成员组成，分化出了一定的层级结构，并且该组织主要是从事违法犯罪活动，将开展前述活动作为基本的行为方式。[2]

在此基础上，还有必要进一步分析各类成员的刑事责任问题，主要涉及承担责任的前提与依据、承担责任的范围与程度这两个方面。值得注意的是，各类组织成员承担刑事责任的相关问题并不是相互独立的。例如在研究组织者、领导者之外的其他成员的刑事责任时，通过对他们个人实施的、不能归责于黑社会性质组织的犯罪进行类型上的界定，一方面能够明确这些犯罪与可归责于黑社会性质组织的犯罪之间的界限，二者呈现此消彼长的关系。另一方面，当其他成员实施的犯罪可归责于黑社会性质组织时，也涉及组织者、领导者承担刑事责任的范围问题。因此，应从整体上

---

[1] 王爱立：《中华人民共和国刑法释义》，法律出版社 2024 年版，第 521 页。
[2] 谢望原，赫兴旺：《刑法分论》，中国人民大学出版社 2011 年版，第 301 页。

审视各类组织成员承担刑事责任的有关问题。但本书为了便于叙述，首先论证各类组织成员承担责任的前提与依据，再将组织者、领导者的刑事责任与其他组织成员的刑事责任分别予以探讨。

（一）承担刑事责任的前提

黑社会性质组织中的成员在承担刑事责任时，一方面应当符合法定的年龄、刑事责任能力，另一方面，由于这些成员与黑社会性质组织存在隶属关系，因此他们还应当对该组织的性质有一定程度的认识。这具体涉及两个方面的问题：

第一个问题是，能否根据案件中的客观情况，推定组织成员认识到了其所在的组织的性质？如果得出肯定性回答，则这些客观情况应具体包括哪些方面的内容？司法实践中，如果行为人未参与该组织的管理事务且所处的层级较低，则未必能够完全认识到黑社会性质组织的各个特征。因此，可结合案件中的客观情况与行为人的供述，利用刑法推定的原理，基于行为人所认识的客观事实，建立起判断其是否明知或应知组织性质的有关规则。从刑法推定的有关概念来看，它属于实体法推定的范畴，以基础事实能够得到证明为前提，在待证事实尚不能确定的情况下，利用基础事实、待证事实之间的关联，以案件中的证据为基础进行推导，在符合一定条件的情况下，推定行为人被指控的行为具备与待证事实对应的犯罪构成，并基于前述推定承担刑事责任。[①]

具体到黑社会性质组织各类成员的刑事责任认定中，为准确判断行为人对该组织性质的认识程度，可先从组织者、领导者这类地位较高的组织成员入手，根据以下几个方面的基础事实进行推导：

首先，组织者、领导者是否为了维系黑社会性质组织的长期存在，而实施了制定内部规约、建立等级制度等旨在增强该组织凝聚力、提高执行效率的行为，并在客观上对该组织的存续起到了积极作用。相较于结构松散、稳定性弱的一般犯罪集团，黑社会性质组织破坏社会管理秩序的能力较强，但这是以严密的组织结构、较强的执行能力为基础的。因此，组织

---

① 窦璐：《刑事推定辨正》，载《政治与法律》2017 年第 11 期，第 102 页。

者、领导者在实施前述与组织建设相关的行为的过程中，能够对该组织的影响力日渐增长的情况，形成明确的认识。

其次，组织者、领导者是否多次策划、指挥了可归责于黑社会性质组织的犯罪行为。通过不断有组织地实施犯罪，该组织的社会危害性、非法控制能力也将逐步提升，组织者、领导者在密切参与这些犯罪的过程中，能够掌握实施犯罪的方式、犯罪所产生的后果，进而不断提高自身在该组织中的地位与威望，这也使其得以更全面地了解该组织各个方面的特征。

最后，组织者、领导者是否认识到了黑社会性质组织在一定区域或某些特定行业中的非法控制状态，并在管理该组织的过程中，对这一状态加以利用。相较于恶势力犯罪集团，黑社会性质组织具备施加非法控制或重大影响的能力，也因此能够获得更多非法利益。组织者、领导者可以指使组织成员实施驱逐、排挤所在区域内其他同行业经营者的行为，迫使他们退出经营，或是向该组织定期缴纳保护费，这说明组织者、领导者已经认识到了该组织的非法控制状态。

例如在海南省高级人民法院 2020 年审理的"符某组织、领导、参加黑社会性质组织案"中，黑社会性质组织的组织者、领导者黄某为了实现对赌场、矿场的非法控制，指使组织成员殴打具有竞争关系的经营者、打砸经营场所内的财物，迫使对方慑于该组织的影响力，不敢继续在当地经营。在该组织控制的矿场采矿权到期，需要重新竞标的情况下，黄某指使多名组织成员威胁一些实力较强的竞标者，迫使他们退出竞标，从而使该组织竞标成功。法院认定，该组织通过打击、排挤其他经营者，导致当地的营商环境、公平竞争的商业秩序遭受严重破坏。[①]

第二个问题是，在黑社会性质组织的四个要件中，如果积极参加者、一般参加者只认识到了其中的部分要件，能否据此要求其承担刑事责任？对此，《2009 年纪要》与《2018 年意见》都持不必全部认识的态度。从前述两项司法解释的具体规定来看，黑社会性质组织成员"明知或应知"组织的性质，主要根据三个条件判断：其一，知晓该组织的基本活动内容就是实施犯罪行为；其二，知晓该组织具备一定的规模；其三，客观上成为

---

① 海南省高级人民法院（2020）琼刑终 49 号刑事判决书。

组织成员，并按照组织者、领导者的安排，参与到了组织事务当中。由此可见，这三个条件主要是围绕黑社会性质组织的组织特征、行为特征而展开的，但与经济特征、危害性特征的关联性较弱。

基于《2009 年纪要》与《2018 年意见》中的规定，黑社会性质组织中的积极参加者、一般参加者应认识到组织特征、行为特征，但在对这些特征的认识程度上可以有所区别。刑法分则各个罪名所包含的构成要件要素，总是通过具体的被指控为犯罪的事实来体现的，行为人主观上的"明知"在刑法分则中体现为对前述事实的认识。①

从刑法第二百九十四条所包含的客观构成要件要素而言，该条所规定的组织特征、行为特征中的要素，能够被行为人所认识。对于这些特征认识程度的区别掌握，主要是为了适应司法实践的需求，如果将认识程度的标准界定得过高，无疑将给公诉机关的证明带来很大挑战。黑社会性质组织的经济特征主要通过经济实力的总体规模、该组织所掌控财物的来源与去向来体现，如果积极参加者、一般参加者没有负责该组织的财务管理事项，则难以认识到前述事实，因此经济特征不宜纳入这些成员明知或应知的范围。黑社会性质组织的危害性特征主要通过对一定区域或行业的控制、影响来体现，如果积极参加者、一般参加者未从整体上规划该组织的活动内容，在该组织中掌握的信息有限，则难以认识到该组织所形成的非法控制状态，因此危害性特征也不宜纳入这些成员明知或应知的范围。

在具体认定行为人对组织性质的了解情况时，一方面可根据行为人的供述认定，例如在永州市零陵区人民法院 2019 年审理的有关案件中，被告人韩某虽然辩称不知自己参加的是黑社会性质组织，但其在供述中表明自己知道所加入的"圈子"人多势众，当初是为了利用该组织的"江湖名气"开办赌场，才加入该组织，并接受该组织的管理，参加了以该组织名义开展的两次犯罪活动，法院最终认定其属于一般参加者。② 另一方面可借鉴前文中用于推定组织者、领导者明知的相关事实，结合《2009 纪要》与《2018 年意见》中的规定，确定用于推定积极参加者、一般参加者主观认识

---

① 陈兴良：《刑法中的故意及其构造》，载《法治研究》2010 年第 6 期，第 13 页。
② 湖南省永州市零陵区人民法院（2019）湘 1102 刑初 102 号刑事判决书。

状况的因素，具体包括行为人成为组织成员的原因、是否与组织核心成员之间产生了密切联系、是否实际接受了该组织的统一管理。

例如当行为人与组织者、领导者之间具备密切关系时，通常会以"兄弟""死党"等名义相称，甚至彼此认对方的后代为自己的义子、义女。在前述交往过程中，行为人能够大致认识到该组织的综合实力。组织者、领导者如果基于前述密切关系，邀请行为人为该组织的犯罪活动提供帮助，或是以一起"混社会"、有福同享等名义邀请行为人加入该组织，并指挥行为人实施犯罪行为，则可推定行为人明知或应知其参加的是黑社会性质组织。在嵩县人民法院 2019 年审理的"董某参加黑社会性质组织"案中，董某与王某系朋友关系，虽然没有经常性地接受王某的管理，但对于王某领导的黑社会性质组织的规模、影响力有所了解。董某在供述中称，"王某有些钱，笼络了一些马仔，在社会上的名声比以前响亮多了"。后由于债务人望某向王某借款 100 万元但逾期未还，王某遂要求组织成员非法拘禁望某。非法拘禁过程中，因望某家人报警，望某被送至当地派出所，遂借机滞留在派出所内不肯出来。王某一直守在派出所门外，但由于他当时带来的组织成员不多，遂邀请董某到场为其壮大声势，以便于继续对望某实施非法拘禁。董某答应了王某的请求，并召集多人前往派出所门口闹事，迫使望某离开派出所并再度被王某非法拘禁。望某最终签下 160 万元的借条，承诺按期还款。虽然董某没有经常性地接受组织者、领导者的管理，也没有直接参与前述非法拘禁的过程，但法院仍然认定其属于该组织中的一般参加者。①

（二） 承担刑事责任的依据

首先，发挥组织、领导作用的成员承担刑事责任的理论基础，是主观责任原则与个人责任原则。主观责任原则是指，当组织者、领导者能够辨认与控制自身的行为，且对于黑社会性质组织所犯的罪行持故意或过失心态，具有期待可能性时，能够对该组织所犯的罪行承担刑事责任；个人责任原则是指，当组织者、领导者需要承担刑事责任时，应考虑到其可能具备的特殊情况，还应避免牵连到与犯罪无关的个人或组织。

---

① 河南省嵩县人民法院（2019）豫 0325 刑初 334 号刑事判决书。

　　具体到黑社会性质组织中，当组织者、领导者参与了其他组织成员实施的犯罪行为，发挥了策划、指挥等作用时，组织者、领导者与负责具体实施犯罪的组织成员之间形成了共同犯罪关系，均应对犯罪承担刑事责任。反之，当某些组织成员未受到组织者、领导者指使，也并非遵照该组织制定的内部规约实施犯罪行为，而且其实施的犯罪行为不能归属于该组织时，组织者、领导者不应基于这些犯罪而遭受非难，因为他们对于与自己缺乏关联的、仅应由其他成员自行担责的犯罪，不具有承担刑事责任的合理依据。① 换言之，在扫黑除恶斗争常态化的背景下，既应加大对黑社会性质组织的打击力度，又应坚守责任原则的底线，虽然黑社会性质组织是由多个独立的个体共同建立并运作的，但不能笼统地要求组织者、领导者对这些组织成员所犯的各项罪行都承担责任。

　　其次，在认定组织者、领导者所应承担的刑事责任时，应结合组织犯的含义、组织犯理论在我国的适用情况予以分析。从组织犯的总体范畴而言，虽然聚众共同犯罪与犯罪集团都属于组织犯的范围之内，但后者的组织程度更高，组织形式更为严密，首要分子与成员之间的犯意联络也更为明确，能够形成较为稳固的集团意志，成员也能更准确地把握首要分子关于实施犯罪的故意。② 以色列刑法学者沙查尔·厄尔达指出，在有组织犯罪中，由于头目与下级组织成员存在等级上的区隔，头目仅通过制定内部规约、形成鼓励组织成员采取自主行动的机制，取代对组织成员下达实施犯罪的直接命令，因此在认定头目的责任范围时，不需要其对成员实施的各项犯罪产生具体的认识。③

　　从系统组织理论的角度出发，各种类型的组织都是一个协作系统，协作意愿、信息交流、目标共识这三个要素缺一不可，组织成员的个人决策之所以能够被归入组织的行为之中，是因为两方面的原因：其一，从具体表现而言，组织成员在个人决策之后实施的行为，符合其所在组织的一贯

---

① 詹红星：《个人责任原则研究》，载武小凤主编：《刑事责任专题整理》，中国人民公安大学出版社 2007 年版，第 330 页。

② 周舟：《犯罪集团中"全部罪行"的认定》，载《法学》2021 年第 1 期，第 188 页。

③ Shachar Eldar. Holding Organized Crime Leaders Accountable for the Crimes of Their Subordinates, Criminal Law & Philosophy, 2012 (2), p. 211.

的行为模式、行为手段。其二，从决策过程而言，组织成员受到了所在组织的预设目标的影响，即该组织在成立之时所追求的目标，以及该组织在不同的发展阶段所欲实现的目标。组织成员处于组织者、领导者直接性的命令支配之下，或是符合组织所预设的决策模型中的系统性安排。① 由于黑社会性质组织符合组织的一般特征，开展犯罪活动的意图也可归于组织所形成的决策，而且成员的决策在多数情况下需要受制于黑社会性质组织，因此也能够适用前述理论。

在对组织犯的含义的理解上，存在广义与狭义两种不同的方式。前者除了"组织"的本意之外，还包括通过领导、指使、规划以促成他人实施犯罪行为之意；后者则仅在原本意义上理解组织犯。大陆法系国家大多数是从广义上理解组织犯，由此产生了两种不同的立法模式：第一种是直接规定组织犯的概念，以东欧、中亚地区前社会主义国家为代表，认为组织犯不限于集团型、聚众型犯罪中，而是广泛存在于各种情形下的共同犯罪中。这种对于组织犯存在范围的认定方法，体现了在社会生产力日益提高的背景下，立法者适度扩张入罪范围、主动惩治潜在犯罪的态度。相较而言，德、日两国对于组织犯的规制方式更为精细，分别以组织犯对犯罪起到了无形的支配作用、组织犯基于参与了共谋而属于共同正犯为由，在刑事立法未将组织行为认定为实行行为的情况下，在司法实践中仍然对组织犯进行了有效的规制。这种专门根据司法实践中法律适用的难题提出新理论的做法，虽然稍显被动，但亦体现了学者回应现实、弥补疏漏的态度。②

相较于前述域外立法及理论情况，我国对于组织犯是从狭义角度进行的界定。一方面，我国刑法第二百九十四条将"组织"与"领导""参加"并列，它们都是行为人与黑社会性质组织产生联系的形式，属于该罪选择性的犯罪构成，因此没有必要将"组织"的含义予以扩张解释。从黑社会性质组织的客观发展情况来看，"组织者"与"领导者"之间也不存在必然的等同关系，因为黑社会性质组织中的成员身份并非一成不变。例如该组织中的积极参加者能够凭借着积极实施犯罪、参与组织事务，逐渐被提拔为组织者、领

---

① 席酉民，刘文瑞：《组织与决策》，中国人民大学出版社 2009 年版，第 49 页。
② 梁利波：《黑社会性质组织犯的认定与责任》，载《福建警察学院学报》2012 年第 5 期，第 95 页。

导者。另一方面，行为人在共同犯罪中具备的地位、发挥的作用，是判断其刑事责任的重要考察因素，在组织犯的可罚性已经在刑法第二百九十四条中专门规定了的情况下，有必要根据具体个案考察相关行为人的刑事责任，而非笼统地从整体上根据黑社会性质组织所犯的全部罪行认定。

最后，黑社会性质组织中的等级构成与利益分配方式，对于认定组织者、领导者的刑事责任也有一定的影响。组织者、领导者基于其地位而具备决策的权力，在黑社会性质组织的决策过程中发挥了关键性的作用，即使只是对他人的提议予以默认，也能使前述提议在组织内部获得充分的认可。[①] 黑社会性质组织在通过违法犯罪获利之后，分配利益的时间、额度与方式，往往由组织者、领导者自主掌控。一方面，组织者、领导者可根据自身在组织中的地位与威望，将相当一部分的非法利益归于自身及骨干成员享有，这些获利较多的成员也应承担更重的刑事责任。[②] 司法实践中，可根据前述成员实际取得的非法利益较多、在该组织开办的营利场所持股比例较大的客观事实，在量刑时作为从重处罚的考量因素。另一方面，组织者、领导者掌控着组织内部规章制度的解释权，而且有权制定关于组织成员实施犯罪具体表现的评价规则、考核方式。在对组织成员"论功行赏"的过程中，组织者、领导者能够加强这些成员对所在黑社会性质组织的认同与信赖，保障组织现有结构的稳定。组织成员为了在利益分配过程中处于有利地位，会主动与组织者、领导者建立更为紧密的关系，并且更为积极地实施违法犯罪活动。

二、组织者、领导者的刑事责任

（一）刑事责任认定标准的变迁历程

1. 不同时期司法解释对组织者、领导者刑事责任范围的认定

相关司法解释中涉及组织者、领导者刑事责任范围的规定，主要体现

---

① 沈振甫：《论黑社会性质组织首要分子的刑事责任》，载《政法学刊》2021 年第 2 期，第 44 页。

② 蔡军：《我国有组织犯罪企业化的路径及其表现分析》，载《法学论坛》2021 年第 1 期，第 135 页。

在《2009年纪要》《2015年纪要》《2018年意见》之中，这一范围呈不断扩大的趋势，本书在介绍行为特征的认定标准变迁历程时也有提及。

首先，《2009年纪要》列举了四种情形以及一项兜底条款，明确了能够认定为黑社会性质组织所实施的违法犯罪活动的基本范围，进而能够要求组织者、领导者对其中的犯罪行为承担责任。

其次，《2015年纪要》对"遵循约定"这种情形的表现形式进行了扩充，如果组织成员多次实施性质类似、原因相同的违法犯罪活动，它们切实增强了黑社会性质组织的影响力，组织者、领导者对这些活动知情但未明确阻止，则这些违法犯罪活动能够被认定为是按照该组织的惯例而实施的。

最后，《2018年意见》将《2009年纪要》所列举的四种情形拆分为五种情形，也附加了一项兜底条款，并且通过修改部分文字表述，使得组织者、领导者承担刑事责任的范围有所扩大，例如对于组织成员实施犯罪的目的，《2018年意见》将"排除竞争对手"修改为"打击竞争对手"，从文义解释的角度而言，"排除"需要达到使竞争对手完全退出的程度，形成黑社会性质组织"一家独大"的局面，而"打击"则不以竞争对手完全退出为必要，只要客观上对竞争对手的生产、经营等活动造成了负面影响即可，其包含的范围更为广泛。又如《2018年意见》在"树立非法权威"这一目的之后，又增加了三种情形，即让该组织强化非法影响、让该组织提升犯罪能力、为该组织寻求"保护伞"，这能够更全面地体现为组织利益而实施违法犯罪行为的各类具体表现形式。

2. 组织者、领导者承担刑事责任的四类情形

如前所述，《2018年意见》虽然将《2009年纪要》列举的四种情形拆分为了五种情形，但其中的内容没有本质上的区别，只是涉及划分标准的差异。本书仍参考《2009年纪要》中的分类标准，但在各情形的具体表述上遵循《2018年意见》中最新修改的内容，将组织者、领导者承担刑事责任的四类情形列举如下：

第一类是"直接参与"型。组织者、领导者不仅对成员实施的犯罪行为知情，而且直接参与了犯罪的实施过程，其起到的作用包括组织、策划、指挥等。按照组织者、领导者对犯罪的不同参与程度，可以分为三种类型：

其一，通过教唆或共同决议，使其所在的黑社会性质组织形成实施犯罪的意思决定；其二，在教唆或共同决议的基础上，又通过组织、策划、指挥的方式，使涉及实施犯罪的意思决定得以落实；其三，通过物理性的实行行为或帮助行为，具体参与了前述意思决定的落实过程。① 以第二种类型为例，组织者、领导者决意实施犯罪并制订犯罪计划之后，召集骨干成员或具体实施者并阐明事先拟定的计划，将各项任务逐级落实到组织成员身上，并许诺完成犯罪计划之后的相关奖励措施，从而为具体实施者提供物质上、心理上的支持。

第二类是"遵循约定"型。黑社会性质组织成立之后，往往会由组织者、领导者牵头制定用于约束成员行为的纪律、规章，并在组织内部获得广泛认同，对成员具有一定的导向性甚至强制约束力。② 这些纪律、规章在组织成员开展犯罪的过程中，起到了确立决策模型的作用。组织者、领导者相当于预设了一种实施犯罪的决策模型，使得成员能够根据被害人所反馈的信息，在这些信息符合预设条件的情况下，按照前述决策模型实施暴力犯罪，因此这些犯罪能够归责于组织者、领导者。从这些纪律、规章的表现形式来看，主要有四种：第一种是以黑社会性质组织的名义，明文规定具体内容；第二种是以不成文的形式存在，仅由组织者、领导者或某些骨干成员向新加入该组织的成员口头传达，并得到了他们的认可；第三种是利用该组织所拥有的公司、合作社等合法身份作为掩护，将组织的纪律、规章呈现为前述单位的内部纪律；第四种是虽未作出任何书面或口头的约定，但该组织经常性地实施某几类犯罪活动，各个成员在犯罪过程中所承担的职责较为固定，由组织者、领导者或骨干成员向他们提醒应注意的要点，从而使得各成员能够通过多次开展犯罪活动，逐渐明确该组织与犯罪有关的要求。

第三类是"为组织利益"型。从《2018年意见》第十条的具体规定来看，"组织利益"包括经济利益、非法权威与非法影响、势力范围、实施犯

---

① 沈振甫：《论黑社会性质组织首要分子的刑事责任》，载《政法学刊》2021年第2期，第41页。

② 周舟：《犯罪集团中"全部罪行"的认定》，载《法学》2021年第1期，第191页。

罪的能力、公权力保护这五个方面的内容，其中既有易于衡量的经济利益，又有社会影响力、实施犯罪的能力等较为抽象的内容，均在黑社会性质组织的总体性目标的范围之内，即通过维持非法控制状态攫取利益。① 因此，组织成员如果为了维持非法控制状态而开展聚众斗殴、排挤竞争对手、勒索保护费用，当这些行为符合相应犯罪的构成要件时，由于切实地维护了黑社会性质组织的利益，应认定为组织所犯的罪行，进而要求组织者、领导者承担责任。

从组织利益和组织所犯罪行之间的关系而言，二者在司法认定过程中形成了双向制约关系，前者依靠后者来体现，后者的范围需要依靠前者来限定。② 《2009 年纪要》曾认为，"为组织利益"是一个主观性的标准，难以从证据的角度得到充分反映，而且组织利益的具体范围难以得到准确界定，因此不宜明文规定"为组织利益"。③ 相较而言，《2018 年意见》则通过列举组织成员实施犯罪的一系列意图，较为全面地界定了"组织利益"的范围，虽然该司法解释也没有明确规定"为组织利益"这一要素，但有利于司法机关统一裁量尺度，将与维护组织利益无关的犯罪行为排除在组织者、领导者承担责任的范围之外。

第四类是"多名成员实施"型。在组织者、领导者没有直接策划或指挥的情况下，黑社会性质组织中的一些成员可能出于非法获利、摆平纠纷、展示实力等动机，召集多名同属于该组织的成员，以所在组织的名义共同实施犯罪行为，并且得到了组织者、领导者的认可或默许。④ 如果犯罪行为由多名成员共同实施，而且属于该组织通常实施的犯罪行为，则容易让外界认为这些组织成员代表的就是他们所在的组织，组织成员在实施犯罪的

---

① 杨学成：《析黑社会性质组织"行为特征"的司法认定》，载《人民法院报》2012 年 2 月 1日第 6 版。

② 陈小彪，曹婷婷：《黑社会性质组织行为特征之界限机能与司法认定》，载《四川警察学院学报》2021 年第 2 期，第 22 页。

③ 中华人民共和国最高人民法院刑三庭：《〈办理黑社会性质组织犯罪案件座谈会纪要〉的理解与适用》，载最高人民法院网，https：//www.court.gov.cn/shenpan/xiangqing/6612.html。

④ 阴建峰，万育：《黑社会性质组织行为特征研究》，载《政治与法律》2011 年第 7 期，第81 页。

过程中，既利用了组织现有的势力，又起到了进一步增强组织影响力的作用。① 从文义解释的角度而言，组织者、领导者事前、事中的认可或默许，属于事前、事中的犯罪通谋，构成共同犯罪自然没有问题，也没有在《2018 年意见》中专门规定的必要，因此这里的"认可或默许"，主要是指事后的认可或默许，例如组织者、领导者在事后得知一些组织成员实施了犯罪之后，通过"司法掮客"向公安机关的办案人员说情打招呼，并通过违法操作，对相关刑事案件以治安案件调解结案处理。②

以上四类情形反映了对组织者、领导者的两种归责思路。一种是"直接参与"型，具体是指由这类成员策划、指挥或直接实施的犯罪行为，此时应按照其在共同犯罪中发挥的作用予以处罚；另一种是"组织归责"型，即这类成员虽未策划、指挥或实施犯罪，仅由其他的组织成员实施，但这些犯罪可被认定为组织所犯罪行。

3. 组织所犯罪行与组织者、领导者刑事责任的关系

组织者、领导者基于其在黑社会性质组织中所具备的最高地位，能够在组织内部制定规章制度，明确开展违法犯罪活动的具体方式与范围，并指使、纵容其他组织成员实施违法犯罪活动，因此，组织者、领导者也应当对可归责于组织的犯罪行为承担责任。

《2015 年纪要》从相反的角度明确了这一原则，即成员实施的犯罪活动如果并非遵照黑社会性质组织的惯例、规约而实施，而且没有起到维护或扩大组织势力、社会影响力、经济实力的作用，则仅属于成员个人的犯罪活动，它们不属于组织所犯罪行。有关的指导案例也指出，如果组织成员为了报私仇或者出于个人私利而实施犯罪，组织者、领导者未在犯罪过程中发挥作用，则只应由成员个人承担责任。③

---

① 周舟：《犯罪集团中"全部罪行"的认定》，载《法学》2021 年第 1 期，第 192 页。

② 张立，罗雄，冯群：《黑社会性质组织组织性和危害性特征的准确把握》，载《中国检察官》2024 年第 2 期，第 76 页。

③ 王桂霄：《张畏组织、领导黑社会性质组织、故意伤害、贷款诈骗、虚开增值税专用发票、非法经营、故意毁坏财物、非法拘禁案——"黑社会性质的组织"的特征应如何把握》，载最高人民法院刑事审判第一、二、三、四、五庭主编：《刑事审判参考》第 11 集，法律出版社 2001 年版，第 32 页。

这意味着，如果成员实施的犯罪活动符合相关司法解释中列举的情形，则能够归责于该成员所在的组织，进而要求组织者、领导者对此承担责任。例如组织者、领导者通过直接指挥该组织中的骨干成员，这些骨干成员又各自召集、指挥自己发展的其他组织成员，以高度的组织性、良好的协同性，为了组织的利益而实施犯罪，则该犯罪属于组织所犯罪行。在前述犯罪中，组织者、领导者与其他的决策者、具体的实施者构成了共同犯罪的关系，即使组织者、领导者在表面上没有参与犯罪的具体实施，但仍然需要承担相应的责任。

4. 组织者、领导者对组织所犯罪行承担刑事责任的依据

由于黑社会性质组织属于犯罪集团的高级表现形式，因此可根据刑法第二十六条的有关规定，要求组织者、领导者对组织所犯罪行担责。从文理解释的角度而言，刑法第二十六条中的"全部罪行"，既包括成员基于共同犯罪的原理而开展的犯罪，又包括一些成员在共同犯罪的范围之外开展的犯罪。[①]

应注意的是，由于组织者、领导者的身份具有可变性，因此组织在存续期间所犯的各项罪行，与具体的某个组织者、领导者之间并不必然地存在联系。例如《2015年纪要》规定，无论是原本具有组织者、领导者身份但中途退出组织的人员，还是普通成员被逐步提拔为组织者、领导者，其对于组织所犯罪行的担责范围，都应以其实际担任该职务期间发生的犯罪为限。

此外，在这种归责方式中，不应将犯罪的实施者笼统地归于黑社会性质组织，而是需要以具体参与实施犯罪的组织成员为依托，将各项犯罪分别落实到这些组织成员之中。除了客观上需要与组织利益之间存在关联之外，这些犯罪还应处于组织者、领导者概括性的故意范围之内，而非直接要求组织者、领导者对成员实施的各项犯罪均承担责任。因此，在司法实践中还应结合案件中的一些客观因素，判断组织者、领导者是否应当承担责任，这些客观因素将在下文进一步展开探讨。

---

① 王俊平：《论犯罪集团首要分子的归责根据》，载《政治与法律》2009年第5期，第98页。

（二）刑事责任的类别划分

1. 组织者、领导者承担刑事责任的犯罪的类别

在黑社会性质组织中，组织者、领导者需要承担刑事责任的犯罪可以归为两类，第一类是指，组织者、领导者对于可归责于黑社会性质组织的罪行，应基于其在该组织中所处的地位承担刑事责任；第二类是指，组织者、领导者仅为了自身利益或不属于组织成员的亲友的利益，自行或与前述人员合谋实施犯罪，且其所在的组织未从这些犯罪中获得经济、名誉、社会影响力等有形或无形的利益。从总体上而言，需要由组织者、领导者承担刑事责任的罪行，在范围上广于或等于组织所犯罪行。

对于这两类刑事责任相关问题的探讨，意义体现在两个方面：

一方面，这涉及司法实践中对于组织者、领导者所涉各项罪行的准确归类。那些组织者、领导者自行实施且不能归责于黑社会性质组织的犯罪，需要在该组织所犯罪行之外单独予以列出。从组织者、领导者这两种刑事责任的认定顺序而言，由于在它们所涉及的犯罪行为中，司法实践的主要打击对象是有组织的犯罪活动，因此首先需要认定的是组织者、领导者实际发挥了组织、策划、指挥等作用的那些犯罪事实，此时组织者、领导者客观上参与了犯罪的实施过程，应当对这些犯罪承担责任。接着，应当考察其他组织成员实施的其他犯罪事实，判断能否纳入组织所犯罪行，在得出肯定结论的情况下，组织者、领导者由于其在组织中的重要地位，也应当为此担责，反之则仅由具体参与犯罪实施的成员自行承担责任。最后，应当考察组织者、领导者自主策划、自行实施的犯罪行为，判断这些犯罪是否仅基于个人利益而实施，在得出肯定结论的情况下，应由组织者、领导者自行承担责任。

另一方面，这两类需要由组织者、领导者承担刑事责任的犯罪互为补充，彼此之间呈现出此消彼长的关系。换言之，组织者、领导者所犯的罪行，在"可归责于组织"与"不可归责于组织"这两者中呈现为择一的关系。它们尽管在承担责任的原理上没有区别，均是在共同犯罪的框架之下，涉及组织者、领导者与哪些人员一同担责的问题，例如在犯罪行为可归责于组织的情况下，是与切实参与了该项犯罪的组织成员一同承担责任，但

由于二者的划分涉及黑社会性质组织所实施犯罪的范围划定，因此在整体上对于认定该组织的社会危害性将产生一定的影响，进而影响其他组织成员的刑罚裁量。

具体而言，对黑社会性质组织社会危害性的评判，不仅需要从其所构建的非法秩序出发，而且需要从该组织成立以来所实施犯罪的次数、规模、负面影响，以及通过犯罪所攫取非法利益的具体数额出发。在这一过程中，通过准确划定组织者、领导者自行实施的犯罪的范围，能够将这些犯罪排除在该组织所实施的犯罪之外，从而从整体上恰当地评判该组织的社会危害性。在案件审理过程中，这将使该组织中的其他成员被处以更为合理的刑罚。

2. 组织者、领导者自行承担刑事责任的情形

由于前文已经对组织者、领导者在组织内部承担刑事责任的四类情形展开了探讨，因此本节主要从刑事责任类别划分的角度，探讨组织者、领导者自行承担刑事责任的情形，主要有三个值得讨论的问题。

（1）组织者、领导者指使组织成员包庇组织外罪行的定性

如果组织成员接受组织者、领导者的指使，在后者实施组织外的犯罪行为之后，帮助其掩饰罪行，或是迫使被害人作出对组织者、领导者有利的虚假陈述，从而构成相应的犯罪时，能否归于组织所犯罪行？这就涉及对于组织所犯罪行中的"组织性"的理解问题。虽然组织成员在受到指使实施前述行为的过程中，表面上仍符合"由组织者、领导者指挥，由其他组织成员实施"的特征，但由于实施犯罪的目的不是为了从整体上维护组织的利益，所以不应归于组织所犯罪行。

例如在六安市金安区人民法院2018年审理的有关案例中，身为组织者、领导者的朱某，在某会所结识了被害人汪某。在一次邀请对方吃晚饭后，因汪某提出要返回单位加班，朱某借机提出自己开车相送，实际上却将车辆开至该黑社会性质组织经营的某赌博机房。中途汪某发觉并试图逃离，但被朱某追上后又强行抱回车内。朱某开车到达目的地后，使用暴力伤害、言语威胁等手段，强行与汪某发生性关系，事后又企图通过赔偿两千元的方式，阻止汪某报案，但遭到拒绝。法院认定，该强奸罪属于组织外的犯

罪事实，仅应由朱某自行承担刑事责任。①

该结论可从三个方面进一步阐述：

第一，组织者、领导者在黑社会性质组织中的权限具有特殊性。其作为该组织中等级最高的成员，在组织创建及发展过程中发挥了重要作用，可利用自己已经形成的威望、地位，实现对组织财产、组织成员的有效支配。无论是为了组织的整体利益实施犯罪，还是仅为了自身的利益实施犯罪，组织者、领导者都能够有效调动组织的人、财、物等方面的资源实现自己的目的。例如在前文所述的朱某强奸案中，在汪某拒绝了与朱某私下解决纠纷，并已向公安机关报案的情况下，朱某指使组织成员陈某、汪某2从中斡旋，并向他们提供活动资金，这些资金来源于该组织开办赌场过程中的获利。朱某要求他们通过威胁、贿买、利诱等方式，使汪某改变原先的陈述，并指使汪某作伪证，以帮助朱某逃避刑事追究。在陈某、汪某2不断的滋扰之下，汪某迫于压力，最终同意了前述要求，并接受了朱某赔付的十万元。随后，朱某又要求汪某持身份证随其到宾馆一同开房，在汪某已有丈夫的情况下，营造出朱某、汪某存在男女朋友关系的假象。接着，汪某在接受公安机关调查过程中，谎称与朱某存在男女朋友关系，之前强奸罪的报案系误报，公安机关因此未作受案处理。朱某后来因其他犯罪落网之后，该强奸犯罪事实也被一并追究刑事责任。与此同时，法院还认为，朱某、陈某、汪某2的行为构成妨害作证罪，但仅属于组织之外的犯罪事实。

第二，不能将组织者、领导者的人身安全笼统地归于组织利益的范畴。组织成员为了保护组织者、领导者的人身安全而实施犯罪，并未积极地为该组织创造经济利益、提升该组织的影响力，只是消极地保护了组织者、领导者的个人安全，这就决定了在将这些犯罪认定为组织所犯罪行时，必须采取限缩的态度。不可否认的是，组织者、领导者的安全对于黑社会性质组织的持续发展，在一定程度上具有重要意义。但这仅指组织者、领导者在犯罪行为能够归责于该组织的情况下，组织者、领导者因发挥了组织、领导、指挥作用，而面临着受到刑事追诉的风险。换言之，只有组织者、

---

① 安徽省六安市金安区人民法院（2018）皖1502刑初356号刑事判决书。

领导者在有组织犯罪过程中，为了防止因犯罪受到刑事追诉而向国家工作人员行贿、安抚并资助在逃的组织成员及其家属、通过妨碍作证等手段干扰刑事追诉的正常进行，在实施这些行为的过程中构成犯罪，相关的犯罪才应归责于该组织。

在前文所述的朱某强奸案中，组织者、领导者在仅为了自身利益而实施犯罪之后，为了防止自身受到刑事追诉，因而指使组织成员实施妨害作证等犯罪行为，虽然这在结果上也保障了组织核心决策层的安全与稳定，但在此情况下，组织成员后续实施的妨害作证等犯罪行为可视为组织者、领导者在先实施犯罪的延伸，在体现了支配、指挥关系的情况下，虽然前后两类犯罪的实施主体并不一致，但仍可视为组织者、领导者对在先实施的犯罪的善后措施，仅属于组织者、领导者为了自身利益而实施的犯罪。

第三，在本问题所涉及的情形下，组织者、领导者调动的组织成员范围与一般的有组织犯罪存在区别。由于该情形仅是为了使组织者、领导者个人逃脱刑事追究，更多地具有帮助个人而非组织解决纠纷的性质。因此，组织者、领导者通常会挑选在该组织中地位较高的成员，或者在分配非法利益过程中占据较多份额的成员执行该项任务。一方面，这些组织成员与组织者、领导者的关系较为紧密，能够准确理解组织者、领导者的意图，并采取有效的方式实现这一目标；另一方面，这些组织成员获得的非法利益分成较多，因此更有动力维护现有的组织秩序，能够更为积极地帮助组织者、领导者逃脱刑事责任。

反之，在那些能够归责于黑社会性质组织的犯罪中，组织者、领导者对于参与人员的选择则基本不涉及前述考量因素。例如需要召集多名组织成员实施的聚众斗殴犯罪，更需要注重的是己方在参与人数、犯罪工具上是否占有优势，从而有效地威慑、压制参与聚众斗殴的对方；又如为追讨债务而实施的非法拘禁犯罪，更需要注重的是参与者控制债务人的能力、向债务人施加心理压力的方式，而非在组织中的地位高低、利益分成情况。

在前文所述的朱某强奸案中，朱某所指使的组织成员陈某是最早与他混迹社会的人员之一，属于黑社会性质组织中的骨干成员。在该组织涉嫌开设赌场罪的多起犯罪事实中，陈某均属于赌场的发起人兼股东，还在经过朱某许可的情况下，在赌场内带领其他组织成员实施高利放贷行为。当赌场遭到竞争对手打砸时，朱某与陈某等人合谋决定持械打砸竞争对手的经营场所，并指使其他组织成员具体负责实施，以示报复。由此可见，陈某与朱某之间的关系较为紧密，为该组织所实施的犯罪起到了决策作用，在获取非法利益的过程中也占据着有利地位。另一成员汪某2虽属于一般参加者，但负责赌博机房的日常经营并管理赌场内的其他工作人员，凭借该工作领取高额报酬，且与被害人存在朋友关系。

（2）与黑社会性质组织所犯罪行的手段相似时的犯罪定性

当黑社会性质组织已实施诈骗罪等侵犯财产类犯罪，组织者、领导者又出于自身利益或是不属于组织成员的亲友的利益，实施了与前述犯罪的类型相同的犯罪，且二者之间的行为方式也具有相似性，则应当如何从客观上对二者进行区分？

例如在利川市人民法院2019年审理的有关案例中，刘某利用其担任的某社区居委会委员的职务，网罗社区干部、居民代表、村组长、负责施工的专业技术人员等多人加入黑社会性质组织，在组织者、领导者刘某的带领下，垄断了该社区土石方工程的施工权限，并利用在履职过程中了解到的拆迁信息，伙同组织成员通过在拟拆迁土地上非法抢建房屋、抢栽苗木等方式，骗取大量征地补偿金。

但与此同时，法院还认定了一些属于刘某个人所犯的诈骗罪事实。其一是在了解到房屋拆迁范围之后，要求其父亲在本社区拟拆迁的土地上抢建猪圈，以此骗取征地补偿款；其二是介绍朋友陈某、熊某夫妇购买了位于本社区拟拆迁土地上的房产，帮助熊某将户口迁入本社区，并向分管社区生产安全管理的工作人员袁某打招呼，要求其不干涉陈某、熊某对房产翻修的事情，使得陈某、熊某在未办理任何手续的情况下，将该房产顺利地予以翻修，随后在房屋征收过程中获得了大量的安置补偿款。①

从客观上看，刘某个人实施的这两项诈骗罪事实，也是通过在正式拆迁之前采取非法抢建、翻修房屋的方式，骗取当地政府发放的安置补偿款，与该组织所实施的相关犯罪在手段上具有相似性。因此，在这种情况下，需要结合其他方面的客观事实，方能有效区分组织所犯罪行与组织者、领

---

① 湖北省利川市人民法院（2019）鄂2802刑初48号刑事判决书。

导者个人所犯罪行。

第一，应考察组织者、领导者与犯罪具体实施者之间的关系。如果组织者、领导者指使的是组织之外的人员，应考察这些人员是否与组织者、领导者存在朋友、亲戚等社会关系，以及他们是否获得了基于犯罪而产生的非法利益。在前述问题均能得出肯定性结论时，可假设组织者、领导者在不借助黑社会性质组织的情况下，能否运用其具备的合法社会身份，以及在正常履行职责、从事合法经营活动过程中获得的信息、拥有的权力，为其所具体实施或参与策划的犯罪提供便利。如果组织者、领导者无需借助其在该组织中的权势、威望，就能促成犯罪的顺利实施，则由于该犯罪事实与该组织之间缺乏关联性，且非法利益仅归具体参与犯罪的人员分配，因此不应归入组织所犯罪行。

例如在前述刘某个人实施的诈骗罪相关事实中，刘某主要依靠的是与之形成共同犯罪关系的非组织成员，并且利用了其在担任社区居委会委员期间获取的拆迁信息，并利用社区居委会委员的身份，干涉与生产、建设相关的安全监督工作，未直接调动组织成员、利用组织财产实施犯罪，因此不属于组织所犯罪行。

第二，应考察黑社会性质组织其他的违法犯罪行为。组织者、领导者为达到对特定行业的非法控制状态，并通过该组织持续性地攫取利益，如果仅凭借单一的手段，或是仅实施单一类型的犯罪，显然是难以实现前述目标的。因此，组织者、领导者在实施可归责于组织的罪行时，需要充分调动组织成员的力量，以多样化的非法手段对抗正常的社会经济秩序。反之，在组织者、领导者仅为了自身或组织之外的亲友的利益而实施犯罪时，与黑社会性质组织之间的关联性较弱，往往限于利用该组织所掌握的信息、利用该组织已经形成的影响力等无形的资源。

例如在前述刘某组织、领导黑社会性质组织案中，刘某除了指使组织成员通过抢建房屋等方式骗取征地补偿款，还利用职权修改前述所建房屋的实际建造时间，并出具其不属于违章建筑的虚假证明；采取向主管人员行贿的方式，将本不属于拆迁范围的房屋纳入拆迁范围，并将房屋予以改建，或抢装配套设施；纵容组织成员牟某额外骗取一块宅基地，刘某从中分成十万元。此外，该组织为了垄断当地的土方石工程行业，还实施了强迫交易、敲诈勒索等犯罪行为。从各项犯罪之间的关联来看，该组织维持抢建、抢装行为可控状态的必要条件之一，是实现对当地土方石工程行业的垄断。如此一来，在抢建、抢装建筑物过程中涉及的具体建设规模、布置内部装潢等事项，均由该组织安排的专业技术人员具体实施，组织者、领导者刘某能够完全将自己的意志贯彻到施工过程中，并有效掩盖抢建、抢装行为的非法性质。

（3）犯罪所得混同情形下的犯罪定性

如果组织者、领导者将自行实施犯罪所得的财物纳入个人财产，而该黑社会性质组织也未安排成员专门负责管理财物，或是设立专门的账户用于保管犯罪所得财物，而是将犯罪所得的非法利益直接交由组织者、领导者自主支配，导致不同性质的犯罪所产生的非法所得相混同，则如何认定组织者、领导者实施的犯罪是为了黑社会性质组织的利益还是个人利益？

该情形下，由于组织者、领导者自主管理的组织财产与其个人财产难以相互区分，导致无法从犯罪所得财物的归属上认定组织者、领导者所实施犯罪的性质。组织者、领导者这种管理财产的方式，也对司法实践中认定该组织通过犯罪所攫取非法利益数额，造成了一定的困难，原因在于：

一方面，黑社会性质组织通过犯罪攫取非法利益的多寡，是认定其社会危害性的一项重要考量因素，因为非法利益的数额在一定程度上反映了该组织社会影响力的大小，以及对相关行业的控制程度与广度。如果该组织的财产仅归组织者、领导者自行管理，则在组织者、领导者未作如实供述的情况下，该组织获得非法利益的具体时间、以该组织名义支出时的具体用途，都将陷入难以查证的困境。这些案件事实能够在一定程度上反映该组织的发展模式，以及发展过程中的关键节点，对于认定各个组织成员在该组织发展过程中所起的作用具有重要意义。

例如该组织中的某些一般参加者加入的时间较晚，在此之前，组织者、领导者已经与该组织中的骨干分子共谋，指使那些加入组织较早的成员实施了开设赌场等多项犯罪，攫取了大量经济利益，并悉数交给组织者、领导者支配。在利用这些非法利益吸引更多社会闲散人员加入，并借助该组织的权势实现对一定区域、一定行业的非法控制之后，该组织由于已经具备了较强的经济实力与社会影响力，能够较为稳定地利用对特定行业的非法控制状态攫取经济利益，因此其实施的主要犯罪类型也有所变化，不再需要频繁地实施暴力犯罪。在前述情况下，加入组织较早的成员显然对于组织的发展壮大发挥了更大的作用，这也能从该组织所攫取的非法利益在不同时段的增长情况予以体现。

另一方面，在黑社会性质组织的相关犯罪行为实施完毕之后，即使通过犯罪所获得的财物暂时归组织者、领导者个人支配，且组织者、领导者在供述中亦表示，自己仅为了个人利益而使用这些财物，但实际上，这些财物仍有可能是用于该组织的运营与发展。由于组织者、领导者承担着发展壮大组织、维持组织运营的责任，在该组织发展过程中，他有能力随时将自身所拥有的财产用于该组织的发展。组织者、领导者为了逃避侦查，可能会先将前述财物暂时归入个人财产，再将其以较为隐蔽的手段拨付给组织，供维持组织的日常运营。如此一来，组织者、领导者就营造出了一种假象：这部分财物不属于黑社会性质组织通过违法犯罪活动所攫取的利益，而是属于组织者、领导者的个人财产。

正是由于在认定黑社会性质组织通过犯罪所攫取非法利益数额的过程中，可能会出现前述现象，因此有必要转变思路，将关注重点从犯罪所产生非法利益的具体拥有者，转变为对组织者、领导者所实施犯罪行为本身的性质认定。具体的思路是，首先通过考察犯罪行为实施过程中的相关因素，确定其是否应当归属于组织所犯罪行。之后，再将组织者、领导者通过各项犯罪行为获得的非法利益予以分类统计，对于那些性质上可以被认定为黑社会性质组织所实施的罪行，所相应产生的非法利益也应认定为由该组织所获取。反之，对于那些仅应由组织者、领导者个人承担责任的犯罪，所产生的非法利益虽然可能今后被用于该组织的发展过程中，但由于与该组织所实施的犯罪之间没有因果关联，故不应归于该组织通过犯罪所攫取的非法利益。

例如在贵阳市中级人民法院 2019 年审理的有关案例中，黑社会性质组织的组织者、领导者胡某为参与当地县中学运动场及附属工程的改造项目，在没有招投标主体资格的情况下，与非组织成员王某协商，借用其所在的某建设工程公司的名义参加招投标并成功中标。之后，胡某先是故意排挤施工监理，从而逃避施工过程中的监管，接着与王某、何某等非组织成员一同开展工程建设，王某负责工程的具体管理，何某负责制作工程决算。在工程完工后，胡某指使王某、何某采取虚增隐蔽工程的尺寸、重复计算工程的施工量、夸大施工过程中使用的原材料的价格等手段，使该工程的造价总额大幅提高，并在前述基础上伪造了与核算工程量相关的单据，强迫施工监理签字。当何某制作出已经过虚增的工程决算价款方案之后，胡某觉得数额太少，又明确要求何某将税款计入工程造价，从而导致了工程决算价款的进一步虚增。之后胡某将有关方案提交给了当地教育局，实际骗取的工程款达二十余万元。[①]

法院认为，胡某所借用的建设工程公司真实存在，且胡某已实际建设了相关的工程项目，在项目完工之后多骗取工程款属于其个人行为，不属于黑社会性质组织的行为，应对胡某按照诈骗罪论处。从本案黑社会性质组织经常实施的犯罪类型来看，主要是通过敲诈勒索、暴力讨债、受雇干涉他人之间的纠纷等途径攫取非法利益，并强迫他人出让砂场、退出土地及荒山的使用权，在垄断这些行业及场所的情况下，为该组织提供稳定的经营性收入。

以上案例也反映了对于组织者、领导者所实施犯罪行为的认定思路。首先应围绕已经被明确界定为该组织所实施的那些犯罪行为，将它们与组织者、领导者实际参与且需要判断性质的犯罪进行比较。在此基础上，筛选出与后者在犯罪起因、犯罪所涉行业领域、犯罪行为的参与者等方面具有共同之处的那些犯罪行为，接着判断组织者、领导者通过实施前述需要判断性质的犯罪所产生的结果，即其是否对该组织所涉及的营利性场所经营、自然资源开采、工程项目建设等事项产生了积极效果。换言之，如果在组织者、领导者未组织策划、具体实施前述犯罪的情况下，该组织所涉及的这些事项仍然能够顺利进行，未因此额外地遭受来自外界的阻碍或干扰，组织所获经济利益也没有因此而减损，则表明组织者、领导者策划、具体实施这些犯罪，不是为了维护与该组织从事这些事项相关的利益。此时有两种可能性：其一，犯罪的实施仅是为了实现组织者、领导者以及其他不具有组织成员身份的参与者的个人利益；其二，组织者、领导者实施

---

① 贵州省贵阳市中级人民法院（2019）黔01刑终1号刑事判决书。

犯罪是为了保障该组织其他方面的利益。

在得出以上两种可能性之后，应进一步考察组织者、领导者在实施犯罪的过程中，是否直接使用了该组织的名义，以及是否召集了其他组织成员参与其中。例如组织者、领导者为了向该组织中的骨干成员提供更多利益，遂邀请他们加入已中标的工程建设项目中，不仅让他们基于所承担的项目管理工作获得报酬，而且指使他们通过虚增工程款的方式，从工程建设项目的主管部门骗取明显超过该项目实际支出情况的资金，先将资金汇总至组织者、领导者的个人账户，再分发给骨干成员自主支配。由于这些骨干成员既与组织者、领导者存在等级上的隶属关系，又在犯罪实施过程中接受组织者、领导者的指挥，且均从与项目相关的犯罪行为中分得了不法利益，因此该犯罪应归于组织所犯罪行。

而在前述胡某组织、领导的黑社会性质组织中，该组织实施了多项违法犯罪事实，其中涉及工程建设的主要有两个方面。一方面是将之作为吸引新成员加入组织的手段，胡某向新加入该组织的成员承诺，该组织能够解决他们的就业问题，并让他们通过承接工程项目获得利益；另一方面，胡某为保障工程项目的顺利开展、改变工程项目的中标结果，从而指使组织成员实施相关的犯罪行为。例如为减少施工过程中面临的干扰，胡某擅自决定将施工路段封闭，禁止外来车辆进出，因此与一些机动车驾驶者发生纠纷；指使组织成员对已中标的其他公司工程负责人实施非法拘禁，使其无法按时缴纳中标合同规定的资金，从而使该组织在中标结果排名靠后的情况下，仍然能获得开展工程建设的资格；在发包方未按照约定时间支付工程款的情况下，为使对方作出让步，胡某指使组织成员携带凶器，与发包方纠集的社会闲散人员进行聚众斗殴。

前述几项犯罪均是围绕黑社会性质组织所负责的工程建设项目而展开，与该组织获取开展工程建设项目的权限、顺利推进工程建设项目施工进度，均具有密不可分的联系，能够使该组织通过承接、开展工程建设项目，不断提高经济实力，因此这些犯罪在一定程度上维护了组织利益。与之相反，胡某所涉及的诈骗罪没有以该组织的名义实施，也没有其他组织成员参与，所得利益也仅由共同实施诈骗行为的人员自行分配，因此对于组织利益并未产生任何积极影响。

从另一个角度而言，即使胡某不采取虚增工程施工量、原材料价格等具有诈骗性质的手段骗取财物，其所负责的工程项目仍然能够顺利进行，可见前述诈骗手段并不是为了保障工程项目按期推进而实施的，仅为了实现胡某的个人利益。因此，该诈骗罪只能由胡某个人承担刑事责任。

（三）刑事责任范围与程度

1. 司法实践中的争议与成因

司法实践对于组织者、领导者承担刑事责任范围与程度的争议，集中发生在《2015 年纪要》对"遵循约定"型所包含的情形进行扩充的背景下。《2015 年纪要》规定，如果组织成员多次实施性质类似、原因相同的违法犯罪活动，它们切实增强了黑社会性质组织的影响力，组织者、领导者对这些活动明知但未明确阻止，则这些活动能够被认定为是按照组织惯例而实施的，进而归属于该组织所犯的罪行。

《2015 年纪要》的制定者指出，黑社会性质组织的意志，很大程度上需要通过发挥了核心作用的组织者、领导者来体现，组织者、领导者对组织成员实施的各类违法犯罪活动具有概括的故意，组织成员在按照前述方式实施违法犯罪活动的情况下，处于组织者、领导者能够预见的范围之内。如果组织者、领导者对组织成员实施的违法犯罪活动明知，却予以纵容、放任，则表明这些活动不与该组织的意志或宗旨相悖。① 这意味着在界定组织者、领导者的刑事责任范围时，不以其直接参与的犯罪为限，对于组织者、领导者纵容、放任的其他组织成员所犯罪行，也应纳入组织者、领导者刑事责任的范围之中。②

那么，对于前述"概括的故意"，其范围应如何把握？《2015 年纪要》以组织者、领导者至少能够预见到犯罪作为归责的前提，司法实践中如何以此为基础，进一步明确组织者、领导者承担刑事责任的限度？在组织者、领导者未直接参与犯罪的前提下，从其对组织罪行承担责任的基本路径来

---

① 戴长林，朱和庆：《〈全国部分法院审理黑社会性质组织犯罪案件工作座谈会纪要〉的理解与适用》，载最高人民法院刑事审判第一、二、三、四、五庭主编：《刑事审判参考》第 107 集，法律出版社 2017 年版，第 141 页。

② 周道鸾：《刑法的修改与适用》，人民法院出版社 1997 年版，第 111 页。

看，第一个环节是组织成员为了组织利益、按照组织规约实施犯罪，第二个环节是将这些犯罪归于组织所犯罪行，第三个环节是要求组织者、领导者对此承担责任。

但在第一环节过渡到第二环节的过程中，如何确定组织者、领导者概括性故意的范围，司法实践中产生了争议。① 例如组织者、领导者将赌场经营、矿场运营等盈利性业务安排给组织成员管理，后者在管理的过程中与他人发生纠纷，为维护场所正常秩序、惩治在场所内滋事的人员，由于该组织的内部规章未对该情况应如何处理作出明确规定，组织成员在未征求组织者、领导者意见的情况下，擅自对滋事人员实施非法拘禁。

对于组织者、领导者是否要对非法拘禁罪承担刑事责任这一问题，河南郑州中院、湖北宜昌中院出现了截然相反的判决结果。② 前者认为，非法拘禁罪应归属于黑社会性质组织所犯的全部罪行，进而要求组织者、领导者承担刑事责任；后者认为，由于组织者、领导者事先不知情，非法拘禁过程中也未参与，故不应承担刑事责任。又如黑社会性质组织的积极参加者在组织者、领导者不知情的情况下，自行指挥部分组织成员与他人聚众斗殴，则组织者、领导者如果并未授意、指挥这些犯罪，是否应当承担刑事责任，湖南怀化、醴陵、邵阳三地的法院也产生了不同的观点。③

以上司法实践中的分歧，本质上涉及对现有司法解释中组织者、领导者承担刑事责任范围的进一步理解。首先需要明确的是，组织者、领导者承担刑事责任的范围与程度，是两个相互关联的问题，分别从横向与纵向两个角度，限定了组织者、领导者的刑事责任。但前者有利于准确地划定后者的边界，且司法实践中的主要问题集中在前者。

在认定组织者、领导者的刑事责任程度时，应考察两个方面的因素。第一，以黑社会性质组织截至案发时的发展规模，以及组织者、领导者对

---

① 沈振甫：《论黑社会性质组织首要分子的刑事责任》，载《政法学刊》2021 年第 2 期，第 39 页。

② 参见河南省郑州市中级人民法院（2012）郑刑再终字第 6 号刑事判决书、湖北省宜昌市中级人民法院（2012）鄂宜昌中刑终第 00050 号刑事判决书。

③ 参见湖南省邵阳市中级人民法院（2013）邵中刑一终字第 28 号刑事判决书、湖南省醴陵市人民法院（2010）临刑初字第 72 号刑事判决书、湖南省怀化市中级人民法院（2011）怀中刑一终字第 23 号刑事判决书。

于组织内部建设发挥的作用为依据，按照刑法第二百九十四条规定的量刑幅度，对他们确定具体的刑罚；第二，根据应归责于黑社会性质组织的罪行，按照组织者、领导者与其他组织成员在每次共同实施犯罪过程中发挥的作用，在各项犯罪中分别确定组织者、领导者应被判处的刑罚。

例如在人民法院案例库的入库案例"黄某等 196 名被告人黑社会性质组织犯罪案"中，法院总结了对组织者、领导者量刑时应考虑的因素：首先，应总体把握该黑社会性质组织的恶劣程度；其次，考虑该组织者、领导者对该组织造成的重大危害所起的作用；再次，考虑该组织者、领导者本人直接实施的犯罪行为；最后，考虑该组织者、领导者的主观恶性及人身危险性，是否存在累犯、前科等情节。根据宽严相济的刑事政策，对于黑社会性质组织犯罪等严重影响人民群众安全感的犯罪，应依法从重处罚；对于罪行十分严重、社会危害极大，依法应当判处重刑或死刑的，要坚决地判处重刑或死刑。如果存在多名组织者、领导者，则既需要从总体上把握案件性质、恶劣程度，又要做到突出重点、区别对待，达到法律效果与社会效果的统一。①

此外，最高人民法院发布的指导案例"刘汉等人组织、领导、参加黑社会性质组织案"的裁判要旨认为，组织者、领导者虽然能够与具体实施者构成共同犯罪关系，但刑事责任的程度应视具体情形作出区别处理。组织者、领导者对于其直接指挥、参与的犯罪行为，原则上应承担最重的责任；反之，在其未直接指挥、参与的情况下，不应承担最重的责任。②

前述几个案例虽然只是对刑事责任程度的探讨，但反映了两个方面的问题。其一，组织者、领导者承担刑事责任的程度，需要根据他们在个案中发挥的作用等因素综合考量、具体分析，从而体现出鲜明的实践性。第二，从理论上明确组织者、领导者对于组织成员实施的哪些犯罪应承担责任，是判断组织者、领导者刑事责任程度的前提条件。本书认为，即使部分组织成员利用了组织的名声、影响力实施了犯罪行为，但他们在实施过

---

① 海南省高级人民法院（2020）琼刑终 48、49、50、51 号刑事裁定书。

② 绳万勋：《如何认定组织者、领导者对具体犯罪的罪责——刘汉等人组织、领导、参加黑社会性质组织案》，载最高人民法院刑事审判第一、二、三、四、五庭主编：《刑事审判参考》第107 集，法律出版社 2017 年版，第 8 页。

程中未受到组织者、领导者的指使，而且不处于组织制定的纪律、规章范围之内，不符合《2018 年意见》对"组织利益"范围的界定，即经济利益、非法权威与非法影响、势力范围、实施犯罪的能力、公权力保护这五个方面的内容，如果组织者、领导者对这些犯罪行为确不知情，则不能简单地将这些犯罪行为归责于组织者、领导者。前述指导案例的结论，也在一定程度上印证了这一观点，因为该案例有关组织者、领导者刑事责任程度的探讨，都是在他们直接或间接参与犯罪行为的情况下展开的，在"参与"成为核心要素的情况下，要求组织者、领导者承担刑事责任，显然应以相关犯罪处于他们的概括性的故意范围内为前提。

司法实践中的另一个争议，则涉及组织成员个人罪行与可归责于黑社会性质组织的罪行之间的划分。由于二者之间呈现此消彼长的关系，而可归责于黑社会性质组织的罪行又与组织者、领导者的刑事责任具有密切联系，因此有必要明确组织成员个人罪行的范围。虽然我国刑法总则规定首要分子应按照集团所犯全部罪行处罚，而且由于黑社会性质组织属于犯罪集团的高级表现形式，也应适用前述规定，但前述"全部罪行"并不完全等同于组织成员个人实施的犯罪行为。从个人责任的原则出发，不应将组织成员实施的各类犯罪行为，一概地认定为该组织实施的犯罪行为，必须在司法实践中明确不同犯罪行为之间的界限，否则将不当扩大组织者、领导者承担刑事责任的范围。对此，本章将在第三节重点展开探讨。

2. 学界对组织者、领导者担责范围的不同理解

黑社会性质组织的"全部罪行"与组织者、领导者的责任范围密切相关，有关的指导案例指出，黑社会性质组织作为犯罪集团的高级表现形式，前者中的组织者、领导者也是犯罪集团的首要分子。[1] 因此，在认定组织者、领导者的担责范围时，可以借鉴学界有关首要分子承担刑事责任范围的研究成果，对于这一问题主要有五种不同的观点。第一种观点是"概括性故意"说，当首要分子对犯罪发挥了总体性的策划、指挥作用，且该犯

---

[1] 绳万勋：《如何认定组织者、领导者对具体犯罪的罪责——刘汉等人组织、领导、参加黑社会性质组织案》，载最高人民法院刑事审判第一、二、三、四、五庭主编：《刑事审判参考》第107 集，法律出版社 2017 年版，第 8 页。

罪体现了他们总体性、概括性的故意时，则他们应对犯罪承担责任。① 第二种观点是"集团共同故意"说。该观点以犯罪集团为主体，认为"全部罪行"是指犯罪集团所计划实施的犯罪活动。如果超出了该集团的故意范围，则应认定为过限的犯罪，不能归责于首要分子。② 无论是首要分子在犯罪之前发挥了组织、策划作用，还是指挥其他成员具体开展犯罪活动，都未超出犯罪集团的意志范围。由此可见，犯罪集团在这些犯罪的开展过程中体现出了共同的故意，成员实施的犯罪不应超出前述故意的范围，否则不能归入集团所犯罪行。③ 第三种观点是"整体意志"说。相较于第二种观点，该观点在应承担责任的犯罪阶段上有所扩展，不再局限于首要分子事前计划实施的犯罪，而是既包括预谋阶段，又包括实行阶段，归责的判断标准在于是否体现了犯罪集团的整体意志。④ 第四种观点是"支配犯罪"说，该观点以首要分子对犯罪发挥了直接、间接这两种支配作用为归责的前提，根据是否实现了"支配或控制"以及实现的程度，确定首要分子的刑事责任。⑤ 具体可细化为三种类型："直接支配"型，即直接通过对成员的组织、指挥等方式实现对犯罪的支配；"组织支配"型，即首要分子基于其在犯罪集团中的较高地位，通过该集团支配犯罪，以实现其概括性的故意；"事后追认"型，即首要分子对于成员实施的、有助于维护犯罪集团利益的犯罪行为虽事先不知情，但在犯罪发生后予以认可。⑥ 第五种观点是"意志影响"说，该观点从首要分子与成员之间的关系切入，认为前者能够在后者的犯罪决策过程中发挥意志影响力。首要分子在犯罪集团的整体性目标、阶段性目标的产生过程中起到了支配性作用，而犯罪集团的决策又会影响到成员的决策，例如犯罪集团所预设的决策模型、所宣扬的崇尚暴力的行为态度等。在要求首要分子对集团所犯罪行承担责任时，应当例外地肯定

---

① 张明楷：《犯罪集团首要分子的刑事责任》，载《法学》2004 年第 3 期，第 61 页。

② 吴光侠：《主犯论》，中国人民公安大学出版社 2007 年版，第 246 页。

③ 贾宇：《刑法学》，高等教育出版社 2019 年版，第 247 页。

④ 赵秉志：《犯罪总论问题探索》，法律出版社 2002 年版，第 509 页。

⑤ 向朝阳，邹佳铭：《论组织犯及其刑事责任》，载《中国刑事法杂志》2006 年第 4 期，第 30 页。

⑥ 秦宗川：《论黑社会性质组织犯罪中"全部罪行"的认定》，载《中国刑事法杂志》2014 年第 5 期，第 39 页。

对个人责任原则的偏离。①

上述五种观点都有一定的合理之处，但相较于"集团共同故意"说与"整体意志"说，"概括性故意"说更为准确地发挥了对首要分子刑事责任的界定功能。由于集团所犯的罪行不限于首要分子预谋实施的犯罪，以及首要分子发挥了领导、指挥作用的犯罪，因此"集团共同故意"说不当地缩小了首要分子担责的范围。②

"概括性故意"说在遵循主观责任原则、个人责任原则的基础上，将集团所犯罪行转化为对首要分子故意范围的判断，避免了笼统认定责任范围的错误做法。但该观点仍有待进一步对"总体性、概括性故意"的内涵进行界定。

"支配犯罪"说虽然较全面地归纳了首要分子承担刑事责任的情形，但为避免理解出现歧义，对于"支配"含义的解释应结合德国刑法中现有的理论成果，具体是指罗克辛教授提出的"犯罪事实支配理论"，该学说将正犯视为犯罪过程中处于核心、关键地位的角色，与构成要件所规定的犯罪主体具有密切的关联。③ 正犯在客观上需要对共同犯罪发挥支配作用，主观上需要有主导犯罪进程的意愿，与之相对，共犯则处于次要、边缘的地位。④

但这一学说难以完全适用到首要分子归责的问题之中。原因在于：首要分子对于集团所犯罪行，更多地体现为机能性的支配，有三个条件缺一不可，即与实施犯罪的组织成员制订了共同认可的犯罪计划、切实参与到犯罪实行阶段之中、对犯罪实行阶段发挥了较大的作用。然而在"支配犯罪"说的"事后追认"类型中，首要分子不符合前述任何一个条件，该观点之下的其他两种类型也不完全符合前述三个条件，这就造成了理论根基的缺失、概念适用的混乱。"意志影响"说虽然揭示了首要分子对成员施加

---

① 沈振甫：《论黑社会性质组织首要分子的刑事责任》，载《政法学刊》2021 年第 2 期，第 45 页。

② 周舟：《犯罪集团中"全部罪行"的认定》，载《法学》2021 年第 1 期，第 184 页。

③ ［德］克劳斯·罗克辛：《德国刑法学总论（第 2 卷）》，王世洲译，法律出版社 2013 年版，第 92 页。

④ 张红艳：《论德日刑法的犯罪支配理论与共谋共同正犯》，载《河北法学》2011 年第 9 期，第 177 页。

影响的途径，但主张偏离个人责任原则的解释思路，在立论的基础上有所
欠缺，不利于准确地认定首要分子的刑事责任。

3. 以概括性的故意作为承担责任的范围

（1）概括性的故意在归责过程中的必要性

如果组织成员在实施犯罪过程中未受到组织者、领导者的指使，而且
该犯罪不处于黑社会性质组织制定的纪律、规章范围之内，不符合《2018
年意见》对"组织利益"范围的界定，即经济利益、非法权威与非法影响、
势力范围、实施犯罪的能力、公权力保护这五个方面的内容，则组织者、
领导者应当对该犯罪具备概括性的故意，这是其承担刑事责任的前提条件。

之所以作出以上限制，一方面是由于主观责任原则，另一方面是由于
黑社会性质组织的特殊性。由于其在开展违法犯罪活动的过程中，呈现复
杂多样的表现形式，而且内部的等级结构复杂，因此组织者、领导者不一
定明确地授意其他成员开展犯罪活动，有的情况下对于犯罪并不存在具体
的故意，只能从其总体、概括的故意予以把握。[①]

正如本书第一章所述，虽然刑法明文规定了黑社会性质组织的四个特
征，但它们不是在该组织诞生之初就完全具备，而是需要经历一个逐渐形
成与完备的过程，应结合该组织成立之后实施的具体犯罪行为予以认定。
各个组织成员在组织者、领导者的管理之下各司其职，使得该组织能够不
断攫取经济利益、挑战社会管理秩序，并逐步确立非法控制状态。组织成
员一方面因实施具体犯罪而受到刑事追究，另一方面根据其在该组织中所
处的级别，按照组织、领导、参加黑社会性质组织罪处罚，二者综合体现
了对组织成员的否定性评价。例如陈兴良教授指出，将涉案的犯罪集团认
定为具有"黑社会性质"之后，相当于在司法上标定了从严惩治的必要性，
这既使得对组织成员采取的刑罚措施更为严格，又提高了对组织成员所涉
具体罪行的处罚力度。[②]

组织者、领导者的职责，既包括对具体犯罪行为的策划、指挥，又包

---

① 张明楷：《犯罪集团首要分子的刑事责任》，载《法学》2004 年第 3 期，第 61 页。

② 陈兴良：《论黑社会性质组织的组织特征》，载《中国刑事法杂志》2020 年第 2 期，第 25
页。

括该组织的日常管理活动。根据《2018 年意见》，"组织"的含义不仅包含筹备建立、主导创立黑社会性质组织的行为，而且包括将多个组织予以合并、将完整的组织分化为多个更小的组织、对组织结构予以重组的行为，"领导"的含义不仅包括对具体犯罪活动的领导，还包括参与对组织重要事项的决策，以及在组织发展过程中协调成员关系、管理组织事务的行为。由此可见，司法实践中对组织者、领导者予以刑事归责，需要结合多方面的事实综合考量，但应以与其地位、职权相对应的认识能力为基础，不应将超出他们概括性故意的、由其他组织成员自行实施的犯罪，纳入组织者、领导者刑事责任的判断过程中。

（2）认定概括性故意的具体因素

对于组织者、领导者刑事责任范围的判断，应当以其总体上组织、指挥的具体犯罪为基本情形，在此基础上明确认定概括性故意的具体因素。① 本书将这些因素概括为以下几个方面的内容：

第一，组织者、领导者对于成员职务的掌控情况。组织者、领导者在黑社会性质组织中居于核心地位，有能力将该组织的各项事务化整为零，分别交由不同的成员分工负责。如果黑社会性质组织内部已经在组织者、领导者的安排下形成了一定的分工，成员长期、稳定地履行自己所负的职责，为确保职责的正常履行而采取犯罪手段的，应当认为未超出组织者、领导者的概括性故意。这与《2009 年纪要》中规定的"遵守约定型"存在一定的区别，《2009 年纪要》中主要是指组织内部共同约定并遵守的规则，无论是组织者、领导者还是其他组织成员，都需要知晓并遵守；而此处更强调组织者、领导者对于多个组织成员所担任职务的支配状态，具有一对多的特征，不以全体组织成员知晓并认同为必要。

例如在永修县人民法院 2019 年审理的有关案件中，黑社会性质组织的组织者、领导者袁某为垄断当地的砂石供应市场，实现对砂石供应以及定价的非法控制，指使部分组织成员组成"护砂队"，为他们专门购买了越野车，并在车内准备了钢管等工具，要求他们对当地群众可能实施的采砂活

---

① 陈梅：《论黑社会性质组织首要分子的刑事责任》，载《政法学刊》2019 年第 4 期，第 72 页。

动予以阻拦。这些组织成员在履行职责过程中，殴打从事装砂及拖砂活动的群众，破坏这些群众的农用车，实施相关犯罪行为十余次，法院认定，袁某应当对这些犯罪行为承担刑事责任；[①] 又如领导者、领导者将收取保护费的任务交由一些组织成员实施，并要求他们务必完成该项任务。因部分经营者拒绝缴纳保护费，这些组织成员遂采取暴力手段催收，造成轻伤以上结果。在以上两种情形中，组织者、领导者对于成员实施犯罪行为的方式、受害者的基本情况不一定知情，但由于组织成员的犯罪行为实现了组织者、领导者预先设定的目标，在组织者、领导者概括性故意的范围之内，故组织者、领导者应当对此担责。

第二，组织者、领导者是否为成员实施的具体犯罪提供了支持，以及对前述犯罪之结果的继承、利用情况。一方面，在犯罪实施之前与实施过程中，组织者、领导者有足够的能力为负责具体实施的组织成员提供活动经费、犯罪工具等各方面的支持，并强化组织成员实施犯罪的意愿；另一方面，在犯罪实施完毕后，组织者、领导者为了掩饰组织成员所犯罪行，往往会采取销毁犯罪证据、帮助涉案人员藏匿、指使他人作伪证等手段。

例如在丽水市中级人民法院 2019 年审理的有关案例中，胡某作为黑社会性质组织的组织者、领导者，组织多人开设赌场并向赌博人员暴力讨债，购置了大量管制刀具以便组织成员实施其他暴力犯罪，与组织成员约定了"打架不能输""牌子不能倒"等纪律。一方面，胡某在明知组织成员丁某将被害人刘某捅成重伤的情况下，先是多次与潜逃的丁某秘密会面，为其安排住宿场所、提供维持基本生活的现金，后又帮助丁某向其他债务人追讨欠款 1 万元，部分用于支付被害人的医疗费用，余额提供给丁某供其潜逃期间使用；另一方面，当胡某得知公安机关已开始调查组织成员马某故意伤害杨某的案件后，为逃避刑事追究，指使马某在供述时否认受到了指使，并让马某通过第三方联系被害人杨某，要求杨某在陈述时撇清这一犯罪与胡某的关联。被害人杨某答应后，向公安机关谎称，事发时因饮酒意识不清，不知对方身份以及是否受到指使。法院认为，胡某同时构成窝藏罪、

---

① 江西省永修县人民法院（2019）赣 0425 刑初 202 号刑事判决书。

妨害作证罪，应与组织、领导黑社会性质组织罪并罚。[1]

另一个值得探讨的问题是，当存在多名组织者、领导者的情况下，哪些组织者、领导者应当对具体犯罪担责。在司法实践中，组织者、领导者的人数不一定只有一人，应根据组织成员所担负的职责来确定组织者、领导者的数量。[2] 以"张德星、张德齐等人涉黑案"为例，两名被告人分工负责，一人牵头负责工程建设，为黑社会性质组织的维系、发展提供物质支持，另一人牵头负责开展有组织的犯罪活动，不断排挤其他竞争者，确保所在的组织能够获取工程项目，前述两类事务形成了相互依存、相互支持的局面，法院将这两名被告人均认定为组织者、领导者。[3]

虽然从刑法第二十六条的字面含义来看，各个组织者、领导者均应当对黑社会性质组织所犯罪行担责，不因他们具体分管的事项有别、具体指使的犯罪不同，而在应担责的犯罪范围上存在区别。但本书认为，有必要对此作进一步的分析。从实践中的情况来看，黑社会性质组织既可以仅由单个组织者、领导者负责指挥其他成员，又可以同时存在多个组织者、领导者，各自管理一部分组织成员，形成各自的组织结构并相互影响，从而使组织成员之间呈现网络状的关系。[4]

例如某黑社会性质组织由几个原属不同活动区域的一般犯罪集团共同组合而成，原各个犯罪集团的首要分子需要在新的组织中维持自己的原有地位，至少能够与其他犯罪集团的首要分子平起平坐，以便更好地维护原犯罪集团成员的利益。在黑社会性质组织存在多个组织者、领导者，而且分别负责该组织一部分日常事务的情况下，如果其中几个组织者、领导者未经组织高层共同协商，为实现自身的或部分成员的利益，自行安排组织成员开展犯罪活动，其他组织者、领导者不知晓前述情况，客观上亦未参

---

[1]　浙江省丽水市中级人民法院（2019）浙 11 刑终 330 号刑事裁定书。

[2]　何佩芸，刘超：《黑社会性质组织犯罪的特征及司法认定——以贵州省 20 个案例为分析样本》，载《四川警察学院学报》2020 年第 3 期，第 54 页。

[3]　福建省人民检察院扫黑办：《张德星等人组织、领导、参加黑社会性质组织抗诉案》，载最高人民检察院扫黑除恶专项斗争领导小组办公室编：《扫黑除恶典型案例与实务指引》，中国检察出版社 2019 年版，第 72 页。

[4]　靳高风：《当前中国有组织犯罪的现状、特点、类型和发展趋势》，载《中国人民公安大学学报》2011 年第 5 期，第 11 页。

与其中，则不应对此担责。

反之，如果其他的组织者、领导者利用他们在处理组织事务过程中掌握的工具、财物、场所、信息，应参与前述犯罪的组织成员的要求，为犯罪的实施创造便利条件，则应当要求这些组织者、领导者对相关犯罪承担责任。例如负责催讨高利贷的组织者、领导者，在借款人长期未履行债务的情况下，决定采取非法拘禁的方式逼迫借款人履行还款义务。但由于缺乏用于非法拘禁的场所，其遂向分管该组织场所的组织者、领导者提出请求，并说明目的是顺利完成催债任务，后者予以同意。虽然催收高利贷与场所使用之间不存在直接关联，但由于非法拘禁属于催收高利贷的常用手段，因此提供便利的组织者、领导者足以认识到相关的组织成员将在该组织的场所内完成债务催收，前述组织者、领导者对于催收行为可能造成的侵害后果持一种放任的态度，需要对前述犯罪承担责任。

第三，黑社会性质组织经常实施的犯罪类型的演变情况。黑社会性质组织犯罪类型的扩张，与其内部结构的成熟程度、综合实力的变化情况具有密切关联，而这都是在组织者、领导者的运营之下实现的。在黑社会性质组织的发展过程中，如果能够维持较为稳定的发展趋势，随着组织实力的增强、社会影响力的提升，其主要实施的犯罪类型也将发生变化，向着利润更高、隐蔽性更强的方向发展，从而使该组织攫取的非法利益不断增加，同时降低可能面临的法律风险。

例如在芜湖市镜湖区人民法院 2018 年审理的有关案例中，江某刑满出狱后从事信贷工作，认为经营小额贷款业务易于获取利润，便与王某共同出资经营小贷公司，招募了二十余名工作人员，还取得了某资产管理公司的区域代理权，违背该公司关于收取服务费的额度限制，在客户不知情的情况下，擅自从所发放款项中扣除所谓的前置利息、服务费用，并在公开宣传过程中自称具备无抵押、低利率、放款快等优势，诱骗借款人签订与实际借款金额不符的合同。在该组织发展初期，采取与专业讨债公司合作的方式催收逾期贷款。后由于江某觉得讨债行业有利可图，遂组建专门的暴力催收团队，采取堵塞锁眼、非法拘禁、张贴标语等方式，骚扰了二十余名借款人，逐渐在当地小贷行业树立了强势地位。江某遂决定利用黑社会性质组织的威势，干预当地的民间经济纠纷，要求当地某信贷公司延长客户的还款期限，遭拒绝后聚集组织成员数十人到该信贷公司营业场所寻衅滋事，干扰其正常营业，并使被害人因陷入恐惧心理而不敢报警。[①]

从本案中黑社会性质组织的发展轨迹来看，其首先是以非法放贷、诈骗等手段，逐步积累用于维持、扩大组织规模的资金，再通过组建可由组织者、领导者自主掌控的催收团队，以暴力手段逐步实现对该区域小额放贷行业的非法控制，最终凭借该组织已经形成的影响力，以威胁、恐吓等软暴力手段干预当地其他公司放贷业务的顺利进行，并随时有将威胁的内容通过暴力手段予以现实化的能力，以调停借贷纠纷、整顿行业秩序为名，向被调停对象收取保护费。

对于前述现象，《2015 年纪要》的制定者指出，在黑社会性质组织的发展过程中，其实施的暴力活动通常会经历一个"从多到少"的过程，"多"是指在该组织成立初期，为夺取强势地位、提高社会声望，组织者、领导者会策划大量带有暴力色彩的违法犯罪活动，"少"是指当该组织发展较为成熟，积累了一定的影响力之后，前述违法犯罪活动会出现隐蔽化的趋势，实施次数也会逐渐降低，因为该组织已经能够轻易地运用已经树立的威望维持非法控制状态，不必再大张旗鼓地频繁实施暴力犯罪。[②] 换言之，由于黑社会性质组织的发展状态具有连贯性，在其不同的发展阶段，获取非法利益的途径、该组织的综合实力大小均处于不断变动的过程中，其经常实施的犯罪类型的范围也可能会发生扩充或变更，但这些变化一般都是在组织者、领导者经过慎重决策之后认可的。因此，实践中可从以下两项判断因素入手，在均能得出肯定性结论的情况下，可将转变前、后的犯罪均归责于组织者、领导者：其一，应立足于该组织非法控制的具体行业所涉及的常见犯罪，分析前述犯罪类型的变化是否有利于维持、强化该组织的非法控制状态；其二，应根据该组织当时的经济实力、人员规模，判断是否具备支持犯罪类型转变的客观条件。

第四，黑社会性质组织中利益分配、成员变动的整体情况，以及组织

---

① 安徽省芜湖市镜湖区人民法院（2018）皖 0202 刑初 347 号刑事判决书。

② 戴长林，朱和庆：《〈全国部分法院审理黑社会性质组织犯罪案件工作座谈会纪要〉的理解与适用》，载最高人民法院刑事审判第一、二、三、四、五庭主编：《刑事审判参考》第 107 集，法律出版社 2017 年版，第 141 页。

程度的严密性。从黑社会性质组织的产生、发展过程而言，其组织事务的运营始终保持着一定的连贯性，司法实践中也是将该组织成立以来实施的各项犯罪均纳入惩治范围，而非仅将关注点聚焦于一部分造成了较大社会影响的犯罪。因此，有必要从整体上考察黑社会性质组织中的利益分配、成员变动情况。如果组织者、领导者故意降低组织的严密程度，采取组织结构松散化、利益分配隐蔽化等手段，使得组织各层级之间的关联在表面上不甚明显，意图以此逃避对具体犯罪行为应承担的刑事责任，则应当立足于该组织成立以来实施犯罪、分配利益的整体情况判断刑事责任，而非仅根据犯罪实施前后一段时间内的情况来判断。

值得进一步探讨的是，在组织结构较为松散的情况下，应从哪些方面考察相关犯罪是否处于组织者、领导者概括性故意的范围之内？在对组织程度高低的评判过程中，主要遵循着四个标准，即统一的内部规章、严格的等级区分、明确的职能分工、固定的人员配备。① 在紧密的组织结构中，以上四个方面齐备，但近年来部分黑社会性质组织出现了组织结构的紧密度降低的趋势，甚至呈现为较松散的状态。虽然组织者、领导者仍然具有不容挑战的地位与威望，且骨干成员的稳定性较强，各自负责一部分组织的重要事务，但总体上该组织的层级关系不明显，组织成员的分工也没有明确的界限，一般参加者需要广泛地参与该组织开展的各类活动。此时，有必要从以下几个方面考察相关犯罪是否处于组织者、领导者概括性的故意之内：

首先，应分析组织成员实施犯罪行为的起因。即使其在供述中否认受到领导者的指使，但仍可根据其所实施犯罪行为与其个人利益、所在组织利益的关联性，认定是否仅属于个人性质的犯罪。其次，当组织者、领导者向组织成员发放节日慰问金、贺礼等各种正常名义的经济利益时，应结合所赠礼品的实际价值，分析它们与这些成员在实施犯罪过程中所作出的贡献是否具有关联性。在组织结构较为松散的情况下，只有在分配利益时作出明显区分，才能有效激励对组织者、领导者言听计从的组织成员，促

① 古加锦：《黑社会性质组织的司法认定新探——兼谈黄某1、何某1等黑社会性质组织案》，载《法律适用》2018年第6期，第62页。

使组织者、领导者的意志得到高效的贯彻落实。最后,应考察向组织成员发放的报酬与该组织所获非法利益之间的关联性,具体可从数额、时间两方面认定。数额方面,该组织所获得的经济利益应当大于向组织成员发放报酬的数额,因为经济利益中的一部分还要用于维持组织运营,以及供级别较高的组织成员自主支配。时间方面,向组织成员发放报酬的频率、数额,与该组织近期实施犯罪的次数、规模密切相关。发放报酬的数额标准既可能是按照一定时段内该组织实施犯罪的情况、组织成员参与的情况确定,又可能是在组织成员参与实施犯罪达到一定的次数之后,按照其发挥的作用来发放。

第五,如果黑社会性质组织规定新成员在加入之后须实施特定的犯罪,应考察组织者、领导者对前述规定的制定情况、对前述犯罪的认可情况。有的黑社会性质组织会将实施特定的犯罪列为加入组织之初的考察条件,此时应充分考察新成员实施这些犯罪的起因,是否与该组织的规章制度之间存在关联,以及组织者、领导者是否参与了这些规章制度的制定过程。

实践中,由于黑社会性质组织需要不断扩大自身规模、分化更多的组织层级,组织者、领导者一般对该组织的内部建设较为重视,因此或多或少地会参与到与新成员考核相关的制度设计中。此外,黑社会性质组织之所以将实施特定类型的犯罪列为加入组织之初的考察条件,是为了加强新成员的身份认同,防止他们轻易地退出组织。这一类似于"投名状"的规定,其包含的具体犯罪内容得到了组织成员的共同认可,且相关犯罪的实施能够巩固组织地位、维护组织利益。如果组织者、领导者明知行为人已经加入组织,并在其实施了前述特定犯罪之后,切实地对其进行了管理,或是安排其在该组织内担负一定的职责,则可视为对前述犯罪所造成结果的认可。理由在于:一方面,组织者、领导者作为黑社会性质组织中级别最高的成员,制定了与新成员考核相关的制度,放任了新成员实施相关犯罪;另一方面,组织者、领导者即使不了解新成员实施犯罪的具体过程,但在犯罪行为发生后予以追认,则相当于既承认了与实施特定犯罪相关的规章制度的正当性,又承认了新成员的犯罪行为能够归于该组织所实施的犯罪,故组织者、领导者应当对这些犯罪承担刑事责任。

三、其他组织成员的刑事责任

（一）刑事责任的类别划分

组织者、领导者之外的组织成员的刑事责任，可以从两个方面理解：一方面是由组织成员具体实施，而且反映了黑社会性质组织意志，能够归属于组织所犯罪行的犯罪。[①] 例如当组织者、领导者要求特定的组织成员负责实施犯罪时，这些组织成员应当对所实施的犯罪承担刑事责任；另一方面，组织成员可能基于自身的意志，在未经黑社会性质组织许可的情况下擅自实施犯罪，其中的一些犯罪不能归于组织所犯罪行，应由成员个人承担刑事责任。[②]

组织成员刑事责任的前述两种类型，与其所扮演的多重社会角色有关，其不仅在社会生活中作为独立的个体而存在，而且在该组织中还承担着相应的职务。之所以需要对组织成员的刑事责任作出类型划分，本质上是由于其在实施相关犯罪行为时，以不同角度的利益考量作为出发点。

从现有的司法解释而言，组织成员实施的犯罪能否归属于组织所犯罪行，主要是依据三个标准判断，即行为人是否是为了组织利益实施犯罪，是否按照组织规约实施犯罪，是否受到组织者、领导者的指使而实施犯罪，但这些标准在司法实践中面临着如下问题：

第一，关于组织者、领导者是否参与了犯罪的实施过程，在部分案件中难以通过证据证明。为保护黑社会性质组织中级别较高的成员，组织者、领导者往往会要求组织成员不得透露是因受到指使而实施犯罪。之后该组织再通过所掌控的社会资源，通过干扰司法机关的正常工作、协助涉案组织成员逃匿，保护这些具体实施了犯罪的组织成员的安全。

第二，非法利益的表现形式呈现多样化的特征，其表面上的归属情况

[①] 陈兴良：《论黑社会性质组织的组织特征》，载《中国刑事法杂志》2020 年第 2 期，第 36 页。

[②] 陶旭蕾：《黑社会性质组织行为特征之法教义学分析》，载《中国刑警学院学报》2021 年第 4 期，第 48 页。

不能完全体现行为性质。具体而言，黑社会性质组织在发展、壮大的过程中，所意图获取的非法利益虽然以经济利益为主要表现形式，但也不排除名誉、威望、非法控制状态等无形的利益。如果仅通过犯罪行为获取的经济利益之归属来判断行为性质，则难免会得出以偏概全的结论。

第三，在黑社会性质组织实施的犯罪类型较多、涉及的行业领域较广的情况下，组织利益的内容、范围处于不断变动的状态之中，也给司法机关认定组织成员的刑事责任带来了一定的难度。例如司法实践中黑社会性质组织经常介入的领域包括非法开设赌场、非法放贷、组织卖淫、砂石开采、工程项目建设等，这几种行业类型涉及的犯罪行为表现形式均有所区别，非法利益的具体内容也不尽一致。

（二）刑事责任的认定标准

1. 以组织成员的利益考量为补充性标准

为解决前述划分标准在司法实践中面临的问题，在现有司法解释的基础上，有必要以其他的标准作为补充。具体而言，应围绕具体实施犯罪的组织成员，以个案中的客观因素为基础，判断组织成员在实施犯罪过程中的真实利益考量与利害抉择，从而更为准确地划定这两种刑事责任的界限。从时间维度而言，既然认定刑事责任的前提是行为人具备"组织成员"的身份，因此应当以黑社会性质组织的成立时间为关键节点，对于行为人在该组织成立之前，单独或伙同他人一并实施的犯罪，应当排除在组织所犯罪行之外，这也包括犯罪行为发生在该组织成立之前，但犯罪结果延伸至该组织成立之后的情形。从空间维度而言，由于行为人不仅是黑社会性质组织中的成员，而且在社会交往过程中，还可能基于工作关系、亲友关系、行政管理关系等社会关系，使其身份体现出多样性的特征，相应地，行为人作出利益考量的出发点也有所不同。因此，有必要从两个方面予以分析：

一方面，以具体犯罪中的客观事实为基础，结合多个方面的客观要素判断行为人利益考量的出发点。本书将这些客观要素总结为三点，即犯罪过程中的组织成员参与情况、被害人的身份、犯罪行为的发生地点。前两点分别是从犯罪行为的实施者、被害人的角度进行的考察；第三点则是围绕犯罪行为实施者与被害人之间产生的交集进行的考察。

　　另一方面，以行为人自身利益考量的具体情形为立足点，结合司法实践中的具体案例，归纳应当由犯罪行为具体实施者自行承担刑事责任的基本情形。① 首先是行为人实施的犯罪虽与其在黑社会性质组织中承担的职责、掌握的信息存在一定的关联，但由于犯罪系行为人自主策划并实施，因此未体现犯罪行为的有组织性、未扩大该组织的经济实力与影响力的情形；其次是行为人临时受该组织以外的人员邀请或雇佣，为实现他人利益而实施犯罪；再次是行为人在该组织中不承担特定职责、未受领特定任务，在实现自身利益、维护非组织成员的利益的过程中，因违反行政管理方面的法律规定而触犯刑法中的相关罪名；最后是行为人对于个人在日常生活中遇到的矛盾处理不当，自主决定通过犯罪手段让对方屈服，并且依靠自身能力实施犯罪。

　　从前述四种情形之间的关联来看，它们反映了与黑社会性质组织之间的联系不断减弱的趋势。在第一种情形中，行为人实施的犯罪类型，可能与该组织经常实施的犯罪相同，但既不是根据组织者、领导者的授意，也不是根据该组织的内部规章而实施，犯罪所得利益也仅归具体参与者分配，不上缴归该组织掌控。在第二种情形中，虽然行为人也是在他人的指使、支配下实施犯罪，犯罪起因不是为了实现个人的利益，但相较于听从组织者、领导者的安排并利用该组织的资源与势力实施犯罪，二者之间具有性质上的显著区别。在第三种情形中，行为人作为该组织中的成员，既有可能在该组织中履职的过程中，实施该情形下的犯罪行为，又有可能基于自身利益、组织之外的亲友的利益而实施这些犯罪，因此需要结合行为人在该组织中担负的职责，以及行为人的供述，判断其是否具有为了该组织的利益而实施这些犯罪的意图。在第四种情形中，行为人完全是为了解决个人遇到的纠纷，在未受到该组织中其他成员指使的情况下，自主决定并实施犯罪行为。在该情形下，还需要进一步探讨犯罪实施过程中是否利用了该组织的权势与名声、是否有其他的组织成员参与，分析这两项因素对于定性造成的影响。

---

　　① 陶旭蕾：《黑社会性质组织行为特征之法教义学分析》，载《中国刑警学院学报》2021年第4期，第54页。

2. 判断利益考量出发点的三个要素

行为人由于具备组织成员的身份，当其在黑社会性质组织的统一安排之下实施犯罪行为时，犯罪事实能够在客观上反映该组织获取非法利益的途径、非法控制的区域范围与行业类别。从黑社会性质组织实施犯罪的总体目的来看，其不仅需要通过攫取经济利益以维持自身存续、使组织成员从中受益，而且需要通过犯罪行为不断维护、扩大自身的影响力，并保障对该组织所涉及行业的非法控制状态，保障该组织开办的营利性机构、场所的正常运营。因此，黑社会性质组织在实施犯罪的过程中，无论是确定被害人还是选择犯罪的发生场所，都与前述实施犯罪的总体目的具有一定的联系。在对行为人利益考量的内容进行分析时，应将其与案件中的特定客观因素结合起来考察，具体包括以下三个要素：

第一，犯罪过程中的组织成员参与情况。黑社会性质组织作为成员人数较多、暴力特征明显的犯罪集团，除了因对方人数较少、实力较弱，由单一的组织成员实施犯罪即可有效威慑、制服对方的情形，组织者、领导者在策划犯罪时，一般需要安排多名成员共同参与，一方面可以在犯罪过程中互相配合、有序分工，强化实施犯罪的信心，另一方面可以倚仗人多势众的优势，在展示该组织实力的同时，先以占据场地、聚众哄闹等暴力特征不明显的手段向对方施压，对方若不屈从于该组织的意志，则这些组织成员将转而实施暴力犯罪。因此，司法实践中应从客观、主观两方面考察行为人是否与他人达成了共同实施犯罪的合意，以及其他组织成员是否参与了犯罪。除此之外，还应考察行为人是否被组织者、领导者赋予了自行召集其他组织成员实施犯罪的权限，或行为人在召集组织成员实施犯罪的过程中，是否以该组织的名义侵害被害人的合法权益。

例如在仪征市人民法院 2019 年审理的有关案例中，戚某属于黑社会性质组织的一般参加者，该组织通过开设赌场、发放高利贷等手段敛财，戚某平时接受该组织中的骨干成员领导，与骨干成员陈某等人负责维持赌场秩序、索要赌债。在某商贸城购物期间，戚某与经营者郭某发生争执，被郭某打伤。之后戚某将此事告知陈某等人，并带着他们以所在组织的名义去商贸城找郭某讨要说法，其间利用人数优势随意殴打郭某，致其轻伤二级。该犯罪事实虽然仅由于戚某的个人琐事引发，与该组织的敛财手段之间缺乏关联，但戚某在解决纠纷的过程中，召集了其他组织成员参与，并使被害人郭某因畏惧该组织的影响力而不敢报案，故法院将这起寻衅滋事犯罪认定为组织所犯罪行，且戚某在其中起主要作用。①

第二，被害人的身份。黑社会性质组织所实施相关犯罪中的被害人，大致可以分为三类：

第一类是与该组织存在所谓的"债权债务关系"的被害人。这既包括事实上存在债权债务关系，例如该组织在开办赌场、非法放贷的过程中，被害人因自身资金短缺而向该组织借款，但到期后由于自身入不敷出、组织虚增债务等原因无法偿还，此时组织往往会采取暴力、威胁、限制人身自由等手段保障非法债权的实现；又包括组织成员仅根据自身对被害人的怀疑，进而凭空捏造出的债权债务关系。例如负责赌场经营管理的组织成员怀疑赌客在赌博过程中作弊，遂通过非法拘禁等手段要求其返还所获得的赌资，又如组织者、领导者怀疑他人盗窃了自己的财物，遂指示组织成员以暴力手段要求该被害人支付相应数额的财物。

第二类是对该组织在当地权威地位、所控制营利性场所的秩序产生不利影响的被害人。例如与该组织争夺当地权威地位的其他黑社会性质组织的成员，又如客户在该组织控制的营利性场所消费时，可能会因价款数额偏高、场所服务质量较差等原因，与该场所的经营者发生纠纷。此时，该组织为了避免因这些纠纷而扰乱营利性场所的秩序，遂安排组织成员介入，以暴力手段作为后盾与客户私下谈判，逼迫对方接受该组织开出的条件，并威胁对方不得报警。

第三类是威胁该组织在非法控制行业的垄断地位的被害人。除了相关行业原本由其他黑社会性质组织所掌控，该组织需要通过打压对手获得垄断地位的情形，司法实践中的被害人还包括两类：其一是曾与该组织在非法控制的领域存在合作经营关系，但逐渐遭到该组织排挤的被害人。出于熟悉经营流程、掌握相关技术的角度考虑，黑社会性质组织在最初介入某一行业领域时，往往会采取与有一定从业经验的经营者合作的方式，向其学习该行业的管理经验，逐步掌握该行业的相关技术知识。待组织成员在

---

① 江苏省仪征市人民法院（2019）苏 1081 刑初 294 号刑事判决书。

这些生产、经营场所积累了一定的经验，足以全面接管之后，该组织便与之前合作的经营者谈判，迫使这些经营者退出经营。其二是影响到黑社会性质组织对特定行业垄断地位的其他经营者、普通民众。黑社会性质组织在垄断产品及服务供应的过程中，需要排挤、打击其他具备竞争关系的经营者，通过威胁他们的人身安全、扰乱他们的经营场所的秩序、扣押他们的生产工具并借机勒索财物、强行要求对方关闭经营场所等途径，迫使这些经营者退出在当地的经营活动，或是退出原本有意愿参与的竞标活动。对于仅基于自身日常需求而开采砂石等自然资源的普通民众，该组织也会阻止他们的开采行为，从而独占这些自然资源的开采、销售活动。

第三，犯罪行为的发生地点。与前述被害人具备的身份相对应，黑社会性质组织实施犯罪的地点主要可从以下几个方面的关联性予以考虑：其一，与该组织控制的活动场所、营利性场所是否存在关联。当该组织以非法拘禁的手段向债务人索取本息时，往往会将其带至该组织控制之下的封闭场所，以减少因债务人反抗而被侦查机关发觉的概率；当该组织意图通过私下协商的方式，在营利性场所运营过程中解决与客户的纠纷时，如果客户不同意该组织提出的调解条件，则组织成员可通过当场使用暴力手段迫使对方屈服，此时相关犯罪就发生在前述营利性场所内。其二，与被害人的住所、经营场所是否存在关联。黑社会性质组织在滋扰、威胁被害人的过程中，一项重要的手段就是破坏其生活起居的安宁、经营活动的稳定，例如安排组织成员采取堵锁眼、干扰被害人正常出行、打砸经营场所财物等方式，使被害人不堪其扰，在不敢反抗、报案受阻的情况下，被迫接受该组织提出的要求，或停止在当地的经营活动，远赴外地避祸。其三，在该组织与其他犯罪团伙逞强争霸的情况下，双方可能会约定地点开展聚众斗殴犯罪。一般是由双方的组织者、领导者或骨干成员约定地点，并召集组织成员、临时纠集社会闲散人员到场。因此，在司法实践中可通过对比参与斗殴各方的口供，判断双方事先约定的地点是否一致，在完全相符的情况下则属于该组织所犯罪行。此外，犯罪地点还有可能是对方的组织成员聚集的地点。例如某个黑社会性质组织成员打探到了对方组织成员的聚集、活动地点，或是在餐厅、歌厅、商场等公共场所偶遇对方组织成员，于是在己方组织者、领导者的授意之下，这些组织成员利用己方的人数优势实施故意伤害等犯罪行为，此时亦属于组织所犯罪行。

（三）成员个人担责的情形

司法实践中对于应由成员自行承担刑事责任的情形，存在不同的表述方式，例如"个人犯罪""个人实施的组织外犯罪""组织成员个人实施的犯罪""成员实施的其他犯罪事实""被告人个人实施的具体犯罪"等。在判决书、裁定书的记载方式中，这些犯罪独立于组织所犯罪行，以单独的篇幅列出。

综合下文将论述的四种情形，在判断行为人所实施犯罪相关的利益考量角度时，主要是从两方面入手：其一，考察行为人所在黑社会性质组织形成非法控制状态的方式、获取非法利益的途径，以及实施的主要犯罪类型。对于只能归责于行为人自身的犯罪行为而言，其应当与该组织实施的犯罪类型缺乏关联。其二，考察行为人的主要社会关系、除了担任组织成员之外的其他社会身份与谋生手段，分析行为人实施的犯罪行为是否与这些社会关系、社会身份、谋生手段相关，例如行为人属于黑社会性质组织成员，因自己的弟弟与他人发生纠纷，行为人心怀不满，遂纠集数名不属于组织成员的同村村民，使用自制炸药故意毁坏对方的车辆。在该情形下，行为人只是为了帮助亲戚报仇而实施犯罪，与该组织之间缺乏关联。从被害人与行为人的关系来看，并不以双方在之前已有接触、彼此存在矛盾为必要条件，行为人完全可能因日常生活中的矛盾，与素不相识的被害人产生争执，在彼此均不愿意让步的情况下，行为人依靠自身力量实施犯罪行为。

而从行为人个人利益考量的角度而言，如果其犯罪行为涉及以下四种情形，则仅应由其自身承担刑事责任：

第一，行为人实施的犯罪行为，虽然与其在组织中承担的职责、掌握的信息存在一定的关联，但由于犯罪系自主策划并实施，未体现犯罪行为的有组织性，未扩大该组织的经济实力与影响力，因此不属于组织所犯罪行。换言之，组织者、领导者未指使行为人实施犯罪，且未追认行为人已实施的犯罪的效果，行为人完全为了个人利益而实施犯罪。根据行为人实施犯罪的起因与履行组织职责之间的关联、实施的犯罪类型与该组织经常实施的犯罪是否相同，可分为以下两种情形分别阐述：

在第一种情形下，行为人实施的犯罪类型与黑社会性质组织经常实施的犯罪类型不同，仅与其履行组织内部职责的事实存在关联。该情形在司法实践中较容易判断，主要体现为行为人自主策划并实施的盗窃、抢劫、敲诈勒索、诈骗等侵犯财产类犯罪，以及赌博罪、开设赌场罪、非法采矿罪等攫取非法利益的犯罪。这些犯罪既可能发生在行为人参与该组织实施的犯罪过程中，又可能发生在前述犯罪实施完毕之后，行为人为了逃避法律追究，在未脱离该组织的情况下，在逃往其他地区躲避的过程中，暂时性地参与其他犯罪团伙实施的犯罪行为。

前者例如行为人接受该组织的安排，前往债务人的住所实施骚扰、逼债活动，但因债务人临时外出躲避，未能实现预期目的。在债务人住所附近，行为人发现另一居民停在院内的面包车，考虑到自身日常出行具有用车需求，行为人遂记下该车辆的位置，与不属于组织成员的几位朋友合谋盗窃他人的面包车，并自主地制定了盗窃分工方案、逃跑路线图，该面包车直至案发也从未被用于组织的犯罪，也未接送过其他组织成员，则仅属于组织成员自行担责的犯罪。后者例如修水县人民法院 2018 年审理的有关案件所反映的，陈某系某黑社会性质组织成员，在参与该组织实施的聚众斗殴犯罪之后，为逃避公安机关打击而离开当地，经朋友介绍，加入卢某设立的诈骗犯罪团伙，通过在微信上伪装成女性用户，在与单身男性用户聊天的过程中骗取对方的信任，并以谈婚论嫁的名义要求线下交往，由该诈骗团伙专门安排的女性吴某与对方见面，诱使对方前往该诈骗团伙控制的玉器店，再以需要购买定情信物为由，欺骗对方以虚高的价格购买翡翠、玉石等商品，该团伙所得赃款由陈某、卢某、吴某等人平分。法院认为，该诈骗犯罪仅属于陈某自身参与的相关犯罪行为，不属于黑社会性质组织的罪行。①

第二种情形则较为特殊，行为人实施的犯罪行为与所在组织经常策划、实施的犯罪类型相同，此时主要应从犯罪实施的前后两个阶段出发，在前一阶段考察用于实施犯罪的财物是否归属于该组织，在后一阶段考察通过

---

① 江西省修水县人民法院（2018）黔 0123 刑初 293 号刑事判决书。

犯罪获得的财物是否上交给该组织。例如黑社会性质组织在开展非法放贷业务时，如果使用的本金是以该组织名义统一保管的财物，或由组织者、领导者自主控制，并且可随时用于该组织的违法犯罪行为的财物，则组织成员在催收到期债务过程中，从债务人处获得的本息通常也需要上交给该组织；反之，如果身为组织成员的行为人在组织者、领导者不知情的情况下，使用自身财物，或是使用其与非组织成员合伙开办的小贷公司、融资公司等单位的财物，向他人发放高利贷，并通过故意伤害、非法拘禁等犯罪行为取得本息，归行为人以及前述合伙人自主支配，则相关犯罪行为不能归责于黑社会性质组织。

例如在丽水市莲都区人民法院 2019 年审理的有关案例中，胡某领导的黑社会性质组织以开设赌场、发放高利贷为获取非法利益的主要方式，自2018 年以来，由于国家对黑恶势力的打击力度不断加大，胡某遂停止了有组织地实施前述犯罪活动，但未明确组织成员是否有权自行出资开设赌场，以及能否与其他组织成员合伙经营赌场。蔡某、郑某、陶某等组织成员在2018 年 1 月、5 月，分别自主地布置场地开设赌场，并雇佣组织以外的人员负责场外望风、接送赌客、登记车牌，获利六千至七千余元不等，均归前述几名组织成员自主支配。法院认定这几起开设赌场的事实均属于组织成员的个人罪行。①

第二，行为人未经过组织者、领导者的授意，受不属于黑社会性质组织成员的亲友邀请或雇佣，为实现他们的利益而帮助他们解决纠纷，因手段不当而构成犯罪。该情形是指行为人的亲友不属于组织成员，因与他人在日常生活、生产作业过程中发生纠纷，或由于需要向他人追讨债务，遂邀请行为人到场帮忙解决纠纷，或想要通过寻衅滋事的方式强行入股他人的工程项目，如果行为人仅基于与亲友之间的交情而到场，未经过组织者、领导者的授意，则行为人在与对方协商或是报复对方的过程中实施故意伤害、毁坏财物等违法犯罪行为，应自行承担责任。

例如在聊城市中级人民法院 2016 年审理的有关案例中，村民刘某在火锅店用餐期间，因发现锅中有异物而与店主李某发生纠纷。李某打电话邀

①　浙江省丽水市莲都区人民法院（2019）浙 1102 刑初 455 号刑事判决书。

请两名朋友前来调解，刘某见状，也打电话邀请朋友樊某前来调解。樊某虽然不属于组织成员，但由于当时正在与朋友王某、黑社会性质组织成员魏某等人吃饭，几人遂决定一同前往，魏某又打电话邀请了几名非组织成员的村民到场。他们携带钢管、砍刀等工具，一到场就砸毁了火锅店内的一面玻璃墙，进而与店主李某等人发生冲突，造成李某一方中的一人轻伤、一人轻微伤，法院认定该寻衅滋事犯罪应由魏某及其他参与者承担刑事责任，属于组织成员个人实施的犯罪。①

又如在湖北省咸宁市中级人民法院 2016 年审理的有关案例中，非组织成员胡某等人在开展土方施工的过程中，当地村民因土地补偿的诉求没有得到实现，遂多次阻挠施工。胡某出资雇佣黑社会性质组织中的一般参加者余某、雷某等人，请他们进一步邀请其他社会闲散人员来到施工现场。余某、雷某在未告知组织者、领导者李某的情况下，自行纠集二十余人，其中一部分系同组织中的一般参加者。他们未借助所在组织的名义，统一佩戴安全帽、红袖章到场，对胡某的生产作业予以保护，后与当地村民发生冲突并导致一名村民轻微伤。② 从前述寻衅滋事犯罪事实来看，虽然余某、雷某召集了一部分组织成员，但未使用该组织的名义，而且组织者、领导者未参与或指使前述犯罪，余某、雷某将取得的财物归自己支配，因此法院认定其仅属于组织成员的个人犯罪。

第三，行为人在未承担组织者、领导者安排的特定职责或任务的情况下，仅出于包庇朋友的违法犯罪行为、便于自身日常出行等个人目的，因实现这些目的的手段违反了行政管理方面的法律法规，一并触犯了刑法中的相关罪名。该情形是指，行为人未被组织者、领导者安排接送组织成员、调动组织物资、保管犯罪工具、包庇被追诉的组织成员等相关任务，而且在主观上也没有意愿为了该组织的利益而主动承担前述职责，但相关行为违反了交通管理、枪支管制、证件使用等方面的行政管理法律法规，同时也触犯了刑法中的相关罪名。司法实践中的常见情形如下：其一，行为人基于日常出行、走亲访友的需要，在驾驶机动车的过程中，因违反交通安

---

① 山东省聊城市中级人民法院（2016）鲁 15 刑终 208 号刑事裁定书。
② 湖北省咸宁市中级人民法院（2016）鄂 12 刑终 124 号刑事裁定书。

全方面的法律规定，而构成交通肇事、危险驾驶等犯罪。其二，枪支的拥有者不属于黑社会性质组织成员，行为人则属于组织成员。枪支的拥有者基于与行为人的朋友关系，请求将枪支暂存于行为人住处。如果行为人客观上未应组织者、领导者的要求专门保管该枪支，行为人也不是为了便于所在的组织后续开展犯罪而保管该枪支，则行为人应自行承担非法持有枪支罪的刑事责任。① 其三，行为人容留非组织成员在自己的家中、自己的办公场所吸食毒品，则在未受到组织者、领导者指使的情况下，应自行承担刑事责任。其四，行为人未因实施可归责于黑社会性质组织的罪行而受到刑事追究，仅为了自己在日常生活中隐瞒身份，伪造身份证、驾驶证等证件并予以使用，应自行承担刑事责任。

第四，行为人对于个人在日常生活中的纠纷处理不当，仅依靠自身能力而实施的犯罪。该情形是指，行为人基于自身日常生活中的偶发矛盾、自身面临的经济纠纷或感情纠纷，从而与被害人产生争执，在未与其他组织成员沟通、未借助黑社会性质组织影响力的情况下，意图自行实施犯罪迫使对方屈服，或纠集与自身有社会交集的朋友，共同通过犯罪的方式解决纠纷，则仅应由具体参与犯罪的人员承担刑事责任，该犯罪不属于组织所犯罪行。②

在有关的指导案例中，多名黑社会性质组织成员因嫌饭店上菜速度慢，在组织者、领导者区某不知情的情况下，这些组织成员故意在饭店寻衅滋事，并殴打饭店的经营者谢某致其轻微伤，之后未结账便离去。法院认定该寻衅滋事罪不是为了组织利益而实施，只是为了发泄组织成员个人的不满，因此组织者、领导者区某不应对此担责。③ 又如行为人作为组织成员，在正常驾驶机动车的过程中，与他人因让行、会车、停放车辆等问题互不相让，行为人在与对方争执过程中矛盾升级，遂当场殴打对方。

---

① 浙江省温州市鹿城区人民法院（2014）温鹿刑初字第 1883 号刑事判决书。

② 陶旭蕾：《黑社会性质组织行为特征之法教义学分析》，载《中国刑警学院学报》2021 年第 4 期，第 49 页。

③ 芦山：《区瑞狮等组织、领导、参加黑社会性质组织案——如何界分黑社会性质组织犯罪和成员个人犯罪》，载最高人民法院刑事审判第一、二、三、四、五庭主编：《刑事审判参考》第 74 集，法律出版社 2010 年版，第 36 页。

此外，该情形还包括组织成员为解决个人遇到的纠纷，对被害人实施了犯罪行为，之后又威胁、要挟被害人，要求被害人不得报警。组织成员在威胁、要挟过程中所实施的犯罪行为，也属于只由其个人承担刑事责任的罪行。例如在贵州省铜仁市中级人民法院 2019 年审理的有关案例中，黑社会性质组织的骨干成员游某因与杨某发生纠纷，强行将杨某带至某村进行威胁、殴打，后游某试图阻止杨某报案，被杨某拒绝。游某因前述威胁、殴打行为，被公安机关处以行政拘留、罚款，遂决定对杨某进行报复。游某发现杨某在某歌厅唱歌，遂将其强行带至某宾馆房间内，限制其人身自由并施以暴力。法院认为，该非法拘禁犯罪事实仅属于游某个人担责的犯罪行为。[①]

该情形之下，还存在两个值得进一步探讨的问题。第一个问题与行为人所在黑社会性质组织的规章制度相关。有的黑社会性质组织会要求组织成员积极回应他人对该组织的挑衅，要时刻注意维护该组织的利益，遵守该要求的组织成员在日常生活中，为维护组织威望而与他人发生纠纷，由于是遵守组织内部的约定、规章而实施犯罪，因此属于组织所犯罪行。在该情形下，应考察行为人是否确实是为了维护该组织的社会影响力，即使其在实现前述目的的过程中，也有实现个人利益的诉求，也应视为组织所犯罪行。

第二个问题与行为人对黑社会性质组织权势、名声的利用程度相关。

第一种情形是，行为人未对该组织的权势进行任何形式的利用，该组织也未从行为人的犯罪行为中获得有形或无形的利益。在该情形下，行为人与被害人虽然争执不下，但行为人未告知自己属于黑社会性质组织成员，或虽然声称自己是混迹社会的闲散人员，但没有明确表明自己隶属于哪一个具体的组织。此外，案件中的其他客观事实也无法证明，被害人足以认识到行为人具体属于哪一个黑社会性质组织的成员，例如行为人未向被害人展示特定的文身图案，以及服饰上的图形标志、写明该组织名称或别称的字样等。在被害人看来，行为人是否属于黑社会性质组织成员是存在疑问的，行为人也难以基于所宣称的身份，对被害人施加心理强制，其在与

---

① 贵州省铜仁市中级人民法院（2019）黔 06 刑终 141 号刑事判决书。

被害人口头协商失败的情况下，对被害人后续实施的犯罪行为，才是使被害人屈从于行为人意志的关键因素。

例如在绍兴市上虞区人民法院 2019 年审理的有关案例中，黑社会性质组织成员金某在驾驶渣土车的途中，因遇到被害人余某驾驶电瓶车阻拦道路，从而与对方发生争执，进而引发肢体冲突，造成被害人余某轻伤一级。经过调解，金某赔偿余某 15 万元。在这一过程中，金某未透露自己组织成员的身份，而且该组织主要是通过开设赌场、组织卖淫、强迫交易等犯罪行为获取经济利益，并在非法放贷过程中通过寻衅滋事、非法拘禁等手段保障债权实现，未涉及金某个人从事的渣土开采、运输活动。因此，法院认定该犯罪事实仅应由金某个人承担刑事责任。[1]

第二种情形是，行为人在与被害人协商过程中，已经明确告知或对被害人暗示，自己属于某一具体的黑社会性质组织成员。这能够有效地向被害人施加压力，使被害人慑于该组织的实力，被迫同意对行为人有利的纠纷解决方案。在该情形下，相关的犯罪能够归责于组织，但需符合以下两个条件：第一，行为人所在的组织已经在当地形成了较大的影响力，并且该组织的实力能够为当地的一般公众所知晓、认可，因此组织成员的前述行为，不仅利用了该组织现有的影响力，也进一步提高了该组织在当地的社会影响，能够使该组织从中获益。第二，组织者、领导者未对组织成员的行为进行严格约束，例如要求他们必须在该组织的统一安排下实施犯罪，不得擅自以该组织的名义在外惹事。

前述第二项条件，与组织者、领导者对组织成员的管理方式息息相关。组织者、领导者在制定组织内部纪律的过程中，虽然可能会要求组织成员统一食宿、不得吸食毒品、不得擅自开办营利性场所，但对组织成员自主开展的暴力犯罪则约束较少。一方面，为实现、维持黑社会性质组织的非法控制状态，需要充分调动全体组织成员的力量。在未加约束的情况下，组织成员自行实施的犯罪行为具有更强的随意性、更高的发生频率，实施犯罪行为的对象也不限于与该组织存在利益纠葛的经营者、债务人、其他犯罪集团成员，更多是基于寻衅滋事而随机地确定犯罪对象。社会公众能

---

[1]　浙江省绍兴市上虞区人民法院（2019）浙 0604 刑初 927 号刑事判决书。

够通过组织成员实施的这些犯罪行为，更为直观地感受到该组织的影响力，这对于实现、维持该组织的非法控制状态具有重要意义。另一方面，相较于组织者、领导者以及骨干成员，该组织中的其他成员所分得的利益较少。因此，他们往往具有利用该组织的恶名，通过自主实施犯罪攫取更多利益的动力。而从组织者、领导者的角度来看，组织成员的前述行为可以维持该组织整体结构的稳定，减少因非法利益分配不均而产生的矛盾，因此大多对其采取一种默许、纵容的态度。

在符合这些前提条件，且行为人有意愿利用黑社会性质组织的影响力的情况下，其往往会在发生纠纷之后明确告知对方，自己隶属于某个具体的黑社会性质组织，或是向对方展示足以反映该组织名称的图形、符号、文字等信息，如果当地一般公众足以通过这些信息认识到其所代表的黑社会性质组织，则对方能够预料到与该组织对抗的潜在后果，从而在陷入恐惧心理的情况下，被迫向行为人作出让步。从该情形下的刑法定性而言，如果行为人因在先的过失行为导致对方的身体或财产遭受侵害，而对方最终接受的是对行为人一方有利的纠纷解决条件，如果该条件明显偏离正常情况下的协商结果，可按照二者之间的差额判断行为人是否构成敲诈勒索罪。

此外，行为人还可能因觉得势单力薄，在与对方协商失败的情况下，并未立即实施犯罪行为，而是先邀请自己的亲友到场，再一起对被害人实施犯罪行为。此时应根据行为人在黑社会性质组织中的身份、其所邀请的人员的身份，综合认定相关犯罪行为的性质。当行为人所邀请的人员均不属于组织成员时，则不论行为人在该组织中的身份，都直接由具体参与犯罪的人员共同承担刑事责任，该犯罪行为不属于组织所犯罪行；当行为人所邀请的人员之中，有一部分属于其所在组织的成员，则能否将犯罪行为归责于该组织，需要结合行为人在该组织中的身份予以认定。

第一种情形是，行为人仅属于该组织中的一般参加者，则在其未向组织者、领导者或骨干成员请示的情况下，所能邀请的人员范围非常有限，大多限于曾与其一起实施犯罪活动、一起在该组织经营的经济实体中从事一般事务的组织成员，这些组织成员仅基于与行为人彼此相识、有一定交情而接受邀请。除非组织者、领导者在犯罪发生后知晓且予以追认，否则该犯罪不能归属于组织所犯罪行。

第二种情形是，行为人属于该组织中的积极参加者乃至骨干成员，则其在该组织中的个人威望、号召能力均比一般的组织成员更强，能够调动的组织成员也更多。此时应注意考察这些组织成员是否具有自行召集其他组织成员实施犯罪的权限。如果组织者、领导者授权其自主安排组织成员实施犯罪，或是要求其承担调度、联系组织成员的职责，则能够将行为人召集组织成员实施前述犯罪的行为，直接认定为该组织所犯罪行。反之，如果组织者、领导者明确要求骨干成员不得擅自向其他组织成员发号施令，行为人却擅自召集组织成员通过犯罪实现其个人利益，则组织者、领导者在犯罪发生后未予以追认的情况下，仅能认定为这些组织成员个人实施的犯罪。

例如在济宁市中级人民法院 2019 年审理的有关案例中，张某是黑社会性质组织中的一般参加者，在某饭店门口与被害人渠某发生争执，双方发生肢体冲突。后张某打电话邀请该组织中的一般参加者杨某到场，两人一同殴打被害人渠某，被害人渠某随即报警，张某、杨某乘车逃离现场。正当被害人渠某准备离开时，张某、杨某又邀请袁某等该组织中的一般参加者回到现场，在己方人员规模达到十余人且持有刀具的情况下，张某指使这些邀请来的组织成员随意殴打被害人渠某，袁某率先动手将被害人渠某头部砍伤。前述犯罪行为最终导致渠某头部、额顶、臀部等多处身体部位达到轻伤二级。法院认定，该寻衅滋事犯罪事实仅属于组织成员的个人犯罪，不属于组织所犯罪行。①

本案中，张某、杨某、袁某均属于该组织中的积极参加者闫某发展的下线成员，彼此之间关系很好，曾共同实施由该组织统一策划的寻衅滋事、聚众斗殴等犯罪行为，而且杨某、袁某还属于同乡。因此，杨某、袁某等人具备接受张某的邀请并为后者的个人利益实施犯罪的合理基础。

---

① 山东省济宁市中级人民法院（2019）鲁 08 刑终 32 号刑事裁定书。

结　语

本书以刑法有关组织、领导、参加黑社会性质组织罪的具体规定为基础，结合《2000年解释》《2009年纪要》《2015年纪要》《2018年意见》《"软暴力"刑案意见》《关于办理利用信息网络实施黑恶势力犯罪刑事案件若干问题的意见》《关于依法严惩利用未成年人实施黑恶势力犯罪的意见》《关于办理恶势力刑事案件若干问题的意见》等司法解释中的有关规定，在充分归纳与本罪相关的指导性案例、人民法院案例库的入库案例、各省近几年的司法案例的基础上，深入研究了组织、领导、参加黑社会性质组织罪的相关问题，得出以下研究结论：

第一，在有关的司法解释中，关于黑社会性质组织四项法定特征认定标准、组织成员的分类及认定标准、组织成员承担刑事责任范围的变迁历程的研究。

1. 组织特征的变迁历程。在成员人数的最低标准、成员身份的判断上，相关司法解释的入罪尺度对于前者在总体上呈限缩趋势，对于后者在特定情形下不断放宽。应以"七人以上"作为原则性的成员人数标准，当行为人主观上没有加入黑社会性质组织的意图，受雇到黑社会性质组织开办的公司、企业、社团任职时，只有当其未参与黑社会性质组织的任何违法犯罪活动时，才能从组织成员的范围中予以排除。

2. 经济特征的变迁历程。在黑社会性质组织经济实力的认定标准、使用财产支持组织活动的认定方式上，相关司法解释对于前者经历了先限缩后扩张的趋势，但出罪的情形也随之不断完善，对于后者经历了从具体列举到仅作出原则性规定的变化。认定"经济实力"没有具体的数额起点，当组织成员以个人或家庭财产支持该组织的活动时，如果仅提供财产使用权或数额明显较小，则可不计入该组织的"经济实力"。认定财产对该组织的支持，关键在于能否起到豢养组织成员、保障组织的存续与发展的作用。

3. 行为特征的变迁历程。在对"有组织地""多次进行违法犯罪活动"的理解上，相关司法解释对于前者的表现形式不断扩充，对后者的解释方式不断限缩。黑社会性质组织所开展的违法犯罪活动，都是围绕着组织利益、组织宗旨而展开的，与维护和扩大组织实力之间具有密切关联，主要包括四种类型，即"直接参与"型、"遵循约定"型、"为组织利益"型、"多名成员实施"型。"多次进行违法犯罪活动"意味着犯罪具备多样性，不仅要从行为次数的角度来界定，而且要从违法犯罪行为所造成的危害来界定。

4. 危害性特征的变迁历程。在对"一定区域""一定行业"与"形成非法控制或者重大影响"的理解上，相关司法解释对于它们的认定标准不断具体化，对"形成非法控制或者重大影响"的认定尺度趋于限缩。"一定区域"的大小是相对的，不同于某一特定的空间范围，要结合其所承载的社会功能来理解，"一定行业"是存在于"一定区域"之中的同类生产、经营活动。非法控制、重大影响所包含的八种情形仅属于较为原则性的规定，实践中往往相互交织，在认定危害性特征时，至少应当具备其中的两种情形。

5. 组织成员分类及认定标准的变迁历程。对于组织成员的基本类别，有关的司法解释呈现不断细化的趋势。对于组织成员的成立范围，有关的司法解释对除外情形不断扩充。积极参加者的认定，不以他们参与实施了违法犯罪活动为必要条件，还能以他们负有人事、财务事项的主要管理职权为认定依据。骨干成员在范围上小于积极参加者，在后者中处于核心地位。如果行为人只是与黑社会性质组织之间存在临时性的利益纠葛，形成了被黑社会性质组织雇佣的状态，或行为人通过雇佣等方式，利用黑社会性质组织实施非法活动以维护个人利益，未与黑社会性质组织在长期交往过程中相互渗透融合，未形成长期、固定的合作关系，则行为人不应认定为组织成员。如果未成年人在受到欺骗的情况下加入黑社会性质组织，并且随机地、少量地参与犯罪活动，客观上发挥的作用不大，主观上也缺乏参与组织事务的积极性，则一般不能认定为组织成员。

6. 组织成员承担刑事责任范围的变迁历程。对于组织者、领导者的刑事责任范围，有关的司法解释呈现不断扩大的趋势。如果组织成员多次实施性质类似、缘由相同的违法犯罪活动，它们切实增强了该组织的影响力，组织者、领导者对这些活动知情但未明确阻止，则这些活动能够被认定为是按照该组织的惯例实施的。黑社会性质组织的意志，很大程度上需要通过发挥了核心作用的组织者、领导者来体现，组织者、领导者对成员实施的各类违法犯罪活动具有概括的故意，成员在按照前述方式实施违法犯罪活动的情况下，处于组织者、领导者能够预见的范围之内。如果组织者、领导者对成员实施的违法犯罪活动明知，却予以纵容、放任，则表明这些活动不与该组织的意志或宗旨相悖。

第二，关于黑社会性质组织四项法定特征的认定要点。

1. 组织特征的认定要点。"人数较多"是划分组织内部多个层级、维持成员之间关系紧密性的必然要求，也是有效发挥组织功能的必要条件。等级构成的稳定性，意味着组织者、领导者以及骨干成员基本稳定，一般参加者则呈现出管理零散化、流动性增大、组织隶属关系不固定的趋势。存续状态的稳定性，是由于黑社会性质组织需要逐渐发展、完善内部层级结构，并确定一个相对固定的活动范围，在此基础上逐渐积累社会影响力。其他成员对组织者、领导者有一定的依附性，在与组织者、领导者联系的紧密性上，也随着组织层级的下降而呈现出递减的趋势。在组织关系依托于经济实体、宗族势力的情况下，组织纪律能够对成员施加不当的约束或影响，成员之间的利益分配呈现出"一荣俱荣，一损俱损"的关系，该组织仍以实施违法犯罪活动为基本内容。在组织活动中断的情形下，如果原有的组织者、领导者以及骨干成员仍在组织中发挥核心作用，该组织仍然按照原有的规章制度、管理模式运作，当地一般公众、相关行业经营者受到的负面影响处于持续状态，则该组织具有延续性。

2. 经济特征的认定要点。黑社会性质组织使用多元化的手段攫取经济利益，非法手段在其中不可或缺。"一定的经济实力"反映着该组织对于所获财物予以支配的能力，不以相关的财产完全处于该组织的占有、管理、控制之下为必要。经济实体在运作的过程中，可能利用黑社会性质组织的力量保障经营活动稳定进行、预期利益顺利实现。不应仅根据利益的初步归属来判断利益性质，或是仅根据成员在该组织中的地位，判断公司薪酬发放额度是否具有合理性。黑社会性质组织的财产范围不仅包括财物、财产性权益，还包括与之对应的孳息与收益，需要查明该组织获取利益的各项途径、该组织所实施犯罪行为与所获财物之间的关联，以及该组织对于财产的具体用途、尚未使用的财产的数额。在组织结构较为宽松、组织内部层级较多的情况下，组织者、领导者未必会直接对各层级的组织成员实施奖惩，其为了逃避打击，往往不会跨越组织层级与流动性较大的一般参加者联系，而是只通过骨干成员向下传达意志，实现"点对点"的遥控式操纵，并且以多样化的隐蔽手段向成员提供经济利益。

3. 行为特征的认定要点。暴力或以暴力相威胁，始终是黑社会性质组织实施违法犯罪活动的基本手段，并随时可能付诸实施，"其他手段"也需要以暴力、威胁的现实可能性为依托，以干扰、破坏正常的经济社会生活秩序为目的。行为特征中的"有组织"包括三个方面的含义，其一，犯罪参与者之间形成了明确的职责划分，由该组织中不同层级的成员分别负责指挥、实施；其二，犯罪的发生起因、具体实施均体现了该组织的意志；其三，该组织从犯罪活动中获得了利益。在认定软暴力手段的过程中，应考察其是否有组织地实施，是否体现长期性、多样性的特征，以及是否与犯罪行为相关联，并产生了明显的实害后果。行为特征关系到组织、领导、参加黑社会性质组织罪的认定，该罪名与黑社会性质组织实施的具体犯罪并罚，未造成重复评价，因为二者分别着眼于宏观、微观评价，分别以不同的对象、不同的角度为切入点。

4. 危害性特征的认定要点。"非法控制"和"重大影响"均反映了黑社会性质组织对经济、社会生活的干预度和影响力，二者没有本质性的区别，只是在控制程度上存在差异，后者未达到任意控制、支配的程度。前者出现在具备竞争性的区域、行业，后者则通常发生在社会生活领域，而且不以具备竞争性为前提，可以视为对前者的一种替代。二者的划分，对于司法实践中具体认定与非法秩序相关的危害，起到了一定的引导与分流作用。"包庇、纵容"不属于危害性特征的必备要件，在认定过程中不要求国家工作人员明确地认识到包庇、纵容的对象是黑社会性质组织，只需要知道或者应当知道是从事违法犯罪活动的组织。在区分谋求非法控制与正常业务竞争时，应考察违法犯罪行为是否仅涉及较为特定、单一的被害人，以及对方所采取的应对措施。此外，还应考察业务的垄断情况是否广泛，以及涉案公司存续时间、整体实力、实施犯罪的次数等方面的情况。当组织成员任职于基层群众自治组织时，应根据黑社会性质组织所实施犯罪的具体类别，认定其与基层群众自治组织职能之间的关联性，从而确定前者在开展活动的过程中对后者的依赖程度，以及是否利用后者掩盖组织结构。此外还应考察非法活动的影响范围，主要包括黑社会性质组织对于所获利益的处理情况、是否实施了足以形成危害性特征的非法活动、非法活动对于基层群众自治组织辖区内民众利益的影响情况。

第三，关于黑社会性质组织成员及其刑事责任的认定要点。

1. 黑社会性质组织成员的认定。黑社会性质组织通常会按照加入的先后顺序，以及组织成员与组织者、领导者关系的亲疏远近，形成严密的等级关系，不同类型的成员均发挥着不可或缺的作用。认定"组织""领导"不以具备明确的职务、称谓为限，应结合组织者、领导者在具体犯罪中发挥的作用，以及在该组织形成与发展过程中发挥的作用予以考察。在认定参加黑社会性质组织时，可以从加入和脱离两个角度进行考察。某成员如果曾经参与了黑社会性质组织的犯罪活动，但之后脱离了该组织的管理，而且至追诉之时，该成员在组织内部已完全没有相对固定的位置，即可认定为已经脱离该组织，不再属于组织成员。在认定成员在该组织中的地位时，应结合其对组织事务的掌控情况、加入组织的时间以及与组织者、领导者之间的关系、对于该组织非法控制的行业的管理情况以及分红数额、是否具有召集其他成员实施犯罪的权限等。

2. 组织者、领导者刑事责任的认定。这类成员的刑事责任有两种归责思路：其一，这类成员对于直接参与的犯罪，发挥了策划、指挥等作用，应按照其在共同犯罪中发挥的作用处罚；其二，这类成员未直接参与的犯罪，如果能够被认定为由黑社会性质组织所实施，由于黑社会性质组织的组织者、领导者也属于犯罪集团的首要分子，所以应当对组织所犯罪行承担刑事责任。应以概括性的故意限定组织者、领导者承担刑事责任的范围，具体认定因素包括：组织者、领导者对于组织成员职务的掌控情况，是否为组织成员实施的具体犯罪提供了支持，以及对这些犯罪之结果的继承、利用情况，该组织经常实施的犯罪类型的演变情况，该组织中利益分配、成员变动的整体情况，以及组织程度的严密性。此外，如果黑社会性质组织规定新成员在加入之后须实施特定的犯罪，应考察组织者、领导者对前述规定的制定情况、对前述犯罪的追认情况。

　　3. 其他组织成员刑事责任的认定。对于组织成员实施犯罪时的利益考量，可从三个方面的客观要素予以考察，即犯罪过程中的组织成员参与情况、被害人的身份、犯罪行为的发生地点。经归纳，司法实践中由组织成员自行承担刑事责任的情形包括：第一，犯罪系行为人自主策划并实施，虽与其在该组织中承担的职责、掌握的信息存在一定的关联，但未扩大该组织的经济实力与影响力；第二，行为人在组织者、领导者未指使的情况下，受该组织外的人员邀请或雇佣，为实现他们的利益而实施犯罪；第三，行为人仅出于包庇非组织成员的违法犯罪行为、便于自身日常出行等个人目的，因实现这些目的的手段不当而构成犯罪；第四，行为人对于个人在日常生活中的矛盾处理不当，仅依靠自身能力而实施的犯罪。

参考文献

一、中文类

（一）著作

1. 王爱立主编：《中华人民共和国刑法释义》，法律出版社 2024 年版。

2. 阮齐林，耿佳宁：《中国刑法各论》，中国政法大学出版社 2023 年版。

3. 刘振会：《黑社会性质组织犯罪的法律适用研究》，人民法院出版社 2023 年版。

4. 莫洪宪，李占州，王肃之：《反有组织犯罪法重点解读与适用要点》，法律出版社 2022 年版。

5. 王爱立主编：《中华人民共和国反有组织犯罪法释义与适用》，中国民主法制出版社 2022 年版。

6. 张远煌主编：《犯罪学》，中国人民大学出版社 2022 年版。

7. 张明楷：《刑法学》，法律出版社 2021 年版。

8. 周光权：《刑法各论》，中国人民大学出版社 2021 年版。

9. ［德］弗兰茨·冯·李斯特：《德国刑法教科书》，徐久生译，北京大学出版社 2021 年版。

10. 最高人民检察院扫黑除恶专项斗争领导小组办公室主编：《扫黑除恶典型案例与实务指引》，中国检察出版社 2019 年版。

11. 路浩天，周斌，王继涛：《扫黑除恶案件实务指南与法律适用》，中国法制出版社 2019 年版。

12. 徐伟红：《办理黑社会性质组织犯罪等案件法律规范理解与典型案

例》，中国法制出版社 2019 年版。

13. 王顺安：《黑社会性质组织犯罪案件法律适用》，法律出版社 2018 年版。

14. 赵秉志：《有组织犯罪的防制对策》，清华大学出版社 2018 年版。

15. ［日］西田典之：《共犯理论的展开》，江溯译，中国法制出版社 2017 年版。

16. ［日］前田雅英：《刑法总论讲义》，曾文科译，北京大学出版社 2017 年版。

17. 陈兴良：《共同犯罪论》，中国人民大学出版社 2017 年版。

18. 陈世伟：《黑社会性质组织犯罪的新型生成及法律对策研究》，法律出版社 2016 年版。

19. 靳高风：《中国反有组织犯罪法律制度研究》，中国人民公安大学出版社 2016 年版。

20. 周光权：《刑法各论》，中国人民大学出版社 2015 年版。

21. ［德］希尔根多夫：《刑法体系与客观归责》，江溯译，北京大学出版社 2015 年版。

22. 贾凌：《刑事案例诉辩审评——黑社会（性质）组织犯罪》，中国检察出版社 2013 年版。

23. ［德］克劳斯·罗克辛：《德国刑法学总论（第 2 卷）》，王世洲译，法律出版社 2013 年版。

24. ［德］乌尔里希·齐白：《全球风险社会与信息社会中的刑法——二十一世纪刑法模式的转换》，周遵友、江溯等译，中国法制出版社 2012 年版。

25. 何秉松：《中国有组织犯罪研究》，群众出版社 2009 年版。

26. 吴宗宪：《西方犯罪学》，法律出版社 2006 年版。

27. 卢建平：《有组织犯罪比较研究》，法律出版社 2004 年版。

28. 何秉松：《有组织犯罪研究——中国大陆黑社会（性质）犯罪研究》，中国法制出版社 2002 年版。

（二）期刊论文

1. 张立，罗雄，冯群：《黑社会性质组织组织性和危害性特征的准确把握》，载《中国检察官》2024 年第 2 期。

2. 陈洪兵：《组织、领导、参加黑社会性质组织罪的"口袋化"纠偏》，载《东岳论丛》2023 年第 4 期。

3. 陈龙，王昌举，罗国伟：《网络"套路贷"涉黑案件办案思路——以汤某甲等人组织、领导、参加黑社会性质组织案为例》，载《中国检察官》2023 年第 6 期。

4. 戴锦澍：《黑社会性质组织非法控制特征的认定》，载《北京航空航天大学学报（社会科学版）》2023 年第 4 期。

5. 蔡军：《我国有组织犯罪刑事规制体系的检视与重构——基于有组织犯罪集团向企业化发展趋势的思考》，载《法商研究》2021 年第 3 期。

6. 张力：《网络软暴力行为的司法认定》，载《中国人民公安大学学报（社会科学版）》2021 年第 2 期。

7. 周舟：《犯罪集团中"全部罪行"的认定》，载《法学》2021 年第 1 期。

8. 刘振会：《参加黑社会性质组织罪的司法认定》，载《法律适用》2020 年第 24 期。

9. 陈兴良：《论黑社会性质组织的行为特征》，载《政治与法律》2020 年第 8 期。

10. 李海滢：《对黑恶势力犯罪基础问题的重新审视——以共同犯罪与有组织犯罪为界域》，载《河南社会科学》2020 年第 7 期。

11. 陈兴良：《论黑社会性质组织的非法控制（危害性）特征》，载《当代法学》2020 年第 5 期。

12. 魏东：《黑社会性质组织"组织特征"解释论》，载《当代法学》2020 年第 5 期。

13. 曹红虹：《"套路贷"犯罪中恶势力与黑社会性质组织的审查认定》，载《中国检察官》2020 年第 5 期。

14. 陈兴良：《论黑社会性质组织的经济特征》，载《法学评论》2020 年第 4 期。

15. 陈兴良：《论黑社会性质组织的组织特征》，载《中国刑事法杂志》2020 年第 2 期。

16. 钱岩：《黑社会性质组织组织特征的认定》，载《中国检察官》2019 年第 20 期。

17. 魏东，赵天琦：《黑社会性质组织第四项特征的刑法解释》，载《法治研究》2019 年第 5 期。

18. 周立波：《黑恶势力犯罪组织的本质特征及其界定》，载《法治研究》2019 年第 5 期。

19. 谢望原：《论黑社会性质组织的组织特征》，载《河北大学学报（哲学社会科学版）》2019 年第 4 期。

20. 刘仁文，刘文钊：《恶势力的概念流变及其司法认定》，载《国家检察官学院学报》2018 年第 6 期。

21. 林毓敏：《黑社会性质组织犯罪中的暴力手段及软性升级》，载《国家检察官学院学报》2018 年第 6 期。

22. 古加锦：《黑社会性质组织的司法认定新探——兼谈黄某 1、何某 1 等黑社会性质组织案》，载《法律适用》2018 年第 6 期。

23. 卢建平：《软暴力犯罪的现象、特征与惩治对策》，载《中国刑事法杂志》2018 年第 3 期。

24. 黄京平：《恶势力及软暴力犯罪探微》，载《中国刑事法杂志》2018 年第 3 期。

25. 周光权：《黑社会性质组织非法控制特征的认定——兼及黑社会性质组织与恶势力团伙的区分》，载《中国刑事法杂志》2018 年第 3 期。

26. 石经海，李佳：《黑社会性质组织本质特征之系统性理解与认定》，载《法律适用》2016 年第 9 期。

27. 梁利波：《黑社会性质组织行为特征的新样态》，载《刑法论丛》2016 年第 1 期。

28. 石经海：《黑社会性质组织犯罪的重复评价问题研究》，载《现代法学》2014 年第 6 期。

29. 秦宗川：《论黑社会性质组织犯罪中"全部罪行"的认定》，载《中国刑事法杂志》2014 年第 5 期。

30. 姜杰，李宝玲：《公司化黑社会性质组织犯罪的特征及认定》，载《中国检察官》2014 年第 5 期。

31. 陈建清，胡学相：《我国黑社会性质组织犯罪立法之检讨》，载《法商研究》2013 年第 6 期。

32. 何荣功：《黑社会性质组织"行为特征"的认定》，载《中国检察官》2013 年第 1 期。

33. 梁利波：《黑社会性质组织犯的认定与责任》，载《福建警察学院学报》2012 年第 5 期。

34. 陈世伟：《黑社会性质组织基本特征的实践展开》，载《河南大学学报（社会科学版）》2012 年第 1 期。

35. 阴建峰，万育：《黑社会性质组织行为特征研析》，载《政治与法律》2011 年第 7 期。

36. 王恩海：《组织、领导、参加黑社会性质组织罪中并罚的适用标准》，载《法学》2009 年第 9 期。

37. 王俊平：《论犯罪集团首要分子的归责根据》，载《政治与法律》2009 年第 5 期。

38. 朱本欣、梁健：《论黑社会性质组织的司法认定》，载《法学评论》2008 年第 1 期。

39. 张明楷：《犯罪集团首要分子的刑事责任》，载《法学》2004 年第 3 期。

40. 何秉松：《黑社会性质组织（有组织犯罪集团）的概念与特征》，载《中国社会科学》2001 年第 4 期。

（三）学位论文

1. 李勤：《办理黑社会性质组织犯罪法律适用研究》，中国政法大学 2017 年博士学位论文。

2. 郑士立：《有组织犯罪立法完善研究》，西南政法大学 2014 年博士学位论文。

3. 罗明海：《我国有组织犯罪刑事治理检讨与对策》，武汉大学 2013 年博士学位论文。

4. 张爽：《有组织犯罪文化研究》，武汉大学 2011 年博士学位论文。

5. 宋洋：《我国黑社会性质组织犯罪若干问题研究》，中国政法大学 2011 年博士学位论文。

（四）司法案例

1. 江西省南昌市西湖区人民法院（2022）赣 0103 刑初 47 号刑事判决书。

2. 天津市第三中级人民法院（2022）津 03 刑初 25 号刑事判决书。

3. 海南省高级人民法院（2020）琼刑终 48、49、50、51 号刑事裁定书。

4. 广东省高级人民法院（2020）粤刑终 1355 号刑事附带民事裁定书。

5. 湖北省鄂州市中级人民法院（2020）鄂 07 刑终 26 号刑事裁定书。

6. 湖南省岳阳市中级人民法院（2020）湘 06 刑终 1 号刑事裁定书。

7. 河北省元氏县人民法院（2020）冀 0132 刑初 24 号刑事判决书。

8. 河北省邯郸市中级人民法院（2020）冀 04 刑终 625 号刑事裁定书。

9. 江西省吉安市中级人民法院（2020）赣 08 刑终 291 号刑事判决书。

10. 浙江省绍兴市上虞区人民法院（2019）浙 0604 刑初 927 号刑事判决书。

11. 江西省永修县人民法院（2019）赣 0425 刑初 202 号刑事判决书。

12. 浙江省丽水市中级人民法院（2019）浙 11 刑终 330 号刑事裁定书。

13. 江苏省仪征市人民法院（2019）苏 1081 刑初 294 号刑事判决书。

14. 福建省仙游县人民法院（2019）闽 0322 刑初 298 号刑事判决书。

15. 海南省海口市中级人民法院（2019）琼 01 刑初 56 号刑事判决书。

16. 新疆维吾尔自治区伊犁哈萨克自治州塔城地区中级人民法院（2019）新 40 刑终 313 号刑事判决书。

17. 辽宁省彰武县人民法院（2019）辽 0922 刑初 276 号刑事判决书。

18. 江西省抚州市中级人民法院（2019）赣 10 刑终 233 号刑事判决书。

19. 浙江省杭州市中级人民法院（2019）浙 01 刑终 450 号刑事判决书。

20. 湖南省永州市零陵区人民法院（2019）湘 1102 刑初 102 号刑事判决书。

21. 河南省嵩县人民法院（2019）豫 0325 刑初 334 号刑事判决书。

22. 湖北省利川市人民法院（2019）鄂 2802 刑初 48 号刑事判决书。

23. 贵州省贵阳市中级人民法院（2019）黔 01 刑终 1 号刑事裁定书。

24. 浙江省丽水市莲都区人民法院（2019）浙 1102 刑初 455 号刑事判

决书。

25. 甘肃省平凉市中级人民法院（2019）甘 08 刑终 56 号刑事裁定书。

26. 贵州省铜仁市中级人民法院（2019）黔 06 刑终 141 号刑事判决书。

27. 山西省太原市中级人民法院（2019）晋 01 刑终 1181 号刑事判决书。

28. 安徽省芜湖市镜湖区人民法院（2018）皖 0202 刑初 347 号刑事判决书。

29. 山东省青岛市市北区人民法院（2018）鲁 0203 刑初 696 号刑事判决书。

30. 安徽省六安市金安区人民法院（2018）皖 1502 刑初 356 号刑事判决书。

二、外文类

（一）著作类

1. Henrik Legind Larsen, José María Blanco, Raquel Pastor Pastor. Using Open Data to Detect Organized Crime Threats, Springer International Publishing, 2017.

2. Georgios A. Antonopoulos. Illegal Entrepreneurship, Organized Crime and Social Control, Springer International Publishing, 2016.

3. Byron R. Hauck. International Law and Transnational Organized Crime, Oxford University Press, 2016.

4. Leslie Holmes. Advanced Introduction to Organised Crime, Edward Elgar Publishing, 2016.

5. Federico Varese. Mafias On the Move: How Organized Crime Conquers New Territories, Princeton University Press, 2011.

6. Jay S. Abanese. Organized Crime in Our Time, Anderson Publishing, 2011.

7. Petter Gottschalk. Knowledge Management in Policing: Enforcing Law on Criminal Business Enterprises, Hindawi Publishing Corporation, 2011.

8. Howard Abadinsky. Organized Crime, Wadsworth Publishing, 2010.

9. Francesco Calderoni. Organized Crime Legislation in the European Union, Edward Elgar Publishing, 2010.

10. Stan Cutler. Low Light: Birth of Organized Crimein Jazz Age, Outskirts Press, 2010.

11. Petter Gottschalk. Entrepreneurship and Organised Crime: Entrepreneurs in Illegal Business, Edward Elgar Publishing Limited, 2009.

12. Alan Wright. Organized Crime: Concepts, Cases, Controls, Willan Publishing, 2006.

(二) 论文类

1. Daan P. van Uhm, Ana G. Grigore. Indigenous People, Organized Crime and Natural Resources: Borders, Incentives and Relations, Critical Criminology, 2021 (8).

2. Michael Levi. Making Sense of Professional Enablers' Involvement in Laundering Organized Crime Proceeds and of Their Regulation, Trends in Organized Crime, 2021 (3).

3. Francesco Calderoni, Gian Maria Campedelli, Aron Szekely. Recruitment into Organized Crime: An Agent-Based Approach Testing the Impact of Different Policies, Journal of Quantitative Criminology, 2021 (2).

4. Marco Antonelli. An Exploration of Organized Crime in Italian Ports from an Institutional Perspective, Presence and Activities, Trends in Organized Crime, 2020 (11).

5. Paolo Campana, Federico Varese. Studying Organized Crime Networks: Data Sources, Boundaries and the Limits of Structural Measures, Social Networks, 2020 (5).

6. Pinotti Paolo. The Economic Costs of Organized Crime: Evidence from Southern Italy, Economic Journal, 2015 (8).

7. Gianmarco Daniele, Benny Geys. Organised Crime, Institutions and Political Quality: Empirical Evidence from Italian Municipalities, Economic Journal, 2015 (8).

8. Robert M. Lombardo. Fighting Organized Crime, Journal of Contemporary

Criminal Justice, 2013 (4).

9. Shachar Eldar. Holding Organized Crime Leaders Accountable for the Crimes of Their Subordinates, Criminal Law & Philosophy, 2012 (2).

10. Ellie C. Schemenauer. The Business Side of Trafficking in Humans: Regional Contexts and Organized Crime, International Studies Review, 2011 (10).

11. Wang Peng. The Chinese Mafia: Private Protection in a Socialist Market Economy, Global Crime, 2011 (4).

12. Shachar Eldar. Punishing Organized Crime Leaders for the Crimes of Their Subordinates, Criminal Law & Philosophy, 2010 (2).

13. M. Vere van Koppen, Christianne J. de Poot, Edward R. Kleemans. Criminal Trajectories in Organized Crime, British Journal of Criminology, 2010 (1).

后 记

　　本书是在我 2022 年的博士毕业论文基础上，结合近年的指导案例与学界研究成果，不断修改、完善而成。本书的写作灵感，源于恩师阮齐林教授的指点。在我向他请教博士毕业论文选题的过程中，他指出，责任主义原则是刑法的核心问题之一，需要关注三个方面的内容：第一是行为责任，人只对自己的行为负责；第二是个人责任，一人做事一人当，不能株连；第三是罪过责任，即使客观上造成了损害结果，如果没有故意和过失，而是由于不能抗拒、不能预见的原因引起的，也不认为是犯罪。罪过责任原则本质上就是反对客观归罪。此外，现代刑法已经由主观罪过责任原则渐渐发展为期待可能性。在阮老师的鼓励下，我对刑法中的责任主义原则进行了一些思考，并且在写作的过程中发现，在组织、领导、参加黑社会性质组织罪的司法适用过程中，关于组织成员的刑事责任，还存在一些值得进一步研究的问题。以此为切入点，我以该罪的构成要件、组织成员的认定与刑事责任为研究内容，完成了本书的写作。

　　在本书出版之际，我又想起了在中国政法大学求学时，认识阮老师并加入"阮门"的过程。2014 年，19 岁的我通过了司法考试，以专业第一的成绩获得保研资格，并且顺利通过了中国政法大学刑法学硕士的笔试、面试考核。保研面试过程中，主考官正好就是阮老师，这也是我第一次见到他。转眼到了第二年秋季，研究生入学后的第一次课程，就是阮老师主讲的"刑法总论"，他以渊博的学识、幽默的谈吐，获得了全班同学的一致好评，我也为能够成为他的学生而感到非常荣幸。加入"阮门"之后，我发现同门之间的氛围非常融洽，微信群里经常有关于刑法疑难问题的探讨，而且阮老师会定期组织师门聚餐，促进不同年级学生之间的交流。在"阮门"这个大家庭里，我结识了臧德胜、李斌、钱叶六、刘刚、耿佳宁、王鹏飞等优秀的师兄师姐，他们给我树立了很好的榜样，使我明确了今后的职业发展道路。几年后，我又有幸继续跟随阮老师攻读博士学位。

在求学期间，阮老师对我的学业进行了全方位的指导。第一，在论文写作方面，他提出，论文要做到通俗易懂、重点突出，可以在各个小标题中把核心观点提炼出来。第二，在学术研究方面，他建议，不要局限于抽象的、空洞的理论研究，要不断寻找司法实践中面临的真问题。学术研究离不开对现有刑法条文的解释，最重要的是寻找依据，既可以是刑法规定、立法解释与司法解释，又可以是指导案例的裁判要旨、最高人民法院法官关于司法解释理解与适用的文章。第三，在治学态度方面，他强调，要未雨绸缪、步步为营。阮老师每次授课、参加学术研讨会、参加专家论证会，都会提前进行认真的准备，这样的严谨态度也深刻影响了我，让我获益良多。我参加工作之后，他嘱咐我要沉下心来，在一个特定的领域内反复耕耘，学术研究就像挖矿，一开始可能没有什么成果，但只要能够坚持下去，随着研究的逐渐深入，总能收获一些真知灼见。他还提醒我，要牢记"课比天大"的教学理念，在入职之后的第一学期踏踏实实地备课，把每周所有的时间都用在备课上，临阵磨枪是不行的，否则讲课的时候绝对要吃苦头。我在为本科生、研究生讲授刑法相关课程时，按照他的要求进行了充分的准备，授课内容获得了学生的广泛好评。

在中国政法大学求学期间的另一收获，是与学妹张芳芷之间的爱情。迎新当天，我作为学长参加了迎新工作，认识了刑事诉讼法专业的新生张芳芷，她虽是辽宁人，却像个南方姑娘，长相甜美，绰约多姿。她以幽默的谈吐、活泼的性格吸引了我，交往一个多月后，我与她坠入了爱河，一同研习法律，畅谈古今，游山玩水，走遍了北京的各个景点。此外，校园里的很多地方也留下了美好的回忆，我们常常漫步在西土城下、小月河畔，在湖心亭里沐浴早读时的晨光，在端升楼上仰望夜空中的明月，在拓荒牛前观赏春日里的玉兰，在法治碑下采撷深秋后的银杏。毕业之后，我们的爱情修成正果，她在结婚誓词中写道："我们情定北京的故宫，共赏不老的青松；我们相识法大的校园，结下甜蜜的情缘。"她立志成为一名优秀的律师，从北京德和衡律师事务所总部来到德和衡长沙分所，主要承办商事诉讼与仲裁业务，目前是律所的合规主任、管委会委员、三级律师、权益合伙人，还兼任长沙市中级人民法院特邀调解员，也是长沙市涉外律师培养对象，业务日益精进，事业蒸蒸日上。在她的鼓励下，我也加入了她所在的律师事务所，成为一名兼职律师，主要承办刑事业务。在本书的写作过程中，她也从司法实务的角度提出了很多宝贵的建议。

本书能够顺利面世，还要感谢我的父母、岳父岳母一直以来的支持与付出。在我的女儿楠楠出生之后，岳父岳母协助我们度过了最为艰难的六个月，承担了很多带娃的繁琐事项，让我们能够抽出一些时间完成自己的工作。我和芳芷回到湖南之后，我的父母也承担起了带娃的重任，父亲退休之后，全心全意地照顾楠楠，母亲也在工作之余，尽可能地陪伴楠楠成长。他们常常鼓励我和芳芷以事业为重，夫妻之间要彼此欣赏、相互鼓励，保持乐观向上的心理态度，人有顺境逆境，情况好的时候不要骄傲，情况不好的时候不要泄气，做人才能长久。

"在坚冰还盖着北海的时候，我看到了怒放的梅花。"作为一名青年教师，无论是工作中的教学、科研，还是生活中的持家、育儿，我都面临着很多的困难与挑战，但只有踔厉奋发、笃行不怠，才能不负心中"法治天下"的梦想，不负这个伟大的时代。

宋行健
2025 年于长沙